公益创业理论与实践

GONGYI CHUANGYE LILUN YU SHIJIAN

朱晓红　主编

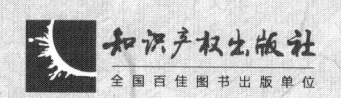

知识产权出版社
全国百佳图书出版单位

图书在版编目（CIP）数据

公益创业理论与实践/朱晓红主编 .—北京：知识产权出版社，2016.4
ISBN 978-7-5130-4150-8

Ⅰ . ①公… Ⅱ . ①朱… Ⅲ . ①公用事业—高等学校—教材 Ⅳ . ①F294 . 1

中国版本图书馆 CIP 数据核字（2016）第 074614 号

内容提要

公益创业教育是建设现代治理体系的必然要求，是社会建设和社会改革的客观需要，是解决当前社会问题的重要途径。公益创业教育有利于培养受教育者的公益理念和创业意识，有助于创建更多公益类企业，有助于推动我国公益事业社会化、市场化的发展，从而为我国社会发展和社会建设创造更加灵动的发展机制。本书全面系统地阐述了公益创业的基本理论与实践，是我国公益创业学方面较系统全面的教材之一。本书系统阐述公益创业与商业创业的关系，公益创业环境、公益创业起点即社会问题、公益创业战略与项目管理、公益创业的组织形式、内部管理、财务管理、品牌管理、风险规避等内容，每一章中尽可能地穿插一些经典的公益创业故事，使读者更易于领悟各章的核心内容。与国内外同类著作相比，具有内容新颖、全面、可读性强的特点。本书适用于高等教育公益创业学课程教学、相关人员公益创业理论培训等领域。

责任编辑：张水华　　　　责任出版：刘译文

公益创业理论与实践

朱晓红　主编

出版发行：	知识产权出版社 有限责任公司	网　址：	http://www.ipph.cn
社　址：	北京市海淀区西外太平庄 55 号	邮　编：	100081
责编电话：	010-82000860 转 8389	责编邮箱：	miss.shuihua99@163.com
发行电话：	010-82000860 转 8101/8102	发行传真：	010-82000893/82005070/82000270
印　刷：	北京中献拓方科技发展有限公司	经　销：	各大网上书店、新华书店及相关专业书店
开　本：	787mm×1092mm　1/16	印　张：	15.5
版　次：	2016 年 4 月第 1 版	印　次：	2016 年 4 月第 1 次印刷
字　数：	240 千字	定　价：	42.00 元
ISBN 978-7-5130-4150-8			

出版权专有　侵权必究
如有印装质量问题，本社负责调换。

目 录

第一章 公益创业概述 1

  第一节 公益创业与公益创业教育 1

    一、公益创业的概念与特征 1

    二、公益创业者的类型 5

    三、公益创业教育的意义及其趋势 8

  第二节 公益创业与商业创业 15

    一、公益创业与商业创业的区别 15

    二、公益创业与商业创业的联系 18

  第三节 公益创业与社会企业 21

    一、传统公益组织与社会企业的差异 21

    二、公益创业与社会企业的联系 24

第二章 公益创业的环境 26

  第一节 公益创业的政策环境 26

    一、公益创业政策环境的含义 26

    二、公益创业政策环境的分类 27

    三、我国公益创业政策的主要内容 29

    四、国外公益创业政策借鉴 38

  第二节 我国公益创业社会环境 41

    一、创业活动活跃,创业水平低 41

    二、创业组织地域特征明显 42

    三、民间资本注入公益创业 42

    四、创业教育与培训活动开展活跃,未系统化 47

    五、创业文化氛围有待优化 48

六、国外公益创业社会环境借鉴 ································ 50

第三章　公益创业的起点：社会问题 ·································· 55

第一节　社会问题：公益创业的起点 ·································· 55
一、社会问题及其构成要素 ·· 55
二、社会问题的特征 ·· 57
三、社会问题的分类 ·· 58
四、社会问题的理论研究 ·· 61

第二节　发现、分析社会问题 ·· 64
一、如何发现社会问题 ·· 65
二、社会问题研究方法 ·· 66
三、社会问题分析流程 ·· 69

第三节　当代主要社会问题 ·· 72
一、人口问题 ·· 72
二、环境问题 ·· 73
三、贫困问题 ·· 76
四、社会歧视问题 ·· 79

第四章　公益创业的战略分析与项目选择 ······························ 82

第一节　战略分析方法与流程 ·· 82
一、公益创业的战略分析方法 ······································ 82
二、公益企业的战略分析流程 ······································ 95

第二节　项目创新与选择 ·· 100
一、项目创新的重要性 ·· 100
二、项目创新的特征 ·· 101
三、项目创新的常见模式 ·· 103
四、选择创业项目的原则、思路与方法 ······························ 106

第五章　公益创业的组织形式 ·· 113

第一节　基金会 ·· 113
一、基金会的内涵及分类 ·· 113
二、基金会的设立、变更和注销 ···································· 115
三、基金会的组织机构 ·· 117

目 录

　　四、基金会财产的管理和使用 ·· 119
　　五、基金会的监督管理 ·· 119

第二节　社会团体 ·· 121
　　一、社会团体组织模式 ·· 121
　　二、社会团体的登记管理 ·· 123
　　三、社会团体的内部组织构架和运作模式 ································ 126
　　四、社会团体日常管理制度 ··· 129
　　五、政府对社会团体发展的扶持 ··· 130

第三节　民办非企业单位 ··· 132
　　一、民办非企业单位的定义、特征与类别 ································ 132
　　二、民办非企业单位的内部治理结构 ······································ 134
　　三、民办非企业单位的资金筹集及资本运行 ··························· 135
　　四、国家对民办非企业单位的扶持 ··· 137

第六章　公益创业的新形式：社会企业　143

第一节　什么是社会企业 ·· 143
　　一、社会企业定义及特征 ·· 143
　　二、社会企业分类 ·· 145
　　三、社会企业的产生与发展 ··· 147

第二节　如何创办社会企业 ··· 156
　　一、寻找社会问题 ·· 156
　　二、创办社会企业要坚持以人为本 ··· 158

第七章　公益创业的内部管理　165

第一节　公益创业的团队管理 ·· 165
　　一、公益创业的团队管理的内容 ··· 165
　　二、公益创业团队的沟通 ·· 168

第二节　公益创业的财务管理 ·· 171
　　一、公益创业的财务管理 ·· 171
　　二、公益创业的利益主体及其利益关系 ···································· 172
　　三、公益创业的财务活动 ·· 174

第三节　公益创业的项目管理 ·· 177

一、什么是公益创业的项目管理 …………………………… 178
　　二、公益创业项目管理的内容 …………………………… 179
　　三、公益创业项目管理的过程 …………………………… 181

第八章　公益品牌建设与管理 …………………………… 185
第一节　公益创业品牌建设及其模式 …………………………… 185
　　一、公益创业品牌建设及其特征 …………………………… 185
　　二、公益创业品牌内部管理模式 …………………………… 187
　　三、公益创业品牌外部管理模式 …………………………… 191

第二节　公益创业品牌建设的维度 …………………………… 194
　　一、公益创业的品牌定位 …………………………… 195
　　二、管理与治理 …………………………… 199
　　三、产品与服务 …………………………… 203

第三节　新媒体应用 …………………………… 206
　　一、新媒体在公益品牌传播方面的应用价值 …………………………… 206
　　二、新媒体在公益品牌传播方面的应用方式 …………………………… 207
　　三、新媒体在公益品牌传播方面的发展趋势 …………………………… 208

第九章　公益创业风险及其规避 …………………………… 211
第一节　公益创业风险源识别 …………………………… 211
　　一、创业风险的概念与特征 …………………………… 211
　　二、创业风险的类别 …………………………… 213
　　三、创业风险识别的意义 …………………………… 217
　　四、创业风险识别的一般方法 …………………………… 218

第二节　公益创业风险规避 …………………………… 224
　　一、风险控制机制 …………………………… 225
　　二、评价及反馈机制 …………………………… 227

参考文献 …………………………… 233
后　记 …………………………… 238

第一章 公益创业概述

第一节 公益创业与公益创业教育

一、公益创业的概念与特征

公益创业是公益创业教育拓展了商业创业的概念,是指为公众谋取社会利益的创业行为。公益创业是个人、机构和网络通过发现社会问题,弥补政府和企业无法提供或分配不均的现象,通过创立社会组织(即非营利组织,包括基金会、社会团体、民办非企业单位)来解决社会问题,从而参与社会管理和社会创新的过程。公益创业教育和服务产品有:创立或参与一个传统的社会组织(通过捐赠、政府购买服务、会费等形式生存的社会组织);创立或参与创立一个新型社会组织——社会企业,即采用市场手段解决社会问题的组织形式。

公益创业带动就业效果显著。商业创业带动就业吸纳能力降低,而公益创业带动就业吸纳空间广大。社会组织涉及环境保护、扶贫开发、权益保护、社会福利、慈善救济、教育科研、医疗卫生等许多领域,可以发挥重大作用,其发展壮大需要大量公益人才的参加,这就需要大量的大学生投入到公益领域之中。公益创业教育和服务体系是一个与社会人才需求对接的培养机制。我国 2010 年年底社会组织就业人口为 618.19 万人,占经济活动人口 78 388 万人的 0.79%。如果这个比例提到 4%,就是 3 000 万,就能在大学生就业方面缓解如山的压力。目前,国内外的商业创业比较成熟,经济管理、工商管理等专业对此有着成熟的教育体系。但是,公益创业还是一个较为陌生的领域。

（一）公益创业的概念

从汉语字面来理解，"创业"是指人们对自己拥有的各种资源或通过努力能够拥有的资源进行优化整合，从而创造出更大的经济或社会价值的过程。创业是一种劳动方式，是一种需要创业者经营、管理、运用服务、技术、器物作业的思考、推理和判断的行为。"公益"是指有关社会公众的福祉和利益，个人或组织自愿通过做好事、行善举而提供给社会公众的公共产品。由此可见，创业是手段，是过程；而公益是目的，是归宿。公益创业，就是要达到公益的目的，来解决社会问题。当然，运用的手段和方式可以是多种多样的，这些手段或方式也就是参与公益创业的方式。

比尔·德雷顿认为公益创业是秉承鼓励人们开创思维、善于利用自己的新想法，使社会得到改革、朝着好的方向发展的宗旨，致力于公益创业并在全球范围推广，并同步物色和培养公益创业优秀人才，为他们提供公益创业的支持和帮助，使得他们能够有机会发现和发展自己的创新想法，并投入实际运作，从而对社会改革进程起到持续、有效、良好的推进作用。学者们对这个概念还没有达成共识，有的学者把公益创业等同于社会企业，有的学者认为公益创业包括创办社会企业和公益组织，也有学者从运作方式、活动属性定义公益创业，归纳起来主要有以下几种观点。①从公益创业的运作方式来定义，如里斯认为社会创业就是把商业机制和市场竞争引入非营利性组织，从而让这些组织以更高的效率为社会提供服务。②从公益创业的两重性来定义，就是要注重公益性和商业性两个方面，如狄兹提出将公益创业和投资的经济回报分开来研究，他指出公益创业包含两个概念：一是利用变革的新方法解决社会问题并且为全社会创造效益；二是引用商业经营模式产生经济效益，但是经营所得不是为个人谋取利益，而是将所得造福社会。帕雷多认为，公益创业者也是创业者，他们必须采用商业化方式进行创业，并且注意创业方式的创新性，而从社会角度看，他们特别强调创造社会价值。③从公益创业的承担组织性质来界定，如约翰逊认为公益创业有着多种承担主体和多种形式，包括非营利企业、营利企业和政府等。

通常地，国际上认为公益创业是非营利组织和营利组织的新型融合模式，以公共服务或产品的有效供给为目标，创新探索市场运作方法在公益组织中的有效运用，实现组织在追求社会价值过程中的可持续发展。

中国公益创业研究中心对公益创业的定义包括创建非营利性组织、兼顾社会效益的企业和志愿公益活动及产学研一体化四个方面的内容。

综合以上观点，学者们大多认同公益创业包括创业性和公益性两个基本的特征维度。概括来说，公益创业指的是个人、社会组织或者网络等在社会使命感的激发下，追求创新、效率和社会效果，是面向社会需求、建立新的组织向公众提供产品或服务的社会活动。

关于"公益创业"的概念，学术界对之还没有达成共识。但总的来说，在概念的核心内涵方面是趋于一致的。这主要表现在两个方面：一是非营利机构采用创造性的商业运作模式提升其社会价值，二是企业通过创造性地满足社会需要而提升其价值。可以从广义和狭义两个角度来解析"公益创业"。

从广义的角度分析，公益创业是指采用创新的方法解决社会主要问题，采用传统的商业手段创造社会价值而非经济价值。它既包括创办非营利组织或者兼顾社会利益的营利组织，也包括一些营利组织充分利用资源解决社会问题，还包括非营利组织支持个体去创立自己的小型公司或者企业等。可以是创建公益创新项目，组建草根公益创业团队、高校公益创新社团，创建社团、民非营利组织、基金会之类的公益组织，可以是创建能实现自身可持续发展的社会企业，还可以是为企业创建创新 CSR 项目等。

而狭义的公益创业，则主要是指创办非营利组织。在本书中，我们使用的是广义的公益创业概念，这不仅更能反映公益大众化的社会发展理念，也能够对社会公益事业的发展形成更有效的指引，以推动社会公益事业的发展。

链接：爱创家

美国人比尔·德雷顿（Bill Drayton）在 1980 年成立了一个全球性的非营利组织"爱创家"（Ashoka：Innovators for the public），该组织致力于在全球范围内推广公益创业，专门物色和培养公益创业人才，为以社会使命为目标的人提供种子基金，使他们有机会运用自己的创新想法，对社会产生大规模而持久的改进。主要涉及领域为社会公正、社区发展、环境保护及满足弱势群体如少数民族、妇女、老人、残疾人和孩子的需求等。爱创家的宗旨是激发人们采用并传播他们的创新想法，并向所有的公民表明他们都有潜力成为强大的变革者，使社会产生好的变化。2005年10月，比尔·德雷顿被《美国新闻与世界报道》评为2005年度"美国最杰出的领袖"。

(二) 公益创业的特征

个人或者社会组织在"利他"使命的激发下，追求创新、效率和社会效果，面向社会需要建立新的组织向公众提供产品或服务，开展公益创业，既强调创业的社会利益的兼顾，也意指以社会目标为宗旨创办非营利组织。具体而言，公益创业的特征归纳概括为以下几个方面。

1. 社会公益性

这是"公益创业"的首要特征。公共利益的受益范围一般是不特定多数的受益人，而且该项利益需求往往无法通过市场选择机制得到满足，需要通过统一行动而有组织地提供。伴随着"CSR"及慈善事业的发展，"公益创业"作为一类新兴的事业，是区别于商业创业的。商业创业是要用一定的启动资金去"营利"，其目的就是创造更多的经济价值，实现更多的利润，来满足自身的需要。而社会公益创业则不然，其是人们基于社会使命和责任感的要求，为谋取"公众利益"的创业行为，是以"利他"为使命的。公益创业的"公益性"主要体现在组织目标的社会公益性，即其核心目标是为解决社会问题的；而所谓公益创业产出的"社会性"，即其重心是创造社会价值。

2. 自我可持续性

公益创业与慈善不能简单等同。依据《牛津词典》的解释，公益（public welfare）中的"public"是指"公众的""公共的"，"welfare"则是指"公共的健康、幸福、繁荣等"。因此，"公益"这一词汇侧重于强调一主体给其他主体带来的好处，以及受益对象的广泛性和公共性；而慈善则更强调主体内心所具有的仁慈、善良、同情之心及其以此为基础而实施的施舍和救助行动。也即慈善具有内在性，旨在对行为性质的说明；而公益具有外在性，旨在对活动目的的交代。在《乌克兰慈善与慈善组织法》《俄罗斯慈善活动和慈善组织法》《英国慈善法》和我国《慈善事业促进法（草案）》等立法文件中，慈善被定义为"自然人、法人和其他组织给予接受者自愿的、无私的物质上、经济上以及其他方面的善意的帮助和支援"。慈善组织也被定义为"以实施慈善活动为主要目的的组织"。显然，这与"公益"的概念是有差别的。公益创业与这些传统慈善的一个重要区别在于其具有经营活动，是通过运用商业机制和参与市场竞争，提高组织的运作效率，保证组织能够盈利，实现资金的循环使用与组织的可持续发展，以更有效地解决社会问题，服务于公众利益。

3. 创新性

所谓创新，是指以现有的思维方式提出有别于常规或常人思路的见解为导向，利用现有的知识和物质，在特定的环境中，本着理想化需要或为满足社会需求，而改进或创造新的事物、方法、元素、路径、环境，并能获得一定有益效果的行为。创新是以新思维为特征的一种概念化过程。创新是人类特有的认识能力和实践能力，是人类主观能动性的高级表现形式，是推动民族进步和社会进步的不竭动力。创新在经济、技术、社会发展等诸多领域有着举足轻重的作用。公益创业是以实现社会价值为特殊使命的，这就使得其需要具有在解决问题时比一般商业创业更强的创新性。其中包括机会识别的创新性、产品与服务的创新性、解决问题方式的创新性、组织的创新性等。公益创业只有不断创新，才能满足社会不断发展变化的公众需求。

4. 社会差异性

差异性是客观物质及人的思想多样化的表现，人类社会具有平等的差异存在性。差异性在不同的领域有不同的表现形式。就人类社会自身而言，社会差异性无论在任何国家、地区都是广泛存在的。人的个体之间亦具有强烈的生理、心理差异性及需求的多样性。社会差异性的客观存在，决定了公益创业本身要与不同的文化背景、政策环境相适宜，这样才能切实满足社会的需要。

二、公益创业者的类型

随着社会的进步，越来越多的人们选择将发展公益与创业相结合，进行公益性创业。从当前国际社会发展状态来看，公益创业俨然已经成为一个世界性的热门话题。公益创业不仅能够创造商业价值，更能创造社会价值。其最闪光的特点是通过创造商业价值完成自身造血来推动公益事业的运营。从公益创业的发展方向来看，其可触及的外延是非常广泛的，而且公益创业所用的手段和方式也是多种多样的，因此也就会出现和存在各式各样的创业类型。根据参与公益创业的不同方式，可以将公益创业者分为四种类型[1]，见图1-1。

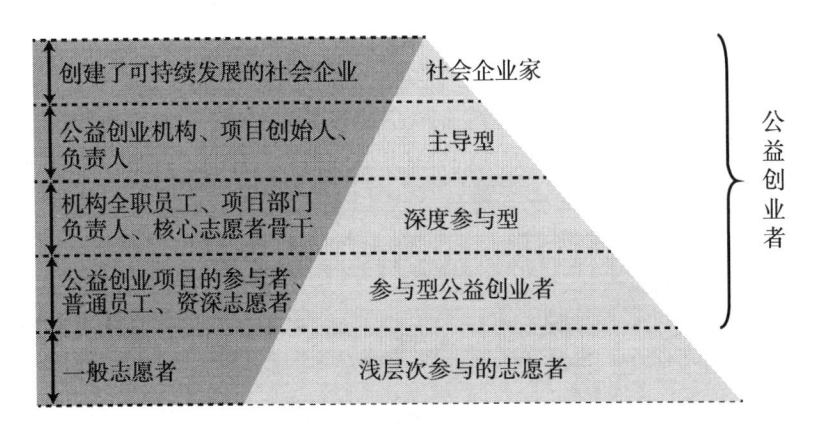

层级（左）	层级（右）	分类
创建了可持续发展的社会企业	社会企业家	公益创业者
公益创业机构、项目创始人、负责人	主导型	
机构全职员工、项目部门负责人、核心志愿者骨干	深度参与型	
公益创业项目的参与者、普通员工、资深志愿者	参与型公益创业者	
一般志愿者	浅层次参与的志愿者	

图1-1 公益创业者的四种类型

（一）参与型

参与型的公益创业者，有点类似志愿者、义工的角色。他们利用自己工作、学习之外的时间根据自己的专业技能、兴趣爱好等参与公益创业实践，为公益创业项目的实施贡献力量。但这又不同木偶式、充人数式、形式化的志愿者，他们是秉着真心来参与社会问题的解决。严格意义上来说他们还不算公益创业者，但他们参与了公益创新项目的创造，且极有可能成为潜在的未来公益创业者。

（二）深度参与型

深度参与型的公益创业者，多为公益创业机构的核心志愿者骨干，或全职员工，这部分群体可能是全职负责机构的某部门，也可以是兼职解决机构

---

[1] 刘玄奇. 公益创业者的四种类型［EB/OL］. http://blog.sina.com.cn/s/blog_48c8dbb101015uv9.html.

的重大需求。这部分人对公益创业机构的发展有很大的贡献，并且这种参与不是短期的一天、两天，而是长期陪伴式的参与。但对机构的发展不负最终责任。我们可以把这部分人称作公益创业机构的"发烧友"。

（三）主导型

主导型的公益创业者，可以是机构创始人或联合创始人、某草根团队的创始人以及某机构旗下的公益创业项目的负责人，等等。这部分人人多为全职公益创业者，兼职的草根公益创业团队创始人也属于此类，他们主导着公益创业项目的发展。

（四）公益创业家、社会企业家

公益创业者的最高层次就是成为社会企业家、公益创业家，也可以称这部分人为"深度主导型"，这部分人可能原本是企业家，也可以是公益机构领导人，他们不但是机构或项目的创始人，而且已经有成熟的运营模式，能够实现可持续发展。我们给这部分群体的称号是"社会企业家"或"公益创业家"。

将公益创业者分为四个层次的意义在什么地方？这对于公益创新支持型机构而言特别重要，有助于机构清楚自己的定位，也有利于公益创业者厘清自己的"定位"，因为在不同阶段有不同的参与公益创业的方式。我们把公益创业者分为四个层次不是主张分四个圈子，相反，我们鼓励四个层次间增进相互的互动、合作。同时，支持公益创业者的不断升级、成长。任何一个公益创业机构或项目，这四种类型的人都不可或缺。我们需要公益创业家创造、推动项目，需要"主导型公益创业者"成为项目负责人或合作伙伴，需要"资深参与型公益创业者"加盟为全职，需要大量"参与型公益创业者"贡献力量，降低公益创业机构的运营成本。

对于公益创业而言，可参与的方式有很多类别，参与的层次也各有不同。但是，不管是一般志愿者、义工等浅层次参与的志愿者，还是公益创业项目的参与者、员工，又或是公益创业机构的项目负责人、创始人，甚至是创造了可持续发展的社会企业的公益创业家，这些投身公益事业的人都是值得赞赏和敬佩的，他们都在推动着社会价值的创造。我们能看到随着社会的发展，越来越多的人投身到公益事业中，推动社会的发展。

三、公益创业教育的意义及其趋势

(一) 创业带动就业是解决大学生就业问题的路径之一

1. 大学生就业形势严峻

就业是民生之本、安国之策,也是社会和谐之基。大学毕业生的就业问题直接关系到我国经济的发展和社会的稳定。随着我国高等教育的不断改革和扩大招生政策的实施,高校毕业生数量逐年增加,再加上我国正处在经济改革转型和城镇化时期,使得高校毕业生的就业形势日趋严峻。大学毕业生就业难是目前我国面对和急需解决的重要问题。大学生初次就业率和起薪是衡量大学生就业状况最直观的指标。初次就业率方面,据教育部最新统计数据显示:受2008年全球金融危机的影响,实体经济对大学生劳动力的需求下降明显,所以初次就业率也第一次跌破70%,下降至68%。2009年初次就业率也受到金融危机的影响,继续维持在68%的较低位置。2010年后,随着经济的复苏,大学生初次就业率开始小幅度回升,保持在70%以上(见表1-1)。从绝对数值上来说,我国大学生初次就业率并不高,每年有近三成的高校毕业生处于未就业状态,而且随着高校毕业生基数的不断增加,未就业学生的规模每年也在不断扩大。

表1-1　2007—2013年全国高校毕业生人数及初次就业率

	2007年	2008年	2009年	2010年	2011年	2012年	2013年
毕业生人数(万)	479.0	546.5	568.2	613.8	651.2	680	699
初次就业率	70%	68%	68%	72.2%	77.8%	75.3%	71.9%

数据来源:根据教育部及媒体公开信息整理。

与初次就业率的作用相似,大学毕业生的起薪直观地向社会传达着大学生就业状况的信号。从起薪的角度来看,据智联招聘数据中心所提供的2008年至2010年大学生毕业起薪变化来看,2008年大学生毕业起薪超过2500元,2009年仅为2036元,2010年,虽然经济回暖促使了大学生起薪回升,但仍然未超过2400元。另外,清华大学在2010年对全国19所高校的6059名应届大学毕业生进行的调查显示,收到用人单位意向的大学毕业生平均初始月薪为 2153 元,仅仅比人力资源与社会保障部统计的农民工平均工资的 1670 元高 29%,同当年的城镇职工平均工资(3096 元)相比,大学生收入相对较低。2011 年,农民工群体月收入达到 2049 元,比上年提高 241 元,增长 13.3%。同年,大学毕业生的平均初始工资为 2719 元,但其中有 69% 的毕业生起薪不到 2000 元(见表 1-2)。我国大学毕业生起薪较低且增长速度慢,这正反映了大学毕业生就业难是一个不争的事实。

表 1-2 2010—2012 年全国高校毕业生平均初始月薪

	2010 年	2011 年	2012 年
大学毕业生平均初始月薪(元/月)	2153	2719	2443
城镇职工月平均工资(元/月)	3096	3537.7	4032.94
农民工月平均收入(元/月)	1670	2049	2290

数据来源:根据国家统计局数据和清华大学中国经济社会数据中心数据整理。

2. 创业带动就业有利于解决大学生就业难题

在大学生就业形势如此严峻的情况下,以创业带动就业就成了一个社会压力的缓释剂。创业带动就业的最大特点,就是要形成"一人创造一批岗位"的就业模式,根据全球创业观察(Global Entrepreneurship Monitor)报告的权威数据,每一个机会型创业者的增加,当年带动的就业平均数为 2.77 人,未来五年带动的就业数为 5.99 人。[1] 因此,推动大学生自主创业将有利于解决大学生就业难的问题。此外,从我国经济发展形势和就业创业的实践看,促进大学生创业带动就业具有很强的现实意义,可以实现经济增长与扩大就业的良性互动,促进人才强国战略更好的实施。大学生作为科技、文化、知识的承载者,是创新型国家的建设者,是最具创新、创业潜力的群体之一,理应成为国家创业带动就业的中流砥柱。党的十七大报告明确提出了"创业带动就业"的新就业模式,提出要"完善支持自主创业、自谋职业政策,加强

---

[1] 高建,程源,等.全球创业观察中国报告(2007)——创业转型与就业效应[M].北京:清华大学出版社,2008:5-6.

就业观念教育，使更多劳动者成为创业者"。这就把鼓励创业、支持创业摆到了就业工作更加突出的位置。

2012年我国大学生就业蓝皮书显示，2011届大学生自主创业比例达到1.6%，比2010届（1.5%）略高0.1个百分点，比2009届（1.2%）高0.4个百分点。由此可见，2011年大学生自主创业率虽然比2010年有小幅度攀升，但所占总体比例较低，提升空间还很大。

（二）大学生创业教育成为教育部门的重点工作

大学生创业教育是指开发和增强大学生创业的基本素质，培养大学生的创业意识和创业能力，以催生敢于和善于把握时机自主创业人才的教育，是以能力为导向而非学历为导向的教育，是大学生创新教育的深化。[1] 在高等学校开展创新创业教育，积极鼓励高校学生自主创业，是教育系统深入学习实践科学发展观，服务于创新型国家建设的重大战略举措；是深化高等教育教学改革，培养学生创新精神和实践能力的重要途径；是落实以创业带动就业，促进高校毕业生充分就业的重要措施。大学生创业教育不仅是创业知识的传授和技能上的培训，更是传达、传播一种理念，树立、培养和挖掘一种精神品质，即对大学生与生俱来的追求卓越、成就事业、体现价值的本性的开发、疏导和锤炼。发挥创新创业精神，推动创业型人才培养，开展高校创业教育，是时代赋予高校的重大使命，是大学生创业带动就业的力量之源。培养和造就一批具有企业家精神和创业精神的复合型人才，成为国家经济发展的"科技引擎"，中国高校正在被寄予越来越多的期望。

1. 我国大学生创业教育的现状

高校作为高层次人才培养主阵地，必须进一步完善人才培养模式，探索推进授业、创业、就业的相互渗透和整体优化；必须树立"大创业"的理念，引导学生强化创业意识，敢于创业、勇于创业，能够创大业；必须进一步注重学用一致，培养学生依靠专业打基础、依靠创业打天下，通过创业牢牢把握就业主动权，提高社会贡献力。在教育部的大力推动下，创业教育正在我国各高校如火如荼地开展，目前主要有以下3种模式。

---

[1] 王婉萍. 大学生创业教育及保障体系的研究 [D]. 杭州：浙江大学，2006.

第一章 公益创业概述

（1）将第一课堂与第二课堂结合起来开展创业教育。这种模式以中国人民大学为代表。他们认为，创业教育重在培养学生的创业意识，构建创业所需的知识结构，完善学生综合素质。他们将第一课堂与第二课堂相结合来开展创业教育。在第一课堂方面，调整教学方案，加大有关创业方面选修课程的比例，拓宽学生自主选择与促进个性发展的空间。中国人民大学开设了"企业家精神""风险投资"和"创业管理"等创业教育系列课程，以鼓励学生以创新思维为导向，倡导参与式教学，改革考试方法等。在第二课堂方面，通过举办创业教育讲座，开展各种创新、创业竞赛、活动等方式，鼓励学生创造性地投身于各种社会实践活动和社会公益活动中，形成了以专业为依托、以项目和社团为组织形式的"创业教育"实践群体。

（2）通过组建职能化、实体化的创业教育教学机构，推进创业教育。这种模式以黑龙江大学、北京航空航天大学为代表。黑龙江大学成立了创业教育领导小组、创业教育学院、创业教育中心、创业教育协调委员会、创业教育专家组、创业教育顾问团，确定了6个校级创业教育试点单位，全面推进创业教育。学校不断深化学分制和选课制改革，开放课程，建立创业教育学分。在专业教学领域，以综合素质培养为基础，建立创业教育课程群，为学生提供丰富的创业教学资源。在创业实践领域，建立学生创业园区，设立创业种子基金，成立学生创业团队，建立创新实验室，开展创新课题立项与成果评奖，组织各种学术科技竞赛，推进黑龙江大学学生实践企业合作计划。学校还通过创业教育的理论研究和宣传，引导广大学生参与创业教育的学习和实践，全面提升学生的就业竞争力和创业素质，实现学生的灵活就业和自主创业。

北京航空航天大学成立"创业管理培训学院"，专门负责与学生创业有关的事务，开设创业管理课程，建立大学生创业园，设立创业基金，对学生的创业计划书经评估后进行"种子期"的融资和商业化运作。创业管理培训学院与科技园、孵化器紧密联合，形成整套创业流程，创业者经过孵化后直接进入科技园区进行创业，开拓了一个新型的体制和流程。

（3）以创新为核心的综合式创业教育。这种模式是将创新教育作为创业教育的基础，在专业知识的传授过程中注重学生基本素质的培养，同时为学生提供创业所需资金和必要的技术咨询。具有代表性的是上海交通大学、复旦大学和武汉大学。

上海交通大学以"三个基点"（素质教育、终身教育和创新教育）和三个转变（专才向通才的转变、教学向教育的转变、传授向学习的转变）为指导思想，注重学生整体素质的培养和提高，确定了创新、创业型人才培养体系的基本框架和基本内容。学校实施了"科技英才计划"，成立专门的科技创新实践中心对学生的创业、创新活动进行指导、咨询和评价。学校还设立学生"科技创新基金"，资助学生进行科技创新活动，尽可能地将大学生创业大赛中选拔出来的成果向应用端延伸，使学生成果走向产业化。

复旦大学认为高校应成为学生创新创业的孵化器。他们以育人为中心，围绕素质教育的要求，针对学生创业的现状和社会对创业人才的需求情况，以"在校生创业精神、实践能力和团体精神的培养—毕业生创业指导—创业团体创业过程扶植"为创业教育的主线，并进行创业项目的资助，具体的做法与上海交大相近。

武汉大学以"三创教育"（创造教育、创新教育、创业教育）的办学理念为指导，把培养具有创造、创新和创业精神和能力的人作为人才培养的目标。对于那些开拓意识强、具有领导气质的学生实施创业教育，鼓励、引导他们参与社会实践，培养创业精神和创业能力，为参与市场竞争、开创新事业做必要的准备。他们围绕"创"字积极推行讲授与自学、讨论与交流、指导与研究、理论学习与实践实习、课堂教学与课外活动、创造与创新相结合的多样化人才培养模式和教学方法的改革，着力加强学生自学、课堂讨论、实践实习、科学研究、创业训练等培养环节，突出培养学生的完善人格、复合知识结构、综合素质，以及创造、创新与创业的精神和能力。

（三）公益创业成为大学生创业新趋势

1. 公益创业及公益创业教育初步推广

公益创业在我国引起较大关注始于 2009 年，近年来国内高校和慈善组织逐渐对公益创业表现出很大的热情，并且也普遍将关注的重点放在了青年大学生身上。大学生积极参与公益创业，关心公益，投身公益，是积极承担社会责任的表现，也在一定程度上解决了大学毕业生就业难的问题。各地高校、企业和社会组织举办的各类创业大赛（见表 1-3），以及公益扶持行动在宣传公益创业理念、扶持大学生公益创业实践、提供资金支持方面得到了大学生的肯定并激发他们踊跃参与。高校在公益创业的研究和实践方面也开始了极有价值的探索。

表1-3　全国部分地区公益创业大赛

地区	名称	起始时间
北京	1. 零点大学生公益创业行动	2008年
	2. 联想青年公益创业计划大赛	2009年
	3. "北极光—清华"全国大学生公益创业实践赛	2009年
	4. 光华基金会公益创业行动	2009年
	5. GSVC全球社会创业大赛	2009年
上海	社区公益创投大赛	2009年
广西	广西师范大学公益创业实践大赛	2009年
四川	1. 西南财经大学首届社会创新大赛	2010年
	2. "挑战杯"四川大学学生科技节之公益创业大赛	2014年
贵州	中国富强社会创业奖励大赛	2010年
浙江	浙江师范大学公益创业大赛	2010年
香港	1. 香港理工大学社会责任挑战赛	2009年
	2. 香港社会企业挑战赛	2009年
湖南	1. "滴水恩"杯首届中国大学生公益创业挑战赛	2009年
	2. HNEC湖南省公益创业实战赛	2010年

湖南大学在2007年成立了湖南大学中国公益创业研究中心，组织编写了教材《公益创业学》，创建"滴水恩"——公益创业孵化器并采取公司化运作，创建公益创业门户——"中国公益创业网"、《大学生公益创业》杂志，并开办"产学研一体化"的公益创业教育项目，此外湖南大学"滴水恩"团队还组织和举办了2009年首届中国大学生公益创业年会、2010年中国大学生公益创业论坛。清华大学则在2010年举办了"'北极光—清华'全国大学生公益创业实践赛"和"让志愿与微笑成为青年学生的习惯——首届全国大学生志愿公益论坛"。此外包括GSVC第二届全球社会创业大赛、复旦大学大学生公益创业基地的成立，山东大学、中山大学、贵州大学、浙江师范大学、

西北大学等数十所高校都开始了公益创业的类似实践和探索。高校将公益创业视为一种青年社会责任培养的新方法，青年创业教育、思想政治教育的新方向，青年社会实践的新途径。

近几年企业对公益创业实践的推广也迅猛发展，比如联想集团、谷歌集团、零点集团等近年来都开始积极探索扶持青少年的公益创业探索。如2007年就开始探索公益创投的联想集团，2010年携手旅游卫视和腾讯网启动了规模更大的"飚爱心，创未来"的"联想青年公益创业计划"，面向以大学生为主的青年群体，同时"联想之星"公益创业培训班开创，培育科技型创业人，扶持初创企业。谷歌集团举办了第四届中国大学生公益创意大赛，也得到了广大年轻人的积极参与。零点集团启动了大学生公益创业行动和"黑苹果青年"计划，对大学生的公益创业项目提供资金、技术培训等支持，大大推动了公益创业的发展。

2. 社会企业成为公益创业新选择

社会企业是指采用市场手段解决社会问题的组织形式。学术界尚未形成较成熟的社会企业理论体系。国外的研究方向主要还是集中于有关社会企业内涵可被广为接受的定义，但是对于社会企业的内涵似乎达成了一致的看法。社会企业既具有商业企业的性质，直接向社会提供各种商品或服务并因此而获得收入；同时，它们又具有社会公益性质，它们的主要动因是社会目标，主要以创造社会价值为己任，密切关注社会与环境的改造。

《2012年中国创业教育报告》显示，社会企业在欧美的发展由来已久，比较而言，社会企业在中国还处于发展的起步阶段。如果严格按照西方国家的社会创业组织概念来看，中国目前还没有比较成熟的案例。然而，中国的民间组织、事业单位、社会福利企业、合作社、基金会等都在担当社会创业的责任，许多"准社会企业"有很大的潜力并将得到进一步的发展。报告认为，随着中国政府服务型管理方式的转型，预计将有大量公共服务由社会组织承担。这些组织可能自下而上推动第三部门的改革，从而为社会企业的健康发展创造极大的空间。解决社会问题不能只依靠政府，也不能单纯依靠市场，唯一的路径只有靠创新和创业，这就需要大量的社会组织来帮助解决社会矛盾，社会企业的价值也同时凸显出来。

社会企业创业作为大学生创业教育的一个领域，对于扩展和提升大学生的创业范围具有深远的意义。传统营利性企业创业领域面临市场饱和、竞争激烈等诸多问题，而且传统企业创业注重企业的营利性，对于没有任何竞争优势的大学生来说，在市场准入上就已经处于劣势。但是，社会企业创业作为一个比较新的领域，可以形成大学生创业领域的有效补充，并实现大学生通过创业就业的目标。在此背景下，创业教育更应加强对社会创业的强调。中国的创业教育需要政府更多关注创业的社会价值，需要企业加大对社会项目的支持，也需要学校扩展社会创业教育的内容。社会企业创业课程已经被引入某些高校，并被列入选修课序列，这对于提升大学生创业教育范围和课程多样性具有重要意义。通过将社会企业创业教育课程列入选修课程序列，规定选修课学分，使社会企业创业教育进入大学课堂。鼓励大学生加入社会创业，鼓励公益创业，不仅能够解决大学生就业难的问题，而且还能通过基层的工作使他们树立正确的人生观和价值观，也能够积累更多的经验为以后的事业发展奠定基础。

第二节 公益创业与商业创业

一、公益创业与商业创业的区别

一般认为，商业源于原始社会以物易物的交换行为，它的本质是交换，而且是基于人们对价值的认识的等价交换。所谓商业，它是有组织地提供给消费者所需物品与服务的一种行为。商业有广义与狭义之分。广义的商业是指所有以营利为目的的事业；而狭义的商业是指专门从事商品交换活动的营利性事业。概括地讲，商业的灵魂就是以逐利为目的。大多数商业行为是通过以成本以上的价格卖出产品或服务来实现盈利的。

而创业的内涵，一般是指人们发现某种信息、资源、机会或掌握某种技术，利用或借用相应的平台或载体，将其发现的信息、资源、机会或掌握的技术，以一定的方式转化、创造成更多的财富、价值，并实现某种追求或目标的过程。根据 Jeffry A. Timmons 所著的创业教育领域的经典教科书《New Venture Creation》的定义，创业是一种思考、推理和行为方式，它为机会所驱动，需要在方法上全盘考虑并拥有和谐的领导能力。创业必须要贡献出时间、付出努力，承担相应的财务的、精神的和社会的风险，并获得金钱的回报、个人的满足和独立自主。

那么，所谓商业创业，就是为实现利益创业者自身利益最大化而实施创业的过程。俗话说"九层之台起于累土，环抱之木生于毫末"，任何一个企业都有其孕育、成长和壮大的过程，即其必然存在商业创业的初始阶段。

商业创业简单说来也就是拿钱生钱，用一定的启动资金去实现更多的利润，它的目的就是创造经济价值。而公益创业则不然，它是一些人基于社会使命和责任感的要求，为谋取公众社会利益的创业行为。两者的具体区别可以归纳为以下几个方面。

（一）组织性质不同

从组织性质来分析，公益创业的组织性质是非营利性的，或是营利与非营利性的混合。非营利性（nonprofit）一般是指公益创业的运营目标不以获取利润为目的，而是追求拟定的社会目标。当然，公益创业并不等于没有盈利；公益创业的基本组织形式是建立非营利性组织，非营利性组织是指那些具有为公众服务的宗旨，不以营利为目的，组织所得不为任何个人牟取私利，组织自身具有合法的免税资格并可为捐赠人减免税的组织。而商业创业是投资者为了追求自身利益最大化，其采用的创业组织形式也是营利性组织，其组织形式有独资企业、合伙企业、股份有限公司和有限责任公司等。

（二）创业驱动不同

公益创业基本属于非营利性组织，这类组织的运营目标不以获取利润为目的，而是追求拟定的社会目标，以公众服务为宗旨，不以营利为目的，组织所得不为任何个人牟取私利。而商业创业以股东利益为核心，追求经济效益最大化。公益创业以社会使命为中心，创造社会价值或兼具社会价值与经济价值。从公众角度看，公益创业组织的宗旨是为了保障特定弱势群体的利益，缓解贫富分化；从组织自身角度看，其宗旨是为了弥补支援失灵与市场失灵，满足社会需要，服务于经济社会发展；从政府角度看，公益创业为了实现非营利组织的可持续发展，并最终推动社会的可持续发展。

（三）运作模式不同

从资本来源上看，商业创业的资金主要来源于股东的直接投资，公益创业的投入既可以来源于股东投资以及市场营销来取得，也来源于社会的捐赠、政府财政的补贴等渠道。从营销定价策略来看，商业创业除了国家定价和国家指导价之外，以市场形成价格为主；而公益创业则是追求运行平衡，坚持保本经营或微利经营，为社会补偿提供甚至免费提供商品和服务。从劳动力使用来看，商业创业完全按照人力资源市场机制聘用和使用劳动者，而公益创业则是建立在志愿服务基础上，劳动力价格低于市场价格或是与志愿服务相结合。从利润分配角度看，商业创业最主要的目标是实现股东和广大投资者的利益，因此应当向股东及资产所有者分配利润；而公益创业则不进行营利分配或是有限的利润分配。

关于公益创业和商业创业的区别，可以通过下列一张表格给予归纳和汇总：

表1-4 公益创业和商业创业的区别

维度		商业创业	公益创业
管理模式		董事会、总经理、监事会三者互相约束，开展经营活动	通过使命—参与者意愿—受益人模式开展公益活动
盈利模式	收入来源	股东投入，市场营销	股东投入，市场营销，政府补贴，社会捐赠
	定价策略	按市场价格付费	补助金方式或全额支付与免费的混合方式
	物资供应商	按市场价格收费	特殊折扣或物品捐赠与全价供货的混合方式
	劳动力获取	等于或高于市场价格供给	等于或低于市场价格供给或是与志愿者的结合
利润分配		股东或所有者分配利润	非营利分配或有限利润分配

二、公益创业与商业创业的联系

公益创业与商业创业既存在一定的区别，又有着密切的联系。公益创业企业的存在是以社会使命为前提的，把创业的过程和推进社会的进步有机地结合起来，目的是为了解决一定的社会问题。但是，它不同于传统意义上的非营利组织，它把商业企业经营管理的方法加以运用，是一个具有赢利性质的机构。赢利的目的是使社会企业可以继续运转，这样对社会使命的追求就会得以持续。

具体而言，公益创业强调的是公益事业的企业化。它把社会价值的创造和经济价值的创造有机地结合起来。或者说，公益创业是以公益事业为主要目标，而利润是副产品。它的主要目的是要创造社会价值，但在机构的资金来源和管理方法上与企业有着密切的关联。表面上看起来，商业企业的动机是获得利润，而公益组织的动机是改进社会，它们是完全不同的。但是，企业本身就是既有经济组织属性，也有社会组织属性的，应该说所有的创业活动都是既有社会成分也有经济成分的。比如商业企业，它解决了一些就业问题，这也是它社会价值的一种实现。公益创业是对传统的商业企业和公益组织之间界限的一种挑战，它反映的精神是：商业企业不一定不承担社会责任，公益组织要可持续发展，也不一定要讳言经济价值的实现。只不过，不同企业有不同的实现社会价值和经济价值的角度和侧重点。对商业企业来说，社会财富是企业在创造经济价值时的副产品，甚至对有社会责任感的商业企业来说，可能是优先考虑主动加以促成的副产品；而对公益创业企业来说，在实现社会价值和经济价值相结合的过程中，主要目标还是创造社会价值，而经济价值的实现是企业生存和可持续地实现社会价值的前提。公益创业的某些商业行为只是为了提供运营商业所需的基本资金，一般认为这种商业行为的动机是非营利性的，如各种基金会、红十字和红新月会等。

链接：比尔·盖茨的商业创业与公益创业[1]

比尔·盖茨（Bill Gates），全名威廉·亨利·盖茨（William Henry Gates，1955年10月28日—），美国微软公司的董事长。他与保罗·艾伦（Paul

---

[1] 本文根据网络资料整理，标题是笔者加的。

Allen）一起创建了微软公司，曾任微软首席执行官和首席软件设计师，并持有公司超过8%的普通股，也是公司最大的个人股东。1995—2007年的《福布斯》全球亿万富翁排行榜中，比尔·盖茨连续13年蝉联世界首富。2008年6月27日他正式退出微软公司，并把580亿美元个人财产尽数捐到比尔与梅琳达·盖茨基金会（Bill & Melinda Gates Foundation）。

比尔·盖茨的商业创业

比尔·盖茨以自己卓越的经营智慧而名噪天下。他的创业经历成为世界各大学院校工商管理的范例，他已成为青年人奋斗的偶像。比尔·盖茨是新式的工商业领袖。多年来，他不断证明自己是计算机业界的"先知"。他对于科技的深刻了解和整合资源的独特方法，使他有能力洞察先机，指点未来，为微软的策略制订方向。他的这种能力既让爱戴者敬畏，又令竞争者恐惧。

比尔·盖茨1955年10月28日出生，在西雅图长大。他的父亲威廉·亨利·盖茨是一位律师，母亲是一位教师，性格坚强，富有独立性，善于与人交往。盖茨是家中三个孩子中唯一的男孩，排行第二。从少年时代热衷于电脑游戏，富于想象力，14岁时不再上数学课，因为他已很好地掌握了数学知识。1973年进入哈佛大学法律系学习，19岁时退学，与同伴保罗·艾伦创办计算机公司，直到后来创办了微软公司，自任董事长、总裁兼首席执行官。1998年1月，他将总裁一职让给史蒂夫·鲍尔默，2000年1月13日，他宣布不再担任该公司的首席执行官一职，以便从对公司日常事务的管理中脱出身来，集中精力推进下一代视窗因特网平台及其服务工作。

他被誉为计算机奇才、20世纪最伟大的计算机软件行业巨人。1989年他创建的Continnum公司（后改名为Corbis），开发了高质量的创造性图像，成为多媒体世界的一家强大企业。他36岁时成为世界上最年轻的亿万富翁，在2002年3月出版的《福布斯》杂志的全球富翁排名中仍居首位，个人资产为528亿美元。2012年3月，福布斯全球富豪榜发布，比尔盖茨以610亿美元位列第2。

比尔·盖茨的公益创业

比尔·盖茨声称，将不留一分钱给他的后代并准备把自己95%的财富捐赠给慈善机构。1998年4月，盖茨向联合国人口基金会捐款170万美元，用于发展中国家人口项目的技术和经验交流。1998年12月2日，盖茨宣布，他和他的夫人将为发展中国家的儿童免疫项目捐款1亿美元。1999年5月4日，盖茨向一家设在纽约的非营利性民间组织"国际艾滋病疫苗倡议研究组织"捐资2500万美元用于艾滋病疫苗研究。2000年1月18日，盖茨的基金会决定将在5年里向国际疫苗研究所捐赠4000万美元，用于贫穷国家防治霍乱、痢疾和伤寒。

比尔·盖茨被1999年10月18日出版的《时代》周刊评为在数字技术领域影响重大的50人之一。1998年和1999年连续两年被英国《金融时报》评为全球最受尊重的企业家。

2000年，比尔与梅琳达·盖茨基金会成立，比尔与梅琳达·盖茨基金会是由比尔·盖茨与梅琳达·盖茨夫妇资助的、全球最大的慈善基金会。该基金会以美国华盛顿州西雅图市为基地，于2000年1月，通过盖茨学习基金会和威廉·盖茨基金会的合并而创立。截止到2013年，拥有资金362亿美元，自成立以来资助发放总额为261亿美元，为美国50个州及全球100多个国家的受资助者提供支持。在2013年《世界品牌500强》中排名94（2012年排名95；2011年排名95；2010年排名98；2009年排名101；2008年排名94。自2008年第一次进入世界品牌500强后，保持着稳定的排名）。

作为世界首富，盖茨夫妇一直以来都表示要将财产的大部分捐献出去。盖茨夫妇捐献的最主要渠道就是通过"比尔与梅琳达·盖茨基金会"。每当盖茨选择一个新的捐款方向和捐款地点时，基金会都会问两个问题：什么问题影响了最多的人？我们过去忽略了什么问题？虽然很多慈善家也采用同样的方式，但盖茨夫妇更为严格。梅琳达说："我们会仔细审视所有的不公平，并努力通过捐款带来最大的变化。"

比尔与梅琳达·盖茨基金会虽是一家慈善机构，却也是一家很会赚钱的基金会。比尔·盖茨是一个崇尚分散风险、均衡投资的人，盖茨基金在美国主要是投资旧经济中的一些企业，同时以投资的"多样性"和"保守性"而闻名。比尔与梅琳达·盖茨基金会惯用的手法就是"趁低吸纳"，即购买一些价格已经跌到很低的企业股票，等待股价上升时抛出获利。其先后投资的公司包括纽波特纽斯造船公司、阿拉斯加气体集团公司、舒尼萨尔钢工业公司、渥特尔泰尔动力公司、埃科斯药物公司、西雅图基因公司等。在整个盖茨基金所投资的项目中，超过64.3亿美元投资在短期投资项目，包括美国政府债券、高等级商业票据及短期贴现债券。比尔与梅琳达·盖茨基金会将 210 亿美元投资在债券、现钞及其他项目，如国内国际共同基金投资、高收益企业证券和国际企业和政府证券等。比尔与梅琳达·盖茨基金会投资在股票的数额占 52.4 亿美元，包括美国和国际的股票，以及私人股票投资基金。

第三节　公益创业与社会企业

一、传统公益组织与社会企业的差异

社会企业（social enterprise）是从英国兴起的一种企业形态，目前并无统一的定义。社会企业是社会经济的载体。社会企业是一个新概念，目前还不被广泛了解。社会企业与市场经济企业的最大区别是它不以追求投资者利润最大化为主要目的。在社会企业中工作的人员以其劳动获取工资和奖金，但投资者不获取利润（股东不分红）。社会企业的经济收益主要用于支持预先设定的社会目标，如支持社会福利事业、社会慈善事业等，也用于支持社会企业的持续发展、支持员工工资奖金等。社会企业游走于公益与营利之间，采用市场手段解决社会问题、实现公益目标，是社会治理体系中的有机组成要素，是非营利的制度创新。作为传统社会组织靠近市场体系的部分，社会企业既是一种组织形式，也是一种行为模式、一种思想理念。

具体来讲，社会企业是这样的一种企业，它将商业策略最大限度地运用于改善人类和环境生存条件而非为外在的利益相关者谋取最大利益。社会企业的法人身份可以是营利性质的，也可以是非营利性质的，并且它的表现形式也可能是共同合作模式、成熟的组织构架、非独立实体、社会商业或者慈善组织。许多商业企业试图认为它们自己具有社会目标，而对于这些目标的投入是以最终使企业获取更多财政价值为目的的。相反，社会企业与之不同，它们的目的不是对投资者提供任何利益回报，除非是那些他们认为最终可以使他们实现社会和环境目标的部分。由于这个概念的慈善性根源来自美国，同时伴随着在英国、欧洲和亚洲的共同发展，因此它具有混合的且有争议的传承。在美国，这个概念伴随着"通过交易做慈善"，而非"做慈善的同时做

交易"。在其他国家，相比于慈善事业，更明显地侧重于社区组织、重要的且相互关系的民主控制。近几年，关于社会目的型商业的概念越来越多，它们以推行社会责任为目的，或是为慈善项目寻求基金。

总之，社会企业的目的是解决或改善社会问题，而不是纯粹为了营利，所得利润有限制地用于分红，而不是追求最大利益，并且利润需要用于相关或不相关的社会机构（如传统的非营利组织），或是企业本身就是以解决社会问题为目标存在，如雇用残障人士或是借贷金钱给一般主流借贷者不会考虑的人。社会企业这一概念的提出，进一步丰富了人类社会对"企业"的认识，也体现了社会"公平""正义"等价值观的要求。

关于公益创业与社会企业的关系，一般认为社会企业是社会公益创业的一种基本形式。但是从学术意义上分析，社会企业又与传统公益组织有着明显的区别。

（一）组织属性存在一定区别

关于传统公益组织，人们常常认为它们具有单一属性，即纯粹的公益性。以"慈善事业"为典型传统公益创业形式是以社会成员的慈善心为其道德基础的，它建立在社会成员自愿捐献的款物的经济基础之上。也就是说，慈善事业是从慈爱和善意的道德层面出发，通过实际的自愿捐赠等行为和举动，对社会的物质财富进行第三次分配。它无疑是社会一定利益的调节器，是促进社会和谐的重要力量。这些传统的慈善事业既起着安老助孤、扶贫济困的作用，同时又起着疏理社会人际关系、缓解社会矛盾、稳定社会秩序的作用，具有深远的传统性、广泛的群众性和社会公益性。而社会企业则具有双重、混合属性，即社会企业既服务于社会，也追求盈利目标。社会企业通过商业手法运作，赚取利润用以贡献社会。

（二）宗旨目标的差异

传统公益组织偏重于社会目标的实现，经济目标处于从属位置；而社会企业则寻求社会目标与经济目标的双赢。社会企业直接或间接地为社会经济活动、社会活动和居民生活服务的部门、企业及其设施提供支持，既要维护自身的成长，也要很好地完成社会使命。例如，自来水生产供应系统、公共交通系统、电气热供应系统、卫生保健系统、文化教育系统、体育娱乐业系统、邮电通信系统、园林绿化系统等。

(三) 管理模式不同

传统的慈善事业完全属于非营利组织的管理模式，其资金来源依赖于政府补贴、社会捐赠。在服务社会的形式上可提供免费产品与服务；传统慈善事业无利润分配，要对受助者、捐赠者、政府负责。而社会企业则倾向于市场化、企业化管理模式，强调自负盈亏，基本上采用社会服务收费制。对于社会企业而言，要通过透明和道德的行为，有效管理自身决策和活动对利益相关方、社会和环境的影响，追求经济、社会和环境的综合价值最大化的意愿、行为和绩效。在内容界定方面，社会企业要为自身决策和活动对利益相关方、社会和环境的影响而承担责任；在落实机制方面，社会企业强调要始终保证企业行为的透明和道德。其中，透明是指企业保证对社会、经济和环境产生影响的决策和活动的公开性，并有意愿以清晰、准确、及时、诚实和完整的方式进行沟通；道德是指企业推进可持续发展、追求经济、社会和环境综合价值最大化的意愿、行为和绩效。在利润分配方面，社会企业无利润分配或存在有限的利润分配。

(四) 人力资源配置方式不同

以慈善事业为主要形式的传统公益创业的人力资源配置主要依托志愿者或弱势群体。联合国将志愿者定义为"不以利益、金钱、扬名为目的，而是为了近邻乃至世界进行贡献活动者"，指在不为任何物质报酬的情况下，能够主动承担社会责任并且奉献个人的时间及精神的人。具体来说，志愿者是自愿参加相关团体组织，在自身条件许可的情况下，在不谋求任何物质、金钱及相关利益回报的前提下，合理运用社会现有的资源，志愿奉献个人可以奉献的东西，为帮助有一定需要的人士，开展力所能及的、切合实际的，具有一定专业性、技能性和长期性服务活动的人。之所以以志愿者为基础，这是公益事业的特点决定的。而社会企业的人力资源配置则以志愿者、弱势群体、专业技术人才为基础。

关于社会企业与其他组织类型的联系与区别，详见第六章。

二、公益创业与社会企业的联系

一般认为,社会企业属于社会公益创业的基本形式之一。尤其是在当代国际社会,以公益为目的从事商业活动的社会企业在全球范围内已经处于快速发展阶段,国内的学术界和实业界也渐渐对社会企业的模式产生了浓厚的兴趣,关于社会企业的研究已经取得了不少的成果。传统上一提到"公益创业",人们就常常把它等同于非营利组织(NPO),而社会企业概念的引入,颠覆了这种不完整的观念。事实上,社会企业是通过市场机制的手段来解决具体的社会问题,这有助于弥补政府以及市场对穷困和其他社会弱势群体公共服务的供给不足。可见,社会企业体现了公益创业的特征。

公益创业是指在一定的社会使命的激发下,追求社会创新、经济效率和良好的社会效果,是一种面向全社会的需要而建立起来的组织形式。公益创业的核心是向公众提供具有公共性质的产品或服务。公益创业特别强调创业的"社会利益"甚至"非营利性"。社会企业的特点决定了其是社会公益创业的一种形式,而且是介于传统慈善(philanthropy)和实业(entrepreneurship)之间的一种特殊存在形式。

社会企业作为公益创业的基本形式之一,是其他形式所不可替代的。传统的慈善方式不具备造血功能,因此不能持续平稳地解决弱势群体的根本问题。社会企业与传统的慈善组织相比较,其创新性更强。诺贝尔奖得主、"穷人的银行家"尤努斯认为,如果你只是持续地向别人提供慈善捐款,而不帮他们解决技能方面的问题,实际上是害了他们,而不是帮助他们,因为他们会过度依赖你。由此可见,社会企业在公益创业和公益发展中具有独特地位。

相对于传统的商业而言,社会企业有利于消除传统企业追求利润最大化的负面影响。传统商业企业以追求利润最大化为终极目标,从而产生了环境危机、贫富差距持续扩大、社会不公平程度加剧等多种负面的影响,已经影响到了社会的良性可持续发展。社会企业的关键是解决社会问题,是为了社会的和谐与发展,而不仅仅为某一部分股东谋利益。因此,社会企业更能体现公益的特点,有利于实现人类社会的可持续发展。

链接：社会企业、商业企业与非营利组织的比较

组织类型	组织目标	价值创造	人力来源	资金来源	利润分配	行为示例
社会企业	实现其社会目标和营利	社会价值和经济价值	按低于市场的价格获取，或是志愿者	以市场为基础，经营收入是其主要资金来源，不排除募集资金	用于提供社会产品或服务，并用于社会企业自身投资	为弱势群体创造就业机会、培训社会失业人员、提倡可持续消费
商业企业	主要目标是营利，兼有社会目标	经济价值	按等于或高于市场价格获取	投资银行、风险投资家、个体投资者、股票等	股东和投资者	生产产品提供服务
非营利组织	社会目标	社会价值	志愿者	捐赠为基础，政府补助和捐款	无营利，资金运用主要针对特定地区和特定群体	辅助弱势群体或进行社会改善

复习思考题

1. 简述公益创业的特征。
2. 公益创业的类型有哪些？
3. 结合实际解释说明公益创业与商业创业的区别。
4. 简述传统公益组织与社会企业的差异。
5. 简述公益创业与社会企业的联系。

第二章 公益创业的环境

创业环境是影响创业活动活跃程度的一个重要因素，也是公益创业研究领域的关键问题之一。不同于投资环境，创业环境是指创业主体在进行创业活动和实现其创业理想的过程中必须面对和需要利用的各种因素的总和，是影响现实或潜在创业者行为要素的集合。它既包括企业的文化氛围、团队精神等企业内部的微观环境，又包括企业所在的地区、城市及国家等外部的中、宏观环境，是一个多层面的有机系统。

第一节 公益创业的政策环境

一、公益创业政策环境的含义

(一) 国外学者的定义

创业政策是一个涵盖面很宽的概念，它涉及从地方到国家各级政府的一系列激励创业活动的措施。Lundstrm 和 Stevenson（2001）认为，创业政策是针对整个——启动前、启动、启动后的早期阶段——创业过程，围绕创业动机、创业机会和创业技能进行设计的，旨在激励创业活动的多重政策措施。其首要目标是鼓励更多的人创办自己的企业。Brett（2004）认为创业政策是对新企业的创立和成长进行支持的政策。Vishal（2008）等学者认为，创业政策帮助营造一种有利于新生创业者出现的创业气候，并促成人们从创业态度层面向创业实体层面的行为转换。PaulReynolds（2005）认为创业政策主要涉及两个关键环节：其一，激励更多的人参与创业；其二，为这些创业者提供积极的支持。

（二）国内学者的定义

我国学者蔡莉等（2007）按照政策对环境的影响程度将创业环境分为政策环境和非政策环境。政策环境又可分为政策直接环境和政策间接环境。政策直接环境是政策直接可以调节的因素，如税收、行政办事程序、收费等；政策间接环境是政策可以影响的因素，如市场环境、中介服务、信息化环境等；非政策环境是政策不能调节和影响的因素，如当地的自然资源、人文环境等。由此可见，创业环境的第一主体是政府，创业支持政策在创业环境中所起的作用也是排在首位的。全球创业观察（GEM）将创业环境要素分为九类，主要包括金融支持、政府政策、政府项目支持、教育与培训、研究开发转移、商业和专业基础设施、进入壁垒、有形基础设施、文化与社会规范（《GEM 中国报告》）。中国学者方世建和桂玲（2009）将创业政策的措施归纳为六个方面，即创业促进、创业教育、减少进入和退出障碍、对初创企业的商业支持、初创融资和目标群体政策。

综上所述，政府的创业政策应该具备两个重要功能：其一，激励功能，即通过创业教育等激励性政策激发新生创业群体的出现；其二，支持功能，即对正在或已经投身创业活动的个体给予政策的支持。从逻辑上讲，激励性政策在前，支持性政策在后。支持性的政策应该建立在激励性政策基础之上。只有大量的个体被激励后选择创业，政府的支持性政策才有用武之地。

因此，基于学者们对创业政策的解释，可以得到这样的结论，公益创业政策环境的实质是形成鼓励和支持创业的氛围、能力和行为，即政府部门通过自身的变革和通过组织、引导、支持、激励等措施，将现有的社会机构或组建新的社会组织形成积极有效支持的创业环境。由此可见，创业环境的第一主体是政府，创业支持政策在创业环境中所起的作用也是排在首位的。

二、公益创业政策环境的分类

（1）根据公益创业政策的作用来划分，可大致将公益创业政策环境分为引导性政策、扶持性政策和管理性政策三类。

引导性政策是指国家机关为了对创业者的创业行为和创业活动进行引导而制定的相关政策。引导性的政策大都比较宏观，主要为创业者的创业行为指明方向和目标,并为创业者的创业活动提供政策性的保障。引导性政策可看作是纲领性政策,是相关部门制定本部门相关政策的依据。比如国务院在《关于做好促进就业工作的通知》(国发〔2008〕5号)中提出了"改善创业环境,促进创业带动就业。完善支持自主创业、自谋职业政策体系,建立健全政策扶持、创业服务、创业培训三位一体的工作机制,简化程序,规范操作,提高效率,使更多的劳动者成为创业者"。

扶持性政策是指国家机关根据创业者创业活动的特点而制定的鼓励、优惠和照顾性质的政策。扶持性政策具有特殊性,主要体现在创业者创业活动的初期阶段。在这一阶段创业者要面对较大的压力和较复杂的社会关系,为了协助创业者成功创业,相关部门和各级组织从各方面给创业者提供宽松和灵活的政策环境。例如,2000年1月教育部公布了《关于贯彻落实中共中央、国务院〈关于加强技术创新,发展高科技,实现产业化的决定〉的若干意见》,这项政策规定:"大学生、研究生(包括硕士、博士研究生)可以休学保留学籍创办高新技术企业。各高校要支持科技人员兼职从事成果转化活动,允许科技人员离岗创办高新技术企业、中介机构,并可在规定时间内(原则上为两年)回原高校竞争上岗。"

管理性政策是指国家机关为保障创业者创业活动的顺利开展,以及相关政策得以规范、及时实施而制定的管理政策。管理性政策体现了规范性、操作性特点。一方面根据管理性政策,创业者能够合理利用政策规定开展创业活动;另一方面,行政管理部门等组织能够依据管理政策对创业者的行为进行控制管理。例如,在《关于联合实施"阳光行动"重庆市青年创业贷款项目的通知》(渝青联发〔2008〕21号)文件中,对创业贷款项目从申请人条件、贷款流程、贷款品种等内容都进行了具体规定,既方便符合条件的创业青年申请,又便于共青团组织和银行机构进行监督和管理。

(2)根据公益创业政策的实施来划分,可将公益创业政策分为注册登记类政策、财政金融类政策、税收类政策、人事档案管理类政策和教育培训类政策五类。

注册登记类政策主要解决创业者创业行为的"准入"问题。创业者创业行为最现实的表现就是以一定的形式进入市场,进入社会系统。而"准入"问题往往是一些初次创业者,或者基础条件比较薄弱的创业者所面临的第一个现实问题。因此，包括国家和地方政府都对创业者创业实体的注册登记给予了大力支持。

财政金融类政策主要解决创业者的投资融资问题，主要体现在对资金资本的支持上。资金资本问题往往是创业者在创业过程中考虑最多也是最困难的一个问题。没有一定的资金资本做基础，创业行动往往无法实现，创业行程难以起步。因此解决创业者的资金资本问题成为国家和地方政府创业政策重点解决的问题。

税收类政策无论对人们行为的影响还是对社会价值与优先顺序的象征来说，都是相当重要的。税收政策对于创业者来说，一方面影响到创业过程中的获利实现，另一方面也体现了创业者应当承担的社会责任。

人事档案管理类政策。人事档案是我国人口管理的基本制度。创业者在创业之初，其人事档案无确实的挂靠单位，尤其是对一些异地创业者来说，不便对其户籍、工龄、组织发展等个人问题进行管理。为了解决创业者的后顾之忧，各级部门都出台了相应的人事档案管理政策。

教育培训类政策主要是为创业者在创业前和创业过程中提供智力支持，从创业精神的培养、创业知识的教育和创业行为的锻炼等方面给予实际帮助。

三、我国公益创业政策的主要内容

创业活动成功率的高低与国家和地方的扶持力度有密切关系，国家出台的创业政策在宏观上营造创业环境，地方政策则是创业活动的微观环境，因此，政策的完善与否在很大程度上关系到创业的成败。目前我国公益创业可以采用工商注册或者民政注册成为企业法人或者社会组织法人（基金会、社团、民办非企业单位），现有以下几个方面的政策。

（一）政府鼓励大学生创业，开启双创工程

1. 支持大学生创业政策体系初具雏形

新形势下，创业教育日益成为人们关注的热点，大学生可以成为也应该成为创业的主体。创业教育不仅有助于优化个体素质，激发青春能量，而且有助于把知识转化为国家的实力、社会的财富和人民的实惠。

我国开展大学生创业教育的起步较晚，对创业教育理念的正式回应始见于 1999 年 1 月公布的《面向 21 世纪教育振兴行动计划》，其中提出了要加强对教师和学生的创业教育，鼓励他们自主创办高新技术企业。经过努力，2002 年，教育部高等教育司在北京召开了普通高等学校创业教育试点工作座谈会，将中国人民大学、清华大学、北京航空航天大学、黑龙江大学、上海交通大学、南京经济学院、武汉大学、西安交通大学、西北工业大学等 9 所高校列为率先进行创业教育试点工作的单位，拉开了我国创业教育实践的序幕。此后，创业教育在我国呈现燎原之势，取得了长足的发展。

近年来，教育部坚持把大学生创业作为大学毕业生就业工作的重点来抓，为统筹做好高校创新创业教育、创业基地建设和促进大学生自主创业工作，2010 年出台《教育部关于大力推进高等学校创新创业教育和大学生自主创业工作的意见》（教办〔2010〕3 号），指出创新创业教育是适应经济社会和国家发展战略需要而产生的一种教学理念与模式。在高等学校中大力推进创新创业教育，对于促进高等教育科学发展、深化教育教学改革、提高人才培养质量具有重大的现实意义和长远的战略意义。创新创业教育要面向全体学生，融入人才培养全过程。要在专业教育基础上，以转变教育思想、更新教育观念为先导，以提升学生的社会责任感、创新精神、创业意识和创业能力为核心，以改革人才培养模式和课程体系为重点，大力推进高等学校创新创业教育工作，不断提高人才培养质量。高校要建立一支专兼结合的高素质创新创业教育教师队伍，建立高校学生科技创业实习基地，不断提高教师教学研究与指导学生创新创业实践的水平。教育部于 2010 年 5 月 13 日成立了高校创业教育指导委员会，开展高校创新创业教育的研究、咨询、指导和服务。2012 年教育部印发了《普通本科学校创业教育教学基本要求》，明确了高校开展创业教育的教学目标、教学原则、教学内容、教学方法和教学组织，并且制定了创业基础教学大纲，要求各地各高校要按照要求，结合本地本校实际，精心组织开展创业教育教学活动，增强创业教育的针对性和实效性。

2012 年教育部又出台《关于全面提高高等教育质量的若干意见》（教高〔2012〕4 号）明确指出："加强创新创业教育和就业指导服务，支持学生开展创新创业训练，完善国家、地方、高校三级项目资助体系；依托高新技术产业开发区、工业园区和大学科技园等，重点建设一批高校学生科技创业实习基地；普遍建立地方和高校创新创业教育指导中心和孵化基地。"

随着一系列创业教育相关政策的推行，我国大学生的创业意识、创业素质和创业能力明显增强，高校毕业生创业人数逐年大幅度增长。由此可见，这些政策对解决大学毕业生就业难问题发挥了积极作用。

2. 双创工程带动创业大潮

党的十八大报告指出："要推动实现更高质量的就业。就业是民生之本。要贯彻劳动者自主就业、市场调节就业、政府促进就业和鼓励创业的方针，实施就业优先战略和更加积极的就业政策。鼓励多渠道多形式就业，促进创业带动就业。加强职业技能培训，提升劳动者就业创业能力，增强就业稳定性。健全人力资源市场，完善就业服务体系。"这一政策说明，我国政府已充分认识到创业带动就业、促进经济增长的优势，并大力倡导全民创业，积极营造一个良好的创业环境。

2014年9月李克强在夏季达沃斯论坛上提出，要在960万平方千米土地上掀起"大众创业""草根创业"的新浪潮，形成"万众创新""人人创新"的新态势。2015年李克强在政府工作报告中又提出"大众创业，万众创新"。政府工作报告中如此表述：推动大众创业、万众创新，"既可以扩大就业、增加居民收入，又有利于促进社会纵向流动和公平正义"。

2015年国务院印发《关于加快构建大众创业万众创新支撑平台的指导意见》（以下简称《指导意见》），这是对大力推进大众创业万众创新和推动实施"互联网+"行动的具体部署，是加快推动众创、众包、众扶、众筹（以下统称四众）等新模式、新业态发展的系统性指导文件。其中第二十六款规定，加快推广使用电子发票，支持四众平台企业和采用众包模式的中小微企业及个体经营者按规定开具电子发票，并允许将电子发票作为报销凭证。对于业务规模较小、处于初创期的从业机构符合现行小微企业税收优惠政策条件的，可按规定享受税收优惠政策。

3. 资金扶持政策到位

北京市召开2014年高校毕业生就业推进大会，为帮助大学生创业、解决启动资金等难题，北京市为开网店的应届毕业生提供小额担保贷款。人保部门还会同有关部门出台小额担保贷款、贴息、税费减免及落户等创业扶持政策。

此外《北京地区大学生创业引领计划实施方案》提出拓宽贷款范围及融资渠道，为大学生创业提供资金支持。各有关部门、各区县要进一步落实、完善小额担保贷款政策，在符合规定前提下，简化反担保手续，强化担保基金独立担保功能，适当延长担保基金的担保责任期限。加大对大学生的扶持力度，为符合条件的在电子商务网络平台开设"网店"进行创业的大学生和吸纳高校毕业生达到一定比例的科技型小型微型企业给予小额担保贷款支持。各级中小企业主管部门、群团组织等要结合现有政策，加强资金利用，继续发挥好中小企业发展专项资金、青年创业基金等扶持资金的作用，更多支持大学生创业实体。各有关部门要结合现有政策，积极引导和鼓励行业协会、天使投资人、企业、金融机构等支持大学生创业。

4. 实行税费减免优惠

对支持创业早期企业的投资，要按规定条件给予所得税优惠或其他政策鼓励。落实工商登记和银行开户等政策措施，为大学生创业提供便利。各级工商部门要按照政策要求及有关法律法规完善管理制度，落实注册资本认缴登记制，按规定拓宽企业出资方式，放宽住所（经营场所）登记条件，推行电子营业执照和全程电子化登记管理。要建立完善工商登记"绿色通道"，简化登记手续，优化业务流程，为创业大学生办理营业执照提供便利。要落实减免行政事业性收费政策，按规定对创业大学生减免登记类和证照类等有关行政事业性收费。各金融机构要按要求积极改进金融服务，为创业大学生办理企业开户手续等提供便利和优惠。

开设专门服务窗口，规范服务流程，配备业务骨干，运用信息化等多种手段，为创业大学生提供创业培训与指导、申请小额担保贷款、获得税费减免和资金补贴，以及档案保管、人事代理、职称评定、社保代理等"一条龙"服务，帮助符合规定的创业大学生享受到扶持政策及措施。

5. 提供培训指导服务

2014年人社局发布的《北京地区大学生创业引领计划实施方案》，强调加强创业培训，提高大学生创业能力。各级人力社保部门要认真落实各项创业培训政策，鼓励符合条件的北京地区高校组织开展创业培训，力争使每名有创业意愿和培训需求的高校毕业生都有机会参加创业培训。支持有条件的

第二章 公益创业的环境

高校、教育培训机构、行业协会、群团组织等开发适合大学生的创业培训项目，将经过评审认定的培训项目纳入创业培训计划，切实提高创业培训的针对性和有效性。加强创业培训师资队伍建设，创新培训方式，积极推行模块培训、案例教学和创业实训，抓好质量监督，确保培训质量。各有关部门要切实发挥职能优势，面向有创业意愿的大学生，开展内容丰富、形式多样的培训活动，力争实现全市范围每年开展创业及相关内容培训不少于5000人的工作目标。

在北京市《关于实施大学生创业引领计划的通知》中，提到了高校要加强创业课程建设。积极开发、开设创业类课程，纳入学分管理；结合本校学生实际，编写创业教材。同时，要完善师资队伍建设。高等学校要根据专任为主、专兼结合的原则，建立一支专业能力强、实践经验丰富、结构合理的师资队伍，完善培训机制和培养规划，加强实践锻炼，提高教育教学水平。积极聘请企业家、创业人士和专家学者为大学生提供创业教育与指导。

创业实践基地建设：

（1）国家大学科技园。有关政策指出，高校要充分利用科技园、创业园等为大学生创业提供场地、资金等方面的孵化支持，力争通过高校的创业工作孵化更多、更具成长性的大学生创业企业。丰富创业教育形式，开展灵活多样的创业实践活动，支持学生开展创业大赛、创业实训、创业实践，建立学生创业园并给予学生创业场地、经费支持。

（2）地方高校。北京市教委2010年启动北京高校大学生创新创业教育与创业服务支持工程，设立专项经费用于支持和帮助大学生创业教育和实践工作。在北京林业大学、首都经贸大学等7所高校开展创业培训，累计培训近800人次；在对外经贸大学等4所高校开展创业讲座、创业沙龙活动，参加学生累计近1500人次；在中国人民大学、北京服装学院等6所高校开展创业大赛，累计报名参赛3 200多人次；2013年培训创业指导教师77名，培训创业教育教师110名。

另外《关于实施大学生创业引领计划的通知》提出，确立创业工作机制。校领导高度重视创业工作，将创业工作纳入人才培养体系，贯穿人才培养全过程，面向全体学生广泛、系统开展。校级创业工作部门全面统筹大学生创业工作开展，在创业教育、创业实践、创业支持等方面建立顺畅的工作机制。

指导与服务：

（1）信息服务。全国大学生创业服务网（cy.ncss.org.cn）是国内领先的专业性服务网站，它集教育、管理、服务为一体，全方面、多功能地为全国大学生提供专业性的创业服务，其中包含创业平台、创业教育培养、沟通交流，并提供资讯和政策；网站的亮点还有创业项目对接，能让更多创业遇到瓶颈的学生找到合适的解决办法，能够帮助项目更好地运行下去。

（2）创业基金。"全国大学生创业基金"由华图宏阳股份、北京嘉龙高创科技有限公司主办并持续多年，2014年7月吸引了951所高校的2251个项目申报，其中得到支持的有33个项目，如广东财经大学的艾晨斯连锁咖啡。

（3）《高校毕业生自主创业证》。2010年为扩大就业，鼓励以创业带动就业，经国务院同意，中央有关部门下发了《关于支持和促进就业有关税收政策的通知》（财税〔2010〕84号）和《关于支持和促进就业有关税收政策具体实施问题的公告》（国家税务总局2010年第25号）。高校毕业生可以网上申请，省级教育行政部门在接到高校提交的申请后3~5个工作日内完成资格审核，证书发放三年内按每户每年8000元为限额依次扣减其当年实际应缴纳的营业税、城市维护建设税、教育费附加和个人所得税。

（4）师资培训。开展全国高校创新创业教育骨干师资培训班项目，建设专兼结合的教学团队。打造适应职教发展的高素质教师队伍。全国高校创业指导课程教学大赛在2013年开始举办，面向全国各普通高校创业指导课程教师，以现场授课等比赛方式，提升高校创业指导课程教学水平，促进高校创业指导课程建设，已吸引了4000名教师进行比拼。

（二）工商注册：降低创业市场准入门槛和简化工商注册程序

过高的市场准入门槛对潜在创业者会形成无形障碍，削减创业热情，因此，降低市场准入门槛就成为创业者的最大愿望。在2008年金融危机之后，国家的市场准入政策相对放宽。例如，在2012年国家出台的扶持大学毕业生创业文件中，对注册地点及创业经营场所的范围进行了扩大，把家庭住所、租借房、临时商业用房等也划入范围之内。此外，我国还在工商注册渠道为创业者提供便利条件，特别是针对留学生、失业人员和大学生，在工商注册方面实行一条龙服务和"绿色通道"，很大程度上简化了工商注册程序。

注册资金比例的高低直接关系企业运营资本的多少。为了鼓励创业活动，使创业者拥有更多的创业资金，国家及各地政府对注册资金的额度进行了下调，大部分地区的注册资金额降低至 3 万元，并允许分期出资。针对留学归国人员和大学生等特殊群体，允许首次出资额为零。此外，出资形式也实现多样化，允许海外归国人员和大学生以知识产权或科技成果出资，允许农民以土地承包经营权出资。

（三）民政注册：改革双重管理体制，建立现代社会组织体制

公益创业的组织形式如果是在民政部门注册，就是以社会组织法人形式存在的。社会组织是国家治理体系和治理能力现代化的有机组成部分，是社会治理的重要主体和依托。党的十八大以来，中央对社会组织改革发展做出一系列重大决策部署，明确提出加快形成政社分开、权责明确、依法自治的现代社会组织体制，为公益创业提供良好的外部政策支持环境。

第一，修订三大条例。为了适应新形势的发展，有关部门正在修订《社会团体管理条例》《基金会管理条例》和《民办非企业单位管理条例》，将按照修订的条例依法有序完成原有社会组织的过渡工作。

第二，改革双重管理体制，四类社会组织直接登记工作。国务院机构改革和职能转变方案和十八届三中全会《决定》，都明确提出和促进实施行业协会商会类、科技类、公益慈善类和城乡社区服务类四类社会组织，可以依法直接向民政部门申请登记，不再经由业务主管单位审查和管理。在社会组织的登记管理上取消不必要的审批，下放权限。民政部已经提出取消社会团体筹备成立的审批，取消社会团体和基金会设立分支机构的审批，同时要将异地商会和基金会登记成立的审批权从省级民政部门下延到县级以上民政部门。

第三，政社分开，依法监管。限期实现行业协会商会类社会组织与行政机关真正脱钩。在改革社会组织登记管理制度中，同时要加强和改善监督管理工作。强化登记、备案、年检、监督、评估等方面的监管责任，由民政部门会同有关部门做好对社会组织在人事、外事、党的建设等方面的指导工作。

第四，转移政府职能，加大政府购买社会组织服务力度。通过政府转移职能把能够适合和能够由社会组织承担的管理和服务事务通过竞争性选择方

式交由社会组织承担。通过政府购买服务来支持社会组织提供公共服务和社会服务。完善对社会组织的税收减免优惠政策，支持社会组织更好地发挥积极作用。为此，积极推进完善社会组织的治理结构，发展社会组织内部的民主机制，促进社会组织信息的公开，增强社会组织各方面的能力，以利于社会组织有承接政府转移职能、提供社会服务、反映诉求及加强行业自律和自身自律的能力。

（四）提供公益创业平台

创业平台为创业项目提供了肥沃的土壤，使创业项目能够快速发展，适应市场风险。目前，创业平台主要有创业大赛、孵化器和创业园等几种形式。创业大赛是吸引好的创业项目的重要平台，好的创业项目也可以借助此平台赢得资金和政策支持，它是创业者的展示平台。孵化器则是企业起飞的平台，它是一个系统，为创业组织提供低成本、高效率的成长环境，使它们能够得到商务咨询、项目对接、投融资等服务，提高创业机构的成活率。另外，一定的物理空间支持也是初创企业发展的必要条件，创业园的设立不仅提供了场地支持，还产生积聚效应，为初创组织提供专业和完善的服务。如由中华人民共和国民政部、国务院国有资产监督管理委员会、中华全国工商联合会、广东省人民政府、深圳市人民政府、中国慈善联合会共同举办中国公益慈善项目交流展示会（简称"慈展会"），从2012年开始，每年一届在深圳经济特区举行。2015年第四届慈展会着力强化展会筹办工作的专业化、社会化和国际化建设，推动展示交流的国际化、资源对接的常态化、会议研讨的高端化、运作执行的社会化、展会运营的市场化、会务服务的专业化，致力于调整并重塑现代公益慈善生态格局，努力将慈展会办成辐射全国、影响全球的公益慈善年度盛会，办成全球性的公益慈善众创空间，成为中外公益慈善及社会服务资源交流、合作、对接的服务平台，树立中国公益慈善事业发展乃至影响和引领国际公益慈善事业发展的风向标。展会主要分为展示交流板块、会议研讨板块和配套活动板块，具体内容包括公益主题专馆或专区（扶贫济困、教育公益、众创空间、救灾救助、慈善金融、公益支持、生态公益等）、资源对接（含网上慈展会）、会议研讨、中国公益慈善项目大赛、中国公益映像节、公益排名活动、公益集市（含义拍、义卖和公益采购活动）、社会创新之旅、慈善信息发布、公益慈善节庆活动、绿色展会行动和公益盛典暨总结发布会等。

（五）提供创业资金支持

融资难是绝大多数企业遇到的共同问题，政府只有解决了资金问题才能使创业者得到实实在在的帮助。小额贷款政策为初创期企业提供了可靠的资金支持，近年来，各地的贷款额度和对象都有了大幅度的调整。针对大学生创业的小额贷款额度也有较大调整，提升至10万元，并且有贴息、免息等优惠。各地的创业基金形式多种多样，"天使投资"、风险池等创业基金也成为大学生创业资金的重要来源。创业基金虽然以民间投资机构为主，但是，政府的参与为创业者融资提供了更多的选择，政府鼓励成功的企业投身于创业慈善基金的设立，以产生更大的社会效益。

此外，政府对公益创业者进行补贴或购买公益性岗位。创业者在创业期间会遇到各种难题，政府补贴为缓解他们在企业和生活方面的困难提供了帮助。各地政府除了提供一次或分期的创业补贴外，还有企业税费、场租和社会保障等补贴。近年来，我国创业补贴的范围和额度逐渐增大，个别地区取消了补贴对象的户籍限制。例如，深圳市人力资源与社会保障局2012年发布的创业文件指出，取消对留学归国创业者补助的户籍限制，很大程度上激励了留学归国人员来深圳创业的热情。一些地方政府还出资购买社会组织的公益岗位。江西省人社厅、财政厅联合制定的《2014年开展政府向社会力量购买公益性岗位从业人员招聘和管理服务试点工作实施方案》，作为试点的鹰潭市本级及所辖各县（市、区）人社、财政部门作为主体；购买的岗位包括保洁、保安、绿化等机关事业单位的工勤岗位、企业后勤服务岗位；保安、社区治安、交通协管、治安协警等城市（街道、社区）管理服务岗位；各级人社、财政、民政、司法部门、残联组织等开发的乡镇（街道）社会管理和公共服务岗位等适合就业困难人员就业的岗位。购买的服务是指公益性岗位开发、使用和管理中的事务性服务等。根据要求，购买主体应在每年年初公开向社会发布购岗计划、征集岗位。购买公益性岗位的经费最多为本地当年安排就业专项资金总量的30%。购买主体将向岗位承接主体支付公益性岗位补贴和社会保险补贴，向服务承接主体支付服务费。招聘对象主要是有就业愿望和能力且办理了失业登记的就业困难人员及应届离校未就业的高校毕业生。

创业者不仅需要在企业运营方面得到政策扶持，还需要在社会生活方面得到政府的帮助。在我国，住房是创业者考虑的首要问题，因此，各地政府推出措施积极解决相关问题，以经济适用房等方式从实质上解决创业者的生活困难，并且针对高技能的留学归国人员，提供免费住房。海外归国人员的子女入学也是政府重点考虑的问题，各地以补贴或免费等方式解决教育问题。此外，为了吸引尖端技术方面的海外人才回国创业，地方政府还帮助解决其配偶的就业问题。

四、国外公益创业政策借鉴

作为发达国家的美国、日本和德国，创业在其经济发展中起到不可替代的作用，这些国家的市场经济经过长时间的发展，形成了相对成熟的创业政策，对这些政策的研究可以推动我国创业活动的发展。

（一）美国的创业政策

创业对美国经济发展起了重要的推动作用，美国较完善的政策也为创业提供了全方位的支持。美国相对健全的教育体系和法律体系，为创业打下了良好的理论基础，也提供了全面的法律援助。另外，发达的投融资体系和创新研究也为美国企业发展提供资金和技术援助。

（1）完善的创业教育体系

美国建立了完整的创业教育体系。首先，它拥有多渠道的创业教育资金支持。完善的风险投资机制是美国创业教育的重要资金支持，它提供了实践基地和经费保障。其次，美国拥有完备的创业教育课程体系。为了培养高水平的企业家，学校向中学生普及金融、投资和商务等专业知识。最后，高校间开展密集的创业交流。美国的创业活动十分丰富，以交流会、俱乐部等形式为主的创业实践活动经常在各大高校间进行。

（2）通过立法加强创业培训

美国是法制相对健全的国家，国家以立法形式推动各项事业的发展，创业也不例外。美国制定了一系列法律法规促进创业培训、鼓励创业发展。20世纪末的重要法律有《工人调整和再训练通知法》（1988）、《从学校到工作机会法》（1993）和《劳工保障法》（1993）等。这些法律调动了地方政府和私人机构的积极性，它们在政府拨款的支持下，提供了多种形式的创业培训。

（3）发达的融资和创业投资体系

美国的融资担保体系覆盖范围广泛，既有全国性的小企业融资担保体系，又有区域和社区担保体系。在中低收入地区，为了弥补股权融资的失灵，实施了新兴市场创业投资项目体系。在新兴市场创业投资项目体系的帮助下，小企业得到了股权融资和技术服务两方面的重要援助，促进它们实现转型升级。

（4）实施小企业创新研究计划和小企业技术转移计划

为了鼓励小企业充分发挥其技术潜能，从事创新活动，美国国会通过了"小企业发展法"，规定各政府部门每年拨出一定比例的研究经费，用于高技术中小企业的技术创新与研发。此外，美国还设立了小企业技术转移计划，规定在联邦政府机构从事的机构以外的研究成果中，取出一部分留给小企业以及与小企业合作的非营利研究机构，推动小企业技术升级。

（二）日本的创业政策

21世纪初日本的教育体制改革充分调动了高校的创业热情，使高校通过多种形式参与企业经营。近几年，日本对妇女、青年和老年人创业群体的重视度也逐渐加深。日本为了改善投资环境，鼓励创投产业发展，还建立了创投产业退出机制。

（1）改革教育体制推动大学生创业

日本政府为了推动国家、公立学术机构研究人员参与科技创业，2001年彻底取消了国立大学教职工的国家公务员地位，消除了学术机构研究人员在旧体制上的安逸感。而且，2004年日本对教育界引入研究经费竞争机制和业绩外部评估机制，迫使研究者主动地参与科技创业活动。此外，日本还扩大了高校等学术机构的自主权，使其能够通过技术转让或兴办实业等形式参与创业。

（2）对妇女、青年、老年人给予创业资金支持

为了提高创业热情，扶持创业活动，日本政府重视每个创业群体，出台了针对妇女、青年和老年人创业群体的资金援助政策。对已开业但未满5年

的妇女、青年（未满 30 岁）和老年人（55 岁以上）提供低息贷款，并且，这种贷款不需要担保人和保证人。

(3) 健全的中小企业组合制度和创投产业退出机制

日本建立了中小企业组合制度，它通过组织化的形式，实施共同采购、生产和研究开发，对缺乏充足技术、人才等资源的单个企业进行互补。这就通过政府将同一产业内的中小企业聚集起来，实现优势互补，提高成活率。为了推动创业投资产业的发展，促进更多的创投公司投资于更广泛的初创企业，日本政府建立和完善了包括二板市场在内的多层资本市场结构，为创投机构顺利回收资金提供渠道。

(三) 德国创业政策

和美国相似，德国也重视学生创业精神的培养，在学校开设创业课程，鼓励学生尝试创业实践。此外，以银行为中心的创业投资模式和对中小企业技术创新的支持也创造了良好的创业环境。

(1) 积极培养学生的创业意识

德国重视创业教育，多年以来，德国政府鼓励金融机构在中学和大学开设创业课程，使学生们很早就熟悉企业管理知识，尝试自己开公司，并将公司放置于市场环境中，同正规公司竞争。同时，政府定期组织当地银行和企业人士在大学开设讲座，普及创业知识、解答学生疑问。

(2) 以银行为中心的创业投资模式

德国的银行机构在国家经济运行中占据统治地位，在创业投资发展的过程中，银行扮演了重要角色，银行以优惠利率向企业及相关机构提供融资和担保，成为创业投资发展模式的中心。另外，德国风险投资机构也为中小企业技术创新提供资金，鼓励中小企业进行科技研发。

(3) 重视中小企业的技术创新

为提高中小企业技术开发和技术革新的能力，德国建立了近 200 个技术研究协会，如"技术转移中心""工商协会"和"创新基地"等协会，这些技术研究协会同高等院校互相配合，为中小企业技术创新提供服务。

第二章 公益创业的环境

第二节 我国公益创业社会环境

新创企业和创新企业是经济发展中至关重要的一部分，已成为增强自主创新能力、转变经济增长方式、加速经济复兴、推进革新、促进经济增长、扩大社会就业的重要动力。创业已经成为市场经济运行的一个基本职能，成为衡量区域经济是否具有活力的一个重要参考标准。受到国际金融危机的影响，全球经济面临衰退，外部需求萎缩给我国外向型企业带来很大影响，加之投资减少和内需不旺，导致企业缩减生产、大批裁员，农民工大批返乡，大学生就业困难。面对由国际金融危机带来的经济衰退，为了将国际金融危机的不利影响降到最低程度，党中央、国务院部署了一系列应对危机、提振经济的政策。而要想从根本上破解国际金融危机的负面影响，化危机为机会，增强经济竞争优势和吸纳就业能力，实现经济平稳较快增长，就必须促进和完善创业环境的发展。

一、创业活动活跃，创业水平低

经过30多年的改革开放，我国的自主创新能力不断提高，创业创新活动日益活跃，创业企业在国民经济中所占的比重增大，已成为繁荣经济、增加就业、推动创新、结构调整和催生产业的重要力量。据全球创业观察（GEM）中国报告显示：中国的全员创业活动指数已达到13.7%，即每100位18~64岁的成年人中，就有13.7人参加创业活动。此概率在全球35个创业观察成员国中排名第15，高于美国，属于创业活跃的国家。

虽然我国的创业活动较活跃，但是创业主体的总体技术创新能力和成长性较差，96%的企业属于缓慢成长型，甚至其中还有大部分属于停止成长型。在创业企业中，其出口产品主要集中在纺织服装、玩具、家具、五金等低附加值产品上。可见，我国的创业活动还处于初级的生存型创业水平，即主要是为了解决生活困难，不得不参与创业的低端创业层次。对于旨在发展高附加值和高新技术产品、创造新市场和新产品的机会型创业，在我国创业型企业中，仅仅只有40%。相比发达国家的创业水平（美国的机会型创业比率高达90%），我们还有待于进一步发展。由于生存型创业的先天弊端，使得我国公益创业技术含量低，经不住市场和社会的考验。在经济全球化的大背景下，随着人民币逐步升值，出口退税率下调，出口加工贸易政策调整，贸易摩擦不断增加，以及近年来用工难的问题，不少创业企业面临着成本优势减少、利润空间狭小的压力。

社会组织领域的公益创业数量有较大增长，到 2014 年 12 月底，全国社会组织在改革的大背景下数量增长很快，目前总量已经达到 60 万个，和上一年比，也就是和 2013 年度比总量增长了 9.7%，其中社会团体现在达到了 30.7 万个，比上年增长 6.2%；民办非企业单位总数已经达到了 28.9 万个，比上年增长了 13.3%；基金会达到了 4044 个，比上年增长 13.9%，全国直接登记的社会组织已经超过 3 万个。按照现有平均全国每个社会组织吸纳 11.6 个专职工作人员测算，去年全国新增的社会组织大约提供了 60 多万个就业岗位。但是相对于每万人人均拥有社会组织数量而言，与世界发达国家每万人拥有社会组织数一般超过 50 个的标准，差距较大。

二、创业组织地域特征明显

我国的创业活动大多数都集中在沿海地区和经济发展较快的地区，因为较经济落后地区而言，这些区域教育水平较高，有充足的发展创业型经济的人力资源；此外，当地政府的支持力度大，对于发展创业环境的必要条件如信息支持、政策支持、金融支持等都给予特殊优惠。社会组织数量呈现地区差异性，经济发达地区社会组织数量较多，落后地区社会组织数量较少。

三、民间资本注入公益创业

民间资本以社会责任投资、社会影响投资、社会价值投资、公益创投等方式注入公益创业领域。社会价值投资也称为影响力投资或社会效应投资，是指从促进社会公共利益的视角，投资于社会创新型企业的产品和服务以及社会公共服务体系的建设。2014 年，友成基金会、北极光创投、草根天使会等 30 余家企业、基金会、政府部门和研究机构在深圳举行的"第三届中国公益慈善项目交流展示会"上宣布发起成立"社会价值投资联盟"，旨在为社会创新企业提供支持，"用市场的方式来解决社会问题"。社会价值投资联盟希望促进资本关注和解决社会创新型企业的融资和发展瓶颈问题，也为资本遴选具备社会、商业双重价值的项目及资源，其关注的重点领域是教育、健康、环境、养老、公共安全和反贫困等，并将优先支持为这些领域公共服务体系提供解决方案的社会创新型企业。

链接：社会价值投资联盟倡议书

社会价值投资联盟倡议书

中国深圳·2014年9月19日

序言

"社会价值投资联盟"发起人一致认为：当今的时代，是有史以来最具创造力的时代，也是最具挑战的时代。全球化浪潮和互联网技术为人类物质财富的创造提供了前所未有的手段和能力，也为人类共享丰富的物质和思想财富，为民族和解、文化共融提供了空前的可能。然而与此同时，我们面临着全球范围内的贫富分化、社会动荡、环境污染、气候变化、生产过剩中的贫困、经济停滞，甚至是暴力恐怖和战争……

当人类社会又一次处在由技术变革带来社会变化的前夕，在中国乃至全世界面临经济、社会与环境可持续发展的重大挑战的时刻，我们必须思考并回答：我们究竟要的是什么？

是继续不顾一切地向外攫取，还是回归原本十分简单的价值认定？答案在于我们内心的追求，且这一追求是否坚定。

大道之行也，天下为公。人尽其力、货尽其用、公平正义、永续发展，是古今中外人们的共同追求。

我们坚定地相信：社会公平、资源有效利用、环境与社会可持续发展是人类社会的共同价值。为此，我们倡议成立"社会价值投资联盟"。

正文

一、社会价值

社会价值为全体社会成员所共享的创造性成果；

社会价值的创造以促进社会公平、资源有效利用、环境可持续发展，实现人类身心健康、和谐共处为目标；

社会价值的主体是参与社会生活的各个成员；

一个健康的社会应当以其成员对社会价值的贡献作为衡量其个人价值的终极指标。

二、社会价值投资

社会价值投资，是探索政府、市场、社会三方为增进社会共同利益而跨界合作协同创新的投资模式。

社会价值投资是来自各界有社会情怀、有远见卓识的财务资本和智力资本的投资者，对"社会创新型企业"的产品和服务，以及社会公共服务体系的建设进行的战略性投入。

三、社会创新型企业

社会创新型企业是以增进人类公共福祉为目标、有创新和盈利能力、能创造社会价值的企业。

它使用商业手段和市场方式改善弱势群体的福利状况，特别是力图用创新的商业模式或技术途径，系统而有效地解决社会问题、提供公共服务、增进人类福祉。

四、社会价值投资联盟

我们的联盟：

是追求社会共同利益的思想和行动共同体；

是政府、市场、社会跨界合作的桥梁；

是社会价值投资者的组织网络和服务平台。

我们的原则：共建、共享、共赢。

共建——由来自政府、市场和社会的社会价值投资者共同建设；

共享——投资信息共享、投资资源共享、投资平台共享；

共赢——商业价值与社会价值共赢、个体利益与公共利益共赢、现实利益与长远利益共赢。

我们的使命：

促进资本关注和解决社会创新型企业的融资和发展瓶颈问题；

将社会公益资金引向更具创造性的社会问题解决；

第二章 公益创业的环境

促进社会公共服务平台体系的建设；

推动有社会理想的企业向社会创新型组织发展；

完善政府、企业、社会组织共治新制度，营造跨界合作的社会创新生态，激发社会创新活力。

我们的行动：

共同倡导社会价值引领商业价值的投资理念；

推出中国社会价值投资评价标准；

搭建社会价值投资信息及交易平台；

推进中国社会价值投资事业政策法规体系的完善；

引导社会创新型企业的健康发展。

我们的重点领域：

教育、健康、环境、养老、公共安全、反贫困；

优先支持为上述领域公共服务体系建设提供创新解决方案的社会创新型企业。

我们倡议来自商业、社会和政府的投资机构、专业机构和所有认同社会价值投资理念的朋友们共同创建社会价值投资联盟，为建设一个公平正义、永续发展的美好社会而努力！

这不仅仅是口号，更是行动和成果！

不仅仅为了自身发展，更是为了全社会的福祉！

不仅仅为了现在，更是为了子孙后代的未来！

——社会价值投资，智慧和良心的选择！

倡议人：

发起人机构（以首字拼音字母排序）

- 北极光创投
- 北京鼎信康华医疗投资
- 北京鼎新联合投资管理有限公司
- 北京歌华文化发展集团文化创意产业中心
- 北京惠泽人朝外社会组织发展支持平台
- 北京湛庐文化传播有限公司
- 草根天使会（GRAIC）

公益创业理论与实践

- 大有国际投资（北京）有限公司
- 道和环境与发展研究所
- Green China Lab
- 光远资本
- 华民慈善基金会
- 吉富中国投资管理股份有限公司
- 蓝天使创投会（BASIC）
- 零点研究咨询集团
- 鲁信蔚源创新投资
- 绿地金融投资控股集团有限公司
- 明德公益研究中心
- 清华大学公共管理学院 NGO 研究所
- 融恩资本
- 睿明投资
- 瑞森德顾问管理有限公司
- 伞友咖啡
- 深圳经济特区公益慈善联合会（筹）
- 深圳前海置富金融投资集团有限公司
- 深圳市海外留学归国人员协会
- 深圳市民政局
- 宜信财富
- 亿融宝投资
- 友成基金会
- 真格基金
- 正略集团
- 中关村股权协会
- 中国创业咖啡联盟
- 中国青年创业国际计划 YBC
- 中国投资协会—社会评价促进中心
- 中熙控股有限公司

联盟支持机构（以首字拼音字母排序）：
- 复星国际有限公司
- 红星美凯龙集团
- 泰康人寿保险股份有限公司
- 北京大学法学院非营利组织法研究中心
- 中国人民大学非营利组织研究所
- 中国妇女发展基金会心灵家园基金
- 凤凰网
- 亚太第一卫视
- 亚太日报
- 中国资本杂志社
- Asian Venture Philanthropy Network（AVPN）
- Avantage Ventures
- Centre for Asian Philanthropy and Society（CAPS）
- Enterprise Solutions to Poverty（ESP）
- Global Impact Investment Network（GIIN）
- Global Institute For Tomorrow（GIFT）
- LGT Venture Philanthropy
- Stanford Social Innovation Review（SSIR）
- World Wide Fund For Nature（WWF）

资料来源：光明网公益频道。

四、创业教育与培训活动开展活跃，未系统化

创业培训和创业教育可以为创业者提供良好的理论基础，引导他们了解当地优惠政策，熟悉市场运营。各地的创业培训形式多种多样，它们以创业实践为核心，从财务管理、市场运作和战略策划等方面提高学员的创业能力。随着创业活动的增加，创业教育也逐渐被重视，近年来，成功企业家参与的创业演讲在大学校园广泛开展，点燃了大学生的创业激情，校园里涌现出众多成功的大学生创业者。

公益创业组织的发展离不开文化环境，健康的创业文化对创业环境的建

设有着巨大的影响,并引导公益创业逐步走向成熟。创业文化的推广是创业环境建设的重要组成部分,能够从根本上改变人们的创业观念,扭转我国现有创业文化缺失的局面。

良好的创业教育环境能够帮助创业者提升创业能力,更好地把握创业机会,增加创业的成功率。但现在大部分高校学生对如何创业仍不够了解,对创业前期所需的审批程序与准备工作还不能够完全知晓。而且,很多学校开展创业教育具有一定的功利性。一是在学校开展创业教育的目标应该具有非功利特色,创业教育的目的应是培养具有创业能力和独立工作能力的新时代人才,其主要内容不是以岗位职业培训为内涵,以企业家速成为目标,而是向学生解释创业的一般规律,培养学生的企业家精神。但相当一部分学校更愿意做短期内能够收到成效的功利性探索,而不愿对创业教育有过多的投入,关注的仍然是少数人的"创业活动",而不是多数人的"创业教育",并且缺乏系统性与层次性,尤其是实践环节比较薄弱。二是学校的创业教育仅停留在缓解就业压力的层面上,没有从学生主动适应社会发展需求,培养具有创新精神和职业内创业人才的背景和高度来看待创业教育在学校整体教育中的地位和作用,缺乏整体的战略规划,没有构建教学、科研、管理三位一体的联动机制,导致有些学校创业气氛不浓厚。三是创业教育成为某些学校的应景工作,比如为了争一个省级创业基地而"临时抱佛脚"等检查,过后又撒手不管,没有真正从思想上重视创业教育,并将创业教育纳入学校发展规划,没有形成学校各部门的合力效应,缺乏长期管理机制。

五、创业文化氛围有待优化

创业氛围是整个国家社会文化的具体体现,也是影响国家创业环境的重要因素。浓厚的创业氛围能够带动更多的人参与创业,为我国政府工作的顺利开展奠定基础。但由于现在我国城镇居民中大部分是所属资源企业职工,社会发展状况稳定,生活条件富足,人均可支配收入高于全国平均水平,平稳的社会环境导致政府和群众对一些经济发达地区创业环境建设的先进发展理念不敏感,不能够给予高度重视,使得我国部分城市的创业文化呈现封闭性的特点,且他们观念保守,对政府有着强烈的归属与依赖感,认为只有进入国有企业、国家机关和事业单位工作才算是就业,其他的就业方式都不够稳定，创业意识不强，参与创业活动的积极性不高，缺乏积极的创业氛围，这降低了我国创业环境发挥的效用。

(1) 社会文化环境

社会文化是与基层广大群众生产和生活实际紧密相连，由基层群众创造，具有地域、民族或群体特征，并对社会群体施加广泛影响的各种文化现象和文化活动的总称。文化具有"空气养人"的作用，能够潜移默化地影响到个人的思想和行为。我国传统文化中轻商的观念制约着大学生创业。中国自古以来认为"万般皆下品，唯有读书高"，孔子也讲过"仕而优则学，学而优则仕"，从每年的公务员考试中千人竞聘一个岗位的情况就可以清楚地看出端倪。在创业和入仕的比较之下，后者以"铁饭碗"和"金饭碗"这两大极具诱惑的法宝，将众多社会精英吸纳过去。社会舆论也普遍认为，创业是在没有办法、找不到好工作的情况下不得已的行为，而且认为成绩不好、素质不高的人才会去创业，但凡能找到好工作的大学生根本不会去创业，对于创业的大学生普遍采取怀疑的态度，认为大学生毕业后就应该找一份稳定的工作，不要随意折腾。这导致我国严重缺乏创业的社会文化底蕴。

应试教育在中国存在上千年，在我们目前的基础教育和中学教育中仍占据着主导地位，这样培养出来的学生理论水平高而动手能力不够，缺乏创造力。另外，受中国传统教育中的"以礼为本""学而优则仕""君子不器""中庸之道"等观念的影响，对我们的大学毕业生来说，毕业之后选择从商不是值得骄傲的事，而最好的去处是政府机关、事业单位、大型国企，因为这样的单位可以提供较高薪水，而且是稳定的职位。

(2) 家庭文化环境

家庭环境主要指父母从商的影响，对子女创业的支持与帮助，亲戚、朋友、熟人的影响支持和帮助以及家庭经济状况。家庭教育是一个人的启蒙教育，是学生个体社会化的基础，家庭教育因其先导性、感染性、针对性、终身性、个别性等五个特点在众多教育中占有重要地位。家庭是子女的第一课堂，家长对于创业的态度会潜移默化地影响到子女的职业发展规划。无论家境富裕，还是贫困，家长普遍希望自己的子女有一份安稳的工作，即使有些家长自身经营着企业，由于经历了创业过程中的种种辛劳和风险，也使得他们不愿意让自己的子女参与其中，特别是对于女孩子，都希望她们能找一份薪水一般但轻松稳定的工作。由于家庭的这种影响,众多大学生思想里缺乏创业意识,创业动机不足,热情不高。

(3) 公益文化有待成熟

我国有着良好的传统慈善文化,中国是世界上最早倡行和发展慈善事业的国家之一。自先秦时期以来,儒家、道家、佛家、墨家等文化流派分别从自身的学术体系出发,提出了许多精湛的慈善思想。但是,当前,我国慈善领域受到了整个社会信任缺失的大背景的影响,其自身发生的若干大事件也让慈善受到了前所未有的质疑和信任危机。"郭美美"事件掀起了一场慈善质疑的风潮,国内慈善组织遭遇了一系列的信任危机,影响了公益创业的人文环境。

同时,作为社会创新的运营模式,社会企业面临着传统公益理念的冲击。传统公益理念认为公益慈善不能从事商业活动,混淆了营利与盈利的区别,因而社会企业的商业运作会被误解为营利行为。一种认识偏差是对以市场化方式实现公益的运营模式产生怀疑,部分原因在于担心如果进行了创收活动,会影响自身的名誉和声誉;第二种偏差是想方设法把自己打造成"社会企业",不顾组织的实际情况看市场化的方式是否能更好地为组织的使命服务。这两种偏差都在于没有认识到社会企业的存在意味着社会团体可以选择利用一种企业的模式来解决主要社会问题,而不是意味着所有的传统非营利组织都应该被社会企业所替代。

六、国外公益创业社会环境借鉴

(一) 美国创业人文环境

美国梦是由欧洲移民所形成的一种信念和理想。他们认为美国是一个人人自由、机会平等的社会,只要付出自己的努力,都会取得成功。一代代的移民的经历证实着美国梦。他们来到新世界后经过最初的艰辛,找到了体面的工作,有了一定的积蓄,购置了汽车、房产等家产,并与当地人通婚,最终归化入籍成为小康美国人。

美国创业精神蔚然成风还与美国人的民族特性有关。美国人的特性是:喜欢冒险,勇于创新,强调民主和个人自由,独立经营和个人奋斗,美洲大陆的开发以及后来的"西进运动",靠的就是这种"企业家精神"。正是在这种精神鼓励下,许多美国人特别是年轻的大学毕业生,都有创办自己企业的传统,他们不愿到大公司受人支配,宁愿创业冒险,自立门户,自当老板。1999年美国的一份报告显示:每12个美国人中就有一个期望自己做老板。有91%的美国人认为:创办自己的企业是"一项令人尊敬的工作"。一般美国人18岁就离开家庭,走上社会独自谋生和创业。在美国社会中地位和声望最高的职业领域是管理和专业人员。

美国文化对个人价值的尊重激发了美国人的冒险精神和创新热情。英国学者查尔斯·汉普登等通过对美国、英国、瑞典、法国、日本、荷兰和德国等12个国家的15000名企业经理人的调查发现,美国管理者最富个人主义色彩。因此,他归纳说,美国文化的精神是致力于让所有人美梦成真,鼓励每个人"发挥潜力,成为你自己",整个社会是一个个人主义者天堂。而且,这种价值趋向造就了福特、洛克菲勒、卡内基乃至乔布斯等一大批白手起家、富可敌国的大企业家,使"只要勤奋努力,就能获得成功"的"美国梦",变成无数人终身追逐的信念和梦想。

(1) 勇于创业,鼓励冒险,宽容失败

冒险与机会同在,没有冒险,就不可能有新的发展机会,但冒险又可能会失败。正因如此,美国人对失败极为宽容。"失败是成功之母""创业的失败孕育着成功""失败对人的发展是一种财富"等理念,已得到美国人普遍认同。在美国成功者受到尊重,失败者也不会遭受任何精神歧视,人们最看不起的是那些不敢冒风险的胆小鬼。美国文化中对失败的宽容气氛,使得人人都想一试身手,开创新企业,这同时也激发了员工大胆尝试、勇于探索的创新热情。能抓住机遇并甘冒失败的风险,做出突出的业绩,是在美国得到承认的最佳发展途径。

(2) 崇尚竞争,平等开放

在美国,每个公司乃至每个人无时无刻不在感受着竞争的压力。在严密、公正的市场竞争法则下,人们既着力于自身能力和水平的不断提高,又注重在竞争中向对手学习,尊重对手,在平等中交流。美国人可以毫无顾忌地充分发表个人的意见和观点,其同事或上司不仅会予以鼓励,而且会在充分评价的基础上,认真吸纳有价值的意见和建议。在美国,企业家们营造了一种在世界其他国家没有的和谐氛围，工程师和科学家们上班时是竞争对手，下班后仍为亲密朋友。美国是一个文化多元化的社会，但它有海纳百川的胸襟——不管你是白人、黄种人还是黑人，美国崇尚的是创新人才。美国的高开放度也促成了人才的高流动性，这种高开放性和高流动性，对吸引和凝聚高素质的人才，充分发挥他们的创造潜力是至关重要的。

（3）容忍跳槽，鼓励裂变

由于技术创新层出不穷，创立新公司的成功机会也会增多。为了实现自己的雄心壮志，工程师和管理人员经常跳槽，或创办自己的公司，或另谋高职。这在美国是很正常的现象，不仅不会受到谴责，而且还会得到支持和鼓励，因为这种有所作为的表现，有益于技术扩散和培养经验丰富的企业家。

（4）重视对创新人才的培养、挖掘和开发

健全的创新体系和充足的创新人才是美国发展永远不竭的动力。美国在加强对本国创新人才的培养方面：一方面大大增加对教育经费的投入，尤其是大学经费和职业培训费；另一方面改革国内教育制度，提高教育水平，加强对在岗在职人员进行职业培训，实施终身教育。

（5）扁平的网络式管理结构

美国的办事机构效率之所以高，在于它的管理部门是一个扁平的网络式结构，而不是一个自上而下、层层审批的阶梯结构。另外，美国的企业与同业公会、大学的边界模糊，鼓励与竞争者结成联盟或合作伙伴。与传统的企业相比，美国企业是用工作来确定组织结构，而不是以组织结构确定工作。

（二）日本创业人文环境

作为东方岛国的日本，是一个单一民族国家，文化历史悠久，内涵丰富，具有典型的东方文化特点，其传统文化在社会中占有重要地位，中国的"儒家"文化、日本特有的"武士"文化是其中影响最为深远的部分。

第二次世界大战结束以来，随着日本一批批优秀企业的崛起，这些企业通过其巨大的规模、雄厚的实力及出色的经营，推动了日本经济的发展，造就了日本经济的繁荣。这就影响了日本的创业文化和创业教育的兴起，使其得到了广泛传播，并达到一定规模。

日本创业教育研究专家松田修一认为，成为创业家绝非易事，在影响创业家诞生的 3 个关键因素（创业能力、设施支援、创业热情）中，创业能力显得格外重要。因此，日本创业教育与创业文化的主要特点有以下几点。

（1）创业素质教育是创业能力培养的基础

日本创业教育课程的设置有 3 种情况。一是依托专业。许多创业教育课程都是基于大学原有专业课程，再结合创业知识开发出来的，比如创业工学、创业管理学、创业经营等课程。二是产学结合。通过高校与企业联合的方式，融合大学知识和社会知识，培养大学生的企业家精神，以此建立起学术和产业的新中心。比如早稻田大学设置了风险企业家诞生的基础课程，资产运用的世界、风险企业的创造等创业课程。三是结合地域特色。从振兴地域经济的角度出发创设创业课程，切实培养学生的创业技能，比如和纸创业、商店街创业等课程，以此构建了"差异性"的创业教育课程。

创业教育的师资力量雄厚，外聘教师的组成比较合理。根据 2010 年经济产业省发表的创业教育现状的调查报告显示，创业教育师资包括 53% 的专职教师（786 人）和 47% 的外聘讲师（687 人），其中外聘讲师中，创业者占整体的 26%，比例最多，其他经营者、企业经营顾问及专家、投资人及金融业者、非营利团体人员、行政机关人员等各占了一定比例，反映了授课内容丰富、培养目标全面、涉及面广泛的特点。

（2）努力营造积极向上的创业氛围

日本企业家的创业动机是以挑战自我为中心，不同于中国的"为自己挣钱"和美国的"追求个人与家庭幸福"，并且日本的创业教育具有一定的普遍性，"让每一个学生都能以服务社会为己任"的教育理念渗透于职业技术教育之中。

（3）重视家庭教育和过程教育

创业所需的许多能力都是从个人最基本的特质中衍生而来的。日本家庭从小就培养孩子的自主意识和顽强毅力，向其渗透诸如社会奉献、创造财富的喜悦等信息，这也算作创业的启蒙教育。在日本，企业家精神的培养是一个过程教育，为成就未来创业者，日本倡导从小学到大学的连贯体系，以企业家精神教育为主线，针对学生的学习能力和思维发展，进行创业能力的培养：小学阶段就注重激发创业意识，培养创业精神，利用早上课前的两三个小时勤工俭学，如给人送报纸等；中学阶段在创业精神教育的基础上，开始企业经营方法的教育,比如文部省通过新的课程改革,在"综合学习时间"内开设"商店街活动""创业发明大王"等活动和课程;而大学阶段则在创业精神教育的基础上,进一步加强企业经营方法的教育,同时开展创业知识、创业技能的培养。

(4)注重实践能力的培育

企业家精神并不单单局限于风险企业经营者所必备的资质,还应该包含各种职务和行业所必需的共通知识和能力。文部科学省在最新的指导要领中提到生存能力的必要性。也就是说,在激烈竞争的社会,学生们除了需要具有相关知识和技能外,还应该具备求知欲、自己发现、判断、解决问题的资质和能力,即学习能力。再加上丰富的人性和健康、体力,这三者综合起来即为生存能力。因此,日本在开展创业能力教育时极其注重实践能力的培养。例如,大阪商业大学和部分高中联合,以高中生为对象,开展"创业想法甲子园"活动,培养学生勇于挑战的精神、发现问题的能力、创造力和沟通能力。仅2009年第八届"创业想法甲子园"活动就收到了5832份新产品或服务的创业想法。

复习思考题

1. 公益创业政策环境的分类有哪些?
2. 我国公益创业政策的主要内容有哪些?
3. 结合实际说明完善我国公益创业社会和经济环境的对策。
4. 简述美国创业人文环境主要特点。
5. 结合实际阐述如何完善我国创业人文环境的对策。

第三章 公益创业的起点：社会问题

第一节 社会问题：公益创业的起点

一、社会问题及其构成要素

（一）什么是社会问题

社会问题是公益创业的起点。问题就是理想与现实之间的差距，社会问题（social problem）是社会学领域的一个重要概念。它通常是指那些表现为社会关系失调，影响社会大部分成员的共同生活，破坏社会正常活动，妨碍社会协调发展的社会现象。社会问题不仅仅是一种客观存在的状况，它还是人们主观构造的产物，是能够被人们感知、察觉到的状况。社会问题实质是没有被满足的需求，往往是由于社会中的价值观、规范和利益冲突引起的，如果不能有效解决，就会带来社会秩序的混乱乃至殃及社会生产和社会生活。

社会问题往往也是社会实际状态与社会期望之间的差距，因此也是一个多元的问题。即使属于同一类问题，因为所处的条件不同也会存在性质上的差异。例如，人口问题，其实应该是一个全球性社会问题，但是，它在不同国家的具体表现存在较大差异。就其实质而言，主要表现为人口自身再生产与物质资料再生产的失调，人口增长超过经济的增长而出现人口过剩。以我国为例，当前社会生活和发展所遇到的种种问题，无一不直接地或间接地与巨大的人口压力相联系。人口压力带来的社会问题突出表现为就业困难、住房紧张、粮食、燃料等生活必需品短缺等，也造成了环境的严重破坏、全民族的科学文化水平降低等。再如越来越严重的生态环境问题，突出表现为自然环境的破坏、环境的污染等问题。它是人类社会的可持续发展的重大障碍。伴随着社会的发展，社会问题会层出不穷。如果不能及时解决这些问题，必将给社会带来巨大的破坏，甚至是全球性的、毁灭性的伤害。

(二) 社会问题的构成要素

所谓社会问题的构成要素，主要指构成社会问题的基本成分或单元。对于社会问题的构成要素，社会学界有着不同的看法。

美国社会学家R. C. 富勒认为，社会问题包含了客观和主观两种因素。前者表现为威胁社会安全的一种或数种情况；后者表现为社会上多数人公认这种危害，并有组织起来加以解决的愿望。我国社会学家孙本文（1892—1979）也认为，社会问题包括两个方面，一是社会共同生活发生了障碍，二是社会进步发生了障碍。这两个方面决定了社会问题涉及的人数是广泛的，或为社会全体成员，或为社会部分成员。20世纪50年代末，美国社会学家C. W. 米尔斯提出和区分了个人麻烦和公共问题两个方面内容。他认为，那些在社会上流行一时，同时又使个人深感其害的问题不一定都是社会问题。只有那些超出个人特殊生活环境，与人类社会生活、制度或历史有关的，威胁社会多数成员价值观、利益或生存条件的公共性问题，才属于真正意义上的社会问题。

20世纪60年代以来，社会学家们越来越重视社会问题的构成要素分析。R. K. 默顿提出了一种两维分析方法，认为一方面社会问题从类型角度应有"社会解组"和"离轨行为"之分；另一方面社会问题应有潜在性和外显性两种特性。与此同时，有些社会学家更强调社会问题的破坏性，认为社会问题的构成要素应包括问题的社会性、紊乱性和破坏性。即社会问题必然是社会共同具有的，表现为社会结构和功能失调、社会规范和社会生活发生紊乱，并直接造成社会日常生活破坏的各类社会现象。

当前，我国社会学界关于社会问题的构成也有着不同的观察角度与见解。多数学者认为，判定一种社会现象是否为社会问题，应从以下几个方面来考察：①发生的情境；②价值、规范和利益几个方面的失调或破坏；③并非由个人或少数人引起或所能负责的；④必须有多数人或整个社会采取行动加以改进。

而对于社会问题的构成要素,多数学者主张应考虑它的形成原因、影响范围、问题的性质和社会后果等方面,综合进行判断。一般认为,社会问题由下述 4 种要素构成:①必须有一种或数种社会现象产生失调的情况;②这种情况必定影响许多人;③这种失调情况必须引起许多人的注意;④必须通过集体行动予以解决。

二、社会问题的特征

(一)存在的普遍性

普遍性指社会问题的存在是绝对的,其性质是客观的,解决的过程是复杂的。没有一个国家,没有一种社会形态,没有一种社会制度不存在社会问题。社会问题有其发生、发展的必然性,从社会问题存在这一点而言,它具有特定的国界性、制度性,因而是绝对的。

之所以说社会问题具有客观性,是由于它存在于我们的意识之外,其产生与发展不以人的意志为转移,人们可以减低社会问题的损害程度,但却无法完全制止发生或杜绝产生。人们对它的认识总是在它产生以后,并且有一个过程。社会问题的存在与否不由人们的主观意愿所决定。对社会问题的认识,是以社会生活中某种与社会发展不协调的社会现象为客观依据的。没有客观事实的存在,社会问题就无法确认。不存在的社会问题人们无法制造,而客观存在的社会问题人们也无法回避。如果对社会问题采取掩饰态度,结果恰恰会使其日益严重和恶化,错过了解决的最佳时机,导致社会秩序的不稳定。

(二)发展过程中的变异性

所谓社会问题的变异性,是指社会问题在不同时间、不同地区、不同民族或社会,表现得各不相同、各具特性。这主要是从表现形式上来揭示社会问题特征的。事实上,由于人们机械教条地去套用人类社会从低级到高级的按部就班式的社会发展阶段论,忽视了在社会发展进程中还有一种在强大外力的作用下由低级社会形态向更高级社会形态突变性过渡的、并不是单一纯正的变异形态。所以,人们往往看不到或不承认这种社会、种族和文化的跳跃式变异表现。正是社会问题的这种变异性特征,容易使人们在社会形态和民族特征等问题上出现误识误导，不能准确把握社会发展的规律，其严重后果是使人们主观人为地把社会发展阶段和社会发展形势教条化，难以找到解决社会问题的合适方式与方法。

（三）因果构成上的复合性

在哲学上，因果关系的复杂性是一个重要的理论范畴，多因一果或一因多果的现象更是非常普遍。而形成社会问题的原因则更是复杂的，不同社会背景下的人们对社会问题的认识也是不同的。当我们把某一社会现象称作社会问题时，是因为它在社会中已是一种面广量大的社会现象，在空间上涉及的范围广大，在时间上已经延续一定的时期，在危害程度上已经影响到相当部分或全体社会成员的生活秩序。事实上，任何社会问题在产生原因、存在方式或表现形式及后果等方面都具有复杂的性质，即某个社会问题的发生往往是由多种因素复合而成的。而且，孤立形态存在的社会问题并不多见，常常是几种社会问题同时并存，并交织引起一系列破坏性的社会后果。

（四）时间变化的周期性

任何事物的发展都要经历周而复始、循环往复的过程，这就是所谓的周期性。社会问题的周期性是指社会问题在其发生、发展过程中表现出的时间规律性。具体来说，是指社会问题总的时间进程变化及其阶段性，这是社会问题周期性特点的两个基本含义。社会问题这种周期性的变化特征中，就必然也存在着潜伏性和反复性的规律。正确认识和掌握社会问题变化的特点和规律，对于及时诊断和应对社会问题具有重要意义。

三、社会问题的分类

了解社会问题的分类，有助于达到对社会问题的具体认识，有利于对症下药地去分析社会问题，从而很快地寻找到该社会问题的正确解决方案。要准确地对社会问题进行分类，就需要确立科学合理的分类标准，才能进一步认识社会问题的内容、性质等。结合人类社会发展的具体实际及专家学者的研究内容，按照不同的分类标准将社会问题分成了几类。

（1）依社会问题发生、发展的趋势或可能性分类。把社会问题分为两类：

第三章 公益创业的起点：社会问题

一类是必发性的社会问题，指社会变迁或社会发展过程中合乎事物发展规律的、确定不移的，即在一定条件下不可避免的社会失调。这类社会问题是在一定社会历史阶段或一定社会环境条件下必然要产生的。例如，自然资源破坏及环境污染问题等。另一类是偶发性的社会问题，是指社会变迁或社会发展过程中并非确定不移的、不可避免的社会失调，这类社会问题的产生没有必然规律性。例如，人口问题等。区分这两类不同的社会问题，可以为认识那些已发生的社会失调现象产生的具体原因、与社会各方面的关系、社会失调发展的趋势等提供认识的基础，并为分析不同社会问题解决的条件及制定解决的对策提供一定的思路。

（2）依社会问题产生的主导性或主要原因分类。任何社会问题的多元成因中，一般相对只有一个决定某一社会问题现象发生的主导性或主要原因。如果暂且撇开非主导性的其他原因，从相对主导性原因上分析和解释社会问题的产生，即可形成社会问题的一种分类及诸种类型。这种方法有利于区分不同意义上各类型的社会问题。例如，以社会领域归纳社会问题的主导性原因，可划分为源于经济、政治、文化、军事、人口、社会观念或社会心理，及生存自然环境的等诸类社会问题。或者源于社会关系构成的、社会群体或人群组合构成的、社会分层构成的、社会规范或社会制度构成的、社会生活方式构成的、社会文化构成的、社会或地域空间构成的、社会运行等诸类社会问题。依主导性或主要原因的分类，虽其具体指标和方法可有不同，但都既是分析社会问题多元性原因的思路，也是分析社会问题主导性原因的思路。因此，这一分类不仅是认识诸种社会问题现象产生的具体条件的一种方法，也是认识诸社会因素对社会问题的影响及诸社会问题对社会诸方面的影响的一种方法，并且是寻求解决社会问题对策的重要认识基础。

（3）依社会问题的产生与社会结构分类。认识特定社会现象的发生是否与一定的社会结构有关，是认识该现象发生、发展、消亡的重要方法，对社会问题现象的认识也如此。考察社会问题的产生是否与一定的社会结构有关，社会问题呈现为两种类型：一类是结构性的社会问题，即社会失调的产生和存在由一定的社会结构所导致，或与一定的社会结构本身直接相关。因此，这类社会问题的解决，将需改变或涉及社会结构的某些方面。例如，我国的城乡关系失调问题，与长期以来我国城市与农村实际上的二元社会结构有关。

另一类是非结构性的社会问题，社会失调的产生和存在非由一定的社会结构所导致，或与一定的社会结构本身无直接联系。因此，这类社会问题的解决一般不需社会结构的变动，如犯罪问题。区分这两种类型的社会问题，不仅可以更深刻地认识社会问题产生的具体原因和可能性，认识社会问题与社会结构的关系，而且对于分析解决社会问题的社会结构因素、解决社会问题对策的社会结构基础是重要的。

（4）依社会问题的本质的具体内容分类。从某种意义上说，任何社会问题的本质都是一种社会失调，即不平衡、不稳定、不和谐的状态，只是其失调的具体内容不同。以社会失调的具体内容区分，相应地有若干类型的社会问题：社会自然环境方面的失调，如环境污染问题；经济方面的失调，如通货膨胀问题；政治方面的失调，如权力腐败问题；人口方面的失调，如人口过剩与失业问题；教育方面的失调，如毕业生就业问题；社会安全方面的失调，如犯罪问题；社会文化方面的失调，如精神文化、教育的滞后问题；社会心理或社会意识、观念方面的失调，如普遍不满的社会情绪问题；社会风气方面的失调，如公德缺失问题等。此外，还有不同地理区域存在的问题，如城市社区中的住宅紧张问题，农村社区中的劳动力剩余问题等。

当然，还有其他的方法和指标来区分社会失调的具体内容。比如，社会行为过程的失调与社会心理过程的失调，社会物质生活过程的失调与社会精神生活过程的失调，等等。不过无论如何分类，其目的都在于认识社会问题的本质，即社会失调的各种具体内容和状态。这种分类，对于具体认识社会问题的本质，或认识和把握社会失调的具体内容，是非常必要甚至至关重要的，而且对于具体认识社会问题的一般特征，特别是客观性与主观性特征，具体认识社会问题的表现形态等，也都是有意义的。

（5）依社会问题存在的空间范围分类。任何社会现象均有空间形态，即地域和社会的范围、规模、界限，社会问题现象也如此。由此可将社会问题区分为：全球性的或世界性的社会问题，如环境污染；自然区域范围的社会问题，如某些地方的流行病；社区范围的社会问题，如某些农村社区的贫困；行政区域范围的社会问题，如北京市的交通拥堵问题；还有经济区域范围的、文化区域范围的、民族区域范围的社会问题。社会问题的空间形态是其存在的形式表现或形式之一，不同范围的社会问题，其产生的具体原因、对社会的影响程度、解决的条件和方式等有所不同。因此，认识不同类型空间范围的社会问题，对于分析社会问题产生的原因，认识社会问题的影响范围，分析解决的条件和寻求解决的对策，均是必要的。

总体上来讲，社会问题的分类是一个多元化的问题。从社会问题的具体表现形式上看，人口问题、环境问题、劳工问题、贫困问题、教育问题、家庭问题、交通问题、犯罪问题、生态问题等，在不同国家和地区都不同程度地存在。这也正是包括政府在内的所有公共组织要解决的问题和承担的责任。有些社会问题具有普遍性，而有些社会问题属于特殊类型。

四、社会问题的理论研究

对社会问题现象的具体认识，可说大致是认识或解决三个方面的内容或问题：第一，社会问题的产生或发生，包括发生的可能性、发生的原因、发生的社会环境基础等；第二，社会问题的内容和表现形态，包括社会问题的本质，即社会失调的具体内容、社会失调与人的行为、社会问题的存在范围、社会问题的表现程度及状态等；第三，社会问题的影响及解决，包括社会问题对社会影响的性质、程度，解决社会问题的条件等。从某种意义上说，这也是具体认识社会问题这种特殊社会现象的目的。

（一）社会整合论

社会不同的因素、部分结合为一个统一、协调整体的过程及结果，亦称社会一体化。它是与社会解体、社会解组相对应的范畴。社会整合的可能性在于人们共同的利益，以及在广义上对人们发挥控制、制约作用的文化、制度、价值观念和各种社会规范。在对社会问题的研究中，美国社会学家 T. 帕森斯明确提出社会整合概念，并将其纳入自己的结构功能主义理论构架之中。他关于社会生存的四大基本功能前提假设，即所谓 AGIL 理论，便包括社会整合。在很长时间内，社会整合曾被认为是结构功能主义表示社会基本功能的特有概念，与社会"共意"或"一致性"假设密切结合。帕森斯在《社会体系和行动理论的演进》（1977）一书中，把社会整合概念规定为如下含义：①社会体系内各部门的和谐关系，使体系达到均衡状态，避免变迁；②体系内已有成分的维持，以对抗外来的压力。帕森斯还认为，一个社会要达到整合的目的，必须具备这样两个不可或缺的条件：①有足够的社会成员作为社会行动者受到适当的鼓励并按其角色体系而行动；②使社会行动控制在基本秩序的维持之内，避免对社会成员做过分的要求，以免形成离异或冲突的文化模式。

在 T. 帕森斯之后，对社会整合概念的解释及运用逐渐分化为两种不同的倾向：一种沿袭帕森斯的观点，继续将其置于宏观的社会理论体系中，从抽象的意义上予以解释和运用；另一种则朝着经验研究的方向，将这一概念用来研究各种社会群体内或群体之间的实际关系，特别是用来研究民族及种族群体的关系，研究多民族国家各民族在文化上的接近、融合等。社会整合有许多具体形式，并可分为诸多类型。除以上已提及的社会体系的整合、民族或种族关系方面的整合外，经常论及的还有文化的整合、制度的整合、规范的整合、功能的整合等。

（二）文化失调论

美国社会学家奥格本在研究社会变迁时提出了文化失调理论。在《社会变迁：关于文化和本性》（1922）一书中，他列举了影响文化演变的四种因素：发明、积累、传播和调节。奥格本指出，社会变迁是一种文化现象，应该从人的文化方面，而不是从人的生物本性中寻求社会变迁的原因。他认为，当一种文化具备了必要的思维能力，并存在一定的需求时，就会通过组合现存的物质文化和非物质文化要素，产生新的要素，这就是发明。社会变迁就是社会在一种发明打破旧的均衡状态后做出调节以寻求新的均衡过程。由于调节并不是即时迅速的，因此，常常产生文化失调现象，即他所说的"文化滞后"。该理论认为，现代许多社会问题都是由于我们的道德观念不能与我们的技术发展相适应引起的，如现代人们常常遇到的克隆技术就与人类的道德相互矛盾。奥格本强调技术发明的作用，被后人称为"技术决定论"的代表。在社会学与社会问题研究中，奥格本强调统计数据作为验证假说的证据的重要性，这一理论对第二次世界大战以后定量社会学的发展产生了重要的影响。

（三）社会解体论

"社会解体论"是美国犯罪社会学家克利福德·肖和亨利·麦凯等人，以

第三章 公益创业的起点：社会问题

大量经验主义的数据为基础，在经济急剧发展的过程中，发现了人们相互关系形式也随之发生巨大变化的规律，认为社会"城市化、工业化会引起社会形态与人际关系的急剧变化，这种急剧的变化成为引发犯罪的不可忽视的因素"，从而提出了当代犯罪特别是青少年犯罪成因的一系列理论。这一理论在西方"占据了本世纪国际犯罪学统治地位"。美国社会学家路易丝·谢利更指出，"社会解体论"对于"那些直到现在才经历经济发展过程的地区，已经显示出它的正确性"。

所谓"社会解体"指的是在人们的社会生活中存在着两种截然不同的社会形态，一种是"小型的、体系稳定的、人际关系密切的"社会形态，另一种是"大型的、充满矛盾和分歧的"社会形态。在前一种社会形态里，人际关系是以个体的亲属关系为核心、邻居关系和宗教信仰为主要联系方式的。在这样的社会形态里，个体处在一种密切友好的关系之中，个体的一举一动都受到传统行为准则的影响。而后一种社会形态使人际关系处在一种不稳定状态中，原来所具有的密切的人际关系日显淡漠，由于人口流动性增大，社会秩序只能靠国家机关制订的严格的管理制度来控制，而不是靠人与人之间的相互影响进行制约。小型的、体系稳定的、人际关系密切的社会形态，因经济发展的作用逐渐解体，向大型的、充满矛盾和分歧的社会形态转变。克利福德·肖和亨利·麦凯等人，根据西方社会随经济发展所发生的变化，分析了"社会解体"与犯罪关系。他们注意到，由于经济的发展，社会城市化、工业化现象日趋明显。而城市化、工业化对社会各方面都产生着微妙的影响，其中包括对人际关系发生的影响。城市生活吸引了大批农民，他们纷纷离开农村涌入城市。这些人为了求业谋生，只好到处奔波，甚至夫妻也不得不分居两地。城市化、工业化使以家庭为核心的人际关系瓦解了，邻居关系也不再是一种促进人际关系稳定和密切的社会力量；以往存在于朋友之间的深情厚谊轻易地被城市快速而短暂的社会交往所取代。社会城市化、工业化使人的关系变得疏远，就连生活结构也显得十分松散；以前存在于社会的小型的社会形态解体了，整个社会的异常行为如酗酒、通奸、自杀、少年犯罪等的比率明显上升。

"社会解体理论"认为，经济发展带来的社会城市化、工业化之所以引起犯罪，不外乎以下两种原因：一种是由于经济上的需要；另一种是由于"社会解体",人们因违抗陌生的社会约束而犯罪。而进一步研究的结果表明,犯罪的重要诱因不是贫困或者经济上的需要,而是"社会解体"。贫困和犯罪并不共存,而社会控制能力的削弱与和睦的传统的社会关系消失,才是引发社会问题甚至犯罪的重要诱因。

(四)价值冲突论

价值冲突理论以率先反对当时占主导地位的结构功能主义而著称。它强调社会生活中的冲突性,并以此解释社会变迁。其主要代表人物有美国的L. A. 科瑟尔、L. 柯林斯,德国的R. 达伦多夫,英国的J. 赖克斯等。

L. A. 科瑟尔在《社会冲突的功能》(1956)中最早使用了"冲突理论"这一术语。他反对帕森斯认为冲突只具有破坏作用的片面观点,力图把结构功能分析方法和社会冲突分析模式结合起来,修正和补充帕森斯理论。R. 达伦多夫则认为,社会现实有两张面孔,一张是稳定、和谐与共识,另一张是变迁、冲突和强制。社会学不仅需要一种和谐的社会模型,同样需要一种冲突的社会模型。为此,必须走出帕森斯所建构的均衡与和谐的"乌托邦",建立起一般性冲突理论。而J. 赖克斯从马克思主义的基本立场出发,反对帕森斯以价值规范为重心的秩序理论,强调物质生活手段的分配应该在建构社会模型时占据优先地位。在《社会学理论中的关键问题》(1961)中,赖克斯生动地描述了"统治阶段的情境"。1975年,柯林斯的《冲突社会学:迈向一门说明性科学》一书出版,标志着价值冲突问题的研究进入了一个新的阶段。早期冲突论者只是对结构功能主义进行补充和修正,认为秩序理论和冲突理论同是有用的理论工具。柯林斯认为,价值冲突是社会生活的中心过程。

第二节 发现、分析社会问题

社会问题具有鲜明的时代性,在各个不同历史时期及不同地域所反映的内容各不相同。发现社会问题、分析社会问题是制订解决社会问题策略的先行步骤。

第三章 公益创业的起点：社会问题

一、如何发现社会问题

（一）关注热点

热点是个多义词，在不同学科领域有其不同的含义。我们这里所讲的社会热点，是指比较受广大社会公众关注或者欢迎的新闻或者信息，或指某个时期引人注目的事件或问题。当然，并非社会热点都属于社会问题。从社会管理的角度来讲，社会热点往往是社会问题的集中表现。因为，一些社会矛盾容易成为社会焦点，成为公众目光集聚之地，自然也就成为社会热点了。对于公益创业者而言，化解社会矛盾，助力社会公益，就要从这些社会热点入手，寻找创业机遇。

（二）关注身边

一般来说，我们亲眼看见的，往往最深刻最真实、容易触发我们对其进行深入的思考。纵观我们生活的这个世界，贫穷、种族歧视、性别歧视、教育、科技、媒体、色情、战争、性犯罪、家庭婚姻、人口增长、环境污染、恐怖主义，以及城市化和全球化引起的各种社会问题林林总总，既包括微观层面存在的个体性问题，如贫穷、犯罪等，也包括中观层面的种族、媒体与科技，宏观层面的环境污染、战争，以及全球化带来的问题，我们要从身边接触到的社会问题入手，剖析这些社会问题的成因，寻找公益创业的切入点。

（三）查阅资料

对于任何社会问题的认知，我们可能都需要借助一些研究成果及相关理论对其做深入的思忖，甚至，在研究过程中去继续发现一些社会问题，通常要面临浩瀚的文献资料及相关信息载体，有的时候甚至不知道如何下手，因此，我们需要掌握文献查阅的一般规律。另外，我们需要了解党和国家对一些社会问题的方针、政策及有关规定，利用资料查新，查清以前别人研究的成果，了解该领域有哪些成熟的理论，更要了解本领域内重要的科学研究机构、企业和厂家，以及这些机构的一般情况。这样，我们才能为公益创业提供准确的决策信息。

（四）实地调研

实地调研就是指对第一手资料的调查活动。随着社会经济的发展和营销活动的深入开展，现场搜集信息的方法越来越多。当市场调研人员得不到足够的第二手资料时，就必须搜集原始资料。在一些情况下，间接手段得到的东西常常会觉得不可靠，搜集资料不够及时、准确时，也需要适时地进行实地调研来确认和补充，这时通过开展调研工作，就会有效地取得第一手的资料和情报。实地调研是直接面对调查对象，包括在社区进行街访、在居民家里面对面访问、在会议室举行焦点小组座谈、在街区实施观察，等等，都有助于获得有关社会问题的第一手资料。

二、社会问题研究方法

（一）调查法

调查法是科学研究中最常用的方法之一。它是有目的、有计划、有系统地搜集有关研究对象现实状况或历史状况的材料的方法。调查方法是科学研究中常用的基本研究方法，它综合运用历史法、观察法等方法，以及谈话、问卷、个案研究、测验等科学方式，对教育现象进行有计划的、周密的和系统的了解，并对调查搜集到的大量资料进行分析、综合、比较、归纳，从而为人们提供规律性的知识。

调查法中最常用的是问卷调查法，它是以书面提出问题的方式搜集资料的一种研究方法，即调查者就调查项目编制成表，分发或邮寄给有关人员，请求填写答案，然后回收整理、统计和研究。

（二）观察法

观察法是指研究者根据一定的研究目的、研究提纲或观察表，用自己的感官和辅助工具去直接观察被研究对象，从而获得资料与信息的一种方法。科学的观察具有目的性、计划性、系统性和可重复性。在科学实验和社会调查研究中，观察法可以扩大人们的感性认识，启发人们的思维，导致新的发现。

第三章 公益创业的起点：社会问题

（三）实验法

实验法是通过控制研究对象来发现与确认事物间的因果联系的一种科研方法。观察与调查都是在不干预研究对象的前提下去认识研究对象，发现其中的问题。而实验却要求主动操纵实验条件，人为地改变对象的存在方式、变化过程，使它服从于科学认识的需要。实验法要求根据研究的需要，借助各种方法技术，减少或消除各种可能影响科学的无关因素的干扰，在简化、纯化的状态下认识研究对象。实验法是发现、确认事物之间的因果联系的有效工具和必要途径。

（四）文献研究法

文献研究法是根据一定的研究目的或课题，通过调查文献来获得资料，从而全面、正确地了解掌握所要研究问题的一种方法。文献研究法被广泛用于各种学科研究中。它能了解有关问题的历史和现状，帮助确定研究课题，能够形成关于研究对象的一般印象，有助于观察和访问。文献研究法能得到现实资料的比较资料，有助于了解事物的全貌。

（五）定量分析法

在对社会问题的研究中，通过定量分析法可以使人们对研究对象的认识进一步精确化，以便更加科学地揭示规律，把握本质，厘清关系，预测事物的发展趋势。

（六）定性分析法

定性分析法就是对社会问题进行"质"的方面的分析。具体地说是运用归纳和演绎、分析与综合、抽象与概括等方法，对获得的各种材料与信息进行思维加工，从而能去粗取精、去伪存真、由此及彼、由表及里，认识社会问题本质，揭示其内在规律。

（七）功能分析法

功能分析法是社会科学用来分析社会现象、剖析社会问题的一种方法，是社会调查常用的分析方法之一。它通过说明社会现象怎样满足一个社会系统的需要（即具有怎样的功能）来解释社会现象，是深入分析社会问题的一个重要维度。

（八）信息研究方法

信息研究方法是利用信息来研究系统功能的一种科学研究方法。美国学者维纳认为，客观世界有一种普遍的联系，即信息联系。当前，正处在"信息革命"的新时代，有大量的信息资源可以开发利用。信息方法就是根据信息论、系统论、控制论的原理，通过对信息的搜集、传递、加工和整理获得知识，并应用于实践，以实现新的目标。信息方法是一种新的科研方法，它以信息来研究系统功能，揭示事物的更深一层次的规律，帮助人们提高和掌握运用规律的能力。

（九）描述性研究法

描述性研究法是一种简单的研究方法，它将已有的现象、规律和理论通过自己的理解和验证，给予叙述并解释出来。它是对各种理论的一般叙述，更多的是解释别人的论证，但在科学研究中是必不可少的。它能定向地提出问题，揭示弊端，描述现象，介绍经验，它有利于普及工作，它的实例很多，有带揭示性的多种情况的调查，有对实际问题的说明，也有对某些现状的看法等。

（十）系统科学方法

20世纪40年代始，系统论、控制论、信息论等横向科学的迅猛发展，为发展综合思维方式提供了有力的手段，使科学研究方法不断地完善。而以系统论方法、控制论方法和信息论方法为代表的系统科学方法，又为人类的科学认识提供了强有力的主观手段。它不仅突破了传统方法的局限性，而且深刻地改变了科学方法论的体系。这些新的方法，既可以作为经验方法，作为获得感性材料的方法来使用，也可以作为理论方法，作为分析感性材料上升到理性认识的方法来使用，而且作为后者的作用比前者更加明显。它们适用于科学认识的各个阶段，因此，我们称其为系统科学方法。

三、社会问题分析流程

要解决社会问题，就要求我们必须能够科学、客观地分析社会问题，找到社会问题产生、存在、变化发展的趋势和规律，才能为解决社会问题提供方法论。不同的社会问题，其分析步骤与流程是不相同的。概括起来，我们这里把社会问题分析与分解的过程归纳为以下几个环节。

（一）选择问题

相对于社会的广大，我们每一个人的力量是渺小的。从公益创业的角度看，选择一个自己专长的问题作为切入点进行研究，是寻找创业契机的必要步骤。这一阶段主要有两个任务：一是选取研究主题，也就是从现实社会存在的社会问题中，根据自己的兴趣、特长与动机判断和选择一个研究主题，比如失业问题、养老问题、教育问题等；二是确定要解决的问题，也就是说进一步明确研究的范围及焦点，将最初比较含糊、比较笼统、比较宽泛的问题或现象具体化、精确化。

（二）研究设计

研究设计是在对社会问题进行一系列思考、选择的基础上，为了实现对该社会问题的进一步深入了解，预先根据研究过程中可能出现的问题制订若干对应的方案。并且，也要思考在实现研究方案的过程中可能出现的新情况、新问题，以便根据形势的发展和变化来制订出新的研究方案，或者根据形势的发展和变化来选择相应的其他方案，以最终达到有助于实现对某一社会问题进行客观深入研究的目的。社会问题研究方案的设计应当坚持并践行"求实、严谨、进取"的作风，使方案做到切实可行。公益创业是为国家、为社会分忧解难，通过解决社会问题，国家制定政策落实服务，为公益创造新产品和服务。

（三）资料收集

对任何事物的认识，都是循序渐进的。要深入掌握社会问题及其发展变化的规律，就得从认识其表现出来的现象开始。这就要求我们要围绕着社会问题开展资料与信息的搜集工作。信息搜集并不是一件很容易做的工作，需要我们具备一定的技能，而且这些技能是随着我们对信息材料的不同要求要选用具体不同的方式的。对社会问题进行资料搜集时不仅需要耐心、细致、仔细，还需要经过慎重的考虑，并按照一定的程式去做。尤其是有些社会问题资料的获得，必须要进行深入的调查。这就必然要求我们要恰当、合理地与当事人沟通。在调研过程中，我们还要结合不断获取到的信息对课题提出一系列新的疑问，然后分析这些疑问与研究主题之间的关系，以确定想要获取的信息或问题是完整和客观的。

（四）资料分析

在获取我们所需要的信息之后，我们就需要对这些材料进行定量分析和定性分析，从而发现规律，得出结论。

定量分析是对了解到的社会现象的数量特征、数量关系与数量变化进行分析的方法。就社会问题具体研究来说，定量分析要以前期占有的主要数据为依托，按照某种梳理方式进行加工整理，得出问题研究的结论。更进一步说，定量分析是使用数学模块对社会问题可量化数据进行分析，通过数量分析来给予评价并做出判断。定量分析的功能在于揭示和描述社会现象的相互作用和发展趋势。

定性分析则是指从质的方面来分析评鉴我们所获得的信息。要在社会问题的现象中把握其本质，这就要求我们要以辩证唯物主义和历史唯物主义作为指导思想，用正确的观点对这些材料进行去粗取精、去伪存真、由此及彼、由表及里的全面分析和综合，才能从现象中找出反复出现的社会问题的规律性，即本质的东西。只有这样才能正确地描述社会问题的本质，揭示其内在的相互关系。定性分析对我们鉴定和判别社会问题的属性具有重要价值。

（五）撰写报告

调研报告是对某一情况、事件或问题，经过对其客观实际情况进行实际的调查了解，将调查了解到的全部情况和材料进行分析研究，揭示其内在本质，寻找出规律性，总结出经验教训，最后以书面形式陈述出来。调研报告主要包括两个部分：一是调查情况，二是分析研究。调查情况，应该是真正进行实地调查情况的描述，准确地反映客观事实，不能主观臆想，要按事物的本来面目介绍有关的社会问题及其现象。分析研究则是指在掌握客观事实的基础上，认真分析，去粗取精、去伪存真、由此及彼、由表及里地透过现象揭示社会问题的本质和规律。调研报告中可以提出一些对策，但不是主要的。因为，对策的制定是一个深入、复杂、综合的研究过程，调研报告提出的对策正确与否还需要实践的验证。对于如何写好社会问题分析调研的报告，我们着重强调以下几点。

（1）必须掌握丰富的、符合实际的材料，这是社会问题研究调研报告的生命。材料的来源有两个方面：一方面来自于实地考察的直接资料，另一方面来自于书报、杂志和互联网的间接资料。在大众传媒发展迅猛的今天，获得间接资料并不难，难得的是深入实地获取有关社会问题的第一手资料。这就需要我们真正脚踏实地地到实践中认真调查，掌握大量的符合实际的第一手资料。

（2）调研报告切忌面面俱到。任何社会问题所表现出来的社会现象多是多元广泛的。因此，对于获得的大量的直接和间接资料，要做去粗取精、去伪存真、由此及彼、由表及里辨别真伪的工作。要在第一手材料中，筛选出最典型、最能说明问题的材料，对其进行分析，从中揭示出社会问题的本质或找出其内在的规律，得出正确的结论，总结出有价值的东西，这是写好调研报告的关键。

（3）调研报告要用词准确，文风朴实。调研报告一般是针对解决某一社会问题而产生的。报告需要陈述问题发生发展的起因、过程、趋势和影响。如果用词概念不清，就难以了解事物的本来面目，也就达不到解决问题的目的。切忌为了追求用词新颖，把简单的事物用复杂的词语来表达，把简单的道理说得玄奥难懂。

（4）调研报告要逻辑严谨，条理清晰。调研报告要做到观点鲜明，立论有据。论据和观点要有严密的逻辑关系，条理清晰。论据不单是列举事例、讲故事，逻辑关系是指论据和观点之间内在的必然联系。如果没有逻辑关系，无论多少事例也很难证明观点的正确性。至于调研报告的结构，可以不拘一格。

（5）要严肃认真、有扎实的专业知识和思想素质。好的调研报告，是由调研人员的基本素质决定的。调研人员既要有深厚的理论基础，又要有丰富的专业知识。调研人员不仅要具备透过现象洞察事物本质的能力，还要深入实际搞调研，一定要有为社会、为国家解决实际问题的强烈愿望和感情，要有不懈追求真理的精神，只有这样才能为进一步的公益创业提供更好操作的对策建议和有价值的信息。

第三节 当代主要社会问题

每一个社会问题的产生，都有其特殊的历史条件，都存在着一定的地区差异。同一类社会问题在各个历史阶段反映的具体内容亦各不相同。环视当今时代，世界各个角落都存在着形形色色的社会问题，突出地表现为人口问题、生态环境问题、劳动就业问题、犯罪问题，等等。

一、人口问题

人口问题是指由于人口在数量、结构、分布等方面快速变化，造成人口与经济、社会及资源、环境之间的矛盾冲突。

（1）人口数量问题。人口数量问题主要由非均衡生育（多子化和少子化）和人口迁移造成的。只有通过均衡生育（发达国家2.17胎，发展中国家2.3胎）和调控迁移，才能解决人口数量问题。

（2）人口结构问题。人口结构问题主要包括年龄、性别、收入、人种、民族、宗教、教育程度、职业、家庭人数等；其中最为突出的是年龄（多子化、少子高龄化）、性别（男女比例失调）和收入（基尼系数高、中产塌陷）结构问题。人口年龄结构问题，也只有通过均衡生育来解决；人口性别结构问题，只有通过限制堕胎来解决。人口收入结构问题，原因较复杂，但最终都只有通过壮大中产阶层，使中产阶层成为社会主体才能真正解决。

（3）人口分布问题。人口分布问题主要是指人口分布不均衡问题，具体包括大城市病、高密度连绵城市群带来的环境污染问题、交通拥挤问题，等等。也包括人口缺少带来的劳动力不足、消费需求萧条等问题，以及局部地区存在的发展难、生态气候等自然条件恶劣地区人口的生存困境问题、人口迁移等问题。人口分布问题，主要是通过城镇化的合理布局，构建合理的城镇体系来解决。

（4）人口的老龄化问题。国际上一般认为，一个国家或地区60岁人口占总人口的比例达到或超过10%，或65岁及65岁以上人口占总人口的比例达到或超过7%，即为人口结构老龄化。第二次世界大战后，由于长期的和平环境和经济、卫生等生活条件的改善，世界人口日益老龄化。据联合国统计，1950年世界60岁以上的老年人口约2.04亿，2000年老年人口增加到6亿多，已占世界总人口的10%以上。而在这50年间，老年人比总人口增长快得多，世界总人口增加了140%，老年人口却增加了197%。预计到2050年世界总人口将超过100亿，总人口将增加47.1%，而老年人口将增加225%。届时，老年人口数将达19.7亿，占总人口的22.1%。其中80%以上的老年人口来自发展中国家。人口的老龄化带来了一系列的社会问题：一方面，使劳动力短缺。如在欧洲的德国等一些国家，人口老龄化使劳动力严重短缺，严重制约其经济发展和社会生活的正常运转，迫使他们向移民敞开大门，而这又滋生了排外现象和社会冲突等一系列问题；另一方面，使劳动力日益老化。劳动力的老化，不利于劳动生产率和工作效率的提高，也使国家革新能力下降，对迅速发展的社会经济事业起阻滞作用。另外，人口的老龄化给国家带来的突出问题是，政府直接和间接用于老年人口的财政支出越来越大，成为国家的重负。发达国家今天面对的这些"头痛"问题，随着发展中国家人口老龄化的快速发展，也必将遇到越发严重的老龄化问题。

二、环境问题

环境问题是指由于人类活动作用于周围环境所引起的环境质量变化，以及这种变化对人类的生产、生活和健康造成的影响。人类在改造自然环境和创建社会环境的过程中，自然环境仍以其固有的自然规律变化着。社会环境受自然环境的制约，也以其固有的规律运动着。人类与环境不断地相互影响和作用，产生环境问题。环境问题多种多样，归纳起来有两大类。一类是自然演变和自然灾害引起的原生态环境问题，也叫第一环境问题。如地震、洪涝、干旱、台风、崩塌、滑坡、泥石流等。另一类是人类活动引起的次生环境问题，也叫第二环境问题。次生环境问题一般又分为环境污染和生态破坏两大类。如乱砍滥伐引起的森林植被的破坏，过度放牧引起的草原退化，大面积开垦草原引起的沙漠化和土地沙化，工业生产造成大气、水环境恶化等。

（1）全球气候变暖问题。全球变暖是指全球气温升高。100多年来，全球平均气温经历了冷—暖—冷—暖两次波动，总的来看为上升趋势。进入20世纪80年代后，全球气温明显上升。1981—1990年全球平均气温比100年前上升了0.48℃。导致全球变暖的主要原因是人类在近一个世纪以来大量使用矿物燃料（如煤、石油等），排放出大量的二氧化碳等多种温室气体。由于这些温室气体对来自太阳辐射的短波具有高度的透过性，而对地球反射出来的长波辐射具有高度的吸收性，也就是常说的温室效应，导致全球气候变暖。全球变暖的后果，会使全球降水量重新分配，冰川和冻土消融，海平面上升等，既危害自然生态系统的平衡，更威胁着人类的食物供应和居住环境。

（2）臭氧层破坏问题。在地球大气层近地面约20~30千米的平流层里存在着一个臭氧层，其中臭氧含量占这一高度气体总量的十万分之一。臭氧含量虽然极微，却具有强烈的吸收紫外线的功能，因此，它能挡住太阳紫外线辐射对地球生物的伤害，保护地球上的一切生命。然而人类生产和生活所排放出的一些污染物，如冰箱空调等设备制冷剂的氟氯烃类化合物及其他用途的氟溴烃类等化合物，它们受到紫外线的照射后可被激化，形成活性很强的原子与臭氧层的臭氧作用，使其变成氧分子，这种作用连锁般地发生，臭氧迅速耗减，使臭氧层遭到破坏。南极的臭氧层空洞，就是臭氧层破坏的一个最显著的标志。到20世纪90年代末，南极上空的臭氧层破坏面积已达2400万平方千米。南极上空的臭氧层是在20亿年里形成的，可是在一个世纪里就被破坏了60%。北半球上空的臭氧层也比以往任何时候都薄，欧洲和北美上空的臭氧层平均减少了10%~15%，西伯利亚上空甚至减少了35%。因此科学家警告说，地球上空臭氧层破坏的程度远比一般人想象的要严重得多。

（3）酸雨问题。酸雨是由于空气中二氧化硫和氮氧化物等酸性污染物引起的pH值小于5.6的酸性降水。受酸雨危害的地区，出现了土壤和湖泊酸化，植被和生态系统遭受破坏，建筑材料、金属结构和文物被腐蚀等一系列严重的环境问题。酸雨在20世纪五六十年代最早出现于北欧及中欧，当时北欧的酸雨是欧洲中部工业酸性废气迁移所致。后来，许多工业化国家采取各种措施防治城市和工业的大气污染，其中一个重要的措施是增加烟囱的高度，这一措施虽然有效地改变了排放地区的大气环境质量，但大气污染物远距离迁移的问题却更加严重，污染物越过国界进入邻国，甚至飘浮很远的距离，形成了更广泛的跨国酸雨。此外，全世界使用矿物燃料的量有增无减，也使得受酸雨危害的地区进一步扩大。全球受酸雨危害严重的有欧洲、北美及东亚地区。

（4）淡水资源危机问题。地球表面虽然 2/3 被水覆盖，但是 97% 为无法饮用的海水，只有不到 3% 是淡水，其中又有 2% 封存于极地冰川之中。在仅有的 1% 淡水中，25% 为工业用水，70% 为农业用水，只有很少的一部分可供饮用和其他生活用途。然而，在这样一个缺水的世界里，水却被大量滥用、浪费和污染。加之，区域分布不均匀，致使世界上缺水现象十分普遍，全球淡水危机日趋严重，世界上 100 多个国家和地区缺水，缺水人口将达 28 亿~33 亿人。我国广大的北方和沿海地区水资源严重不足，据统计我国北方缺水区总面积达 58 万平方千米。全国 500 多座城市中，有 300 多座城市缺水，每年缺水量达 58 亿立方米，这些缺水城市主要集中在华北、沿海和省会城市、工业型城市。世界上任何一种生物都离不开水，人们贴切地把水比喻为"生命的源泉"。然而，随着地球上人口的激增，生产迅速发展，水已经变得比以往任何时候都要珍贵。一些河流和湖泊的枯竭，地下水的耗尽和湿地的消失，不仅给人类生存带来严重威胁，而且许多生物也正随着人类生产和生活造成的河流改道、湿地干化和生态环境恶化而灭绝。

（5）资源、能源短缺问题。当前，世界上资源和能源短缺问题已经在大多数国家甚至全球范围内出现。这种现象的出现，主要是人类无计划、不合理地大规模开采所致。20 世纪 90 年代初全世界消耗能源总数约 100 亿吨标准煤，预测到 2000 年能源消耗量将翻一番。从石油、煤、水利和核能发展的情况来看，要满足这种需求量是十分困难的。因此，在新能源（如太阳能、核聚变电站等）开发利用尚未取得较大突破之前，世界能源供应将日趋紧张。此外，其他不可再生性矿产资源的储量也在日益减少，这些资源终究会被消耗殆尽。

（6）土地荒漠化问题。简单地说土地荒漠化就是指土地退化。1992 年联合国环境与发展大会对荒漠化的概念做了这样的定义：荒漠化是由于气候变化和人类不合理的经济活动等因素，使干旱、半干旱和具有干旱灾害的半湿润地区的土地发生了退化。全球现有 12 亿多人受到荒漠化的直接威胁，其中有 1.35 亿人在短期内有失去土地的危险。荒漠化已经不再是一个单纯的生态环境问题，而且演变为经济问题和社会问题，它给人类带来贫困和社会不稳定。全世界受荒漠化影响的国家有 100 多个，尽管各国人民都在同荒漠化进行着抗争，但荒漠化却以每年 5 万~7 万平方千米的速度扩大。在人类当今诸多的环境问题中，荒漠化是最为严重的灾难之一。对于受荒漠化威胁的人们来说，荒漠化意味着他们将失去最基本的生存基础。

（7）垃圾问题。全球每年产生垃圾近 100 亿吨，而且处理垃圾的能力远远赶不上垃圾增加的速度，特别是一些发达国家，已处于垃圾危机之中。美国素有垃圾大国之称，其生活垃圾主要靠表土掩埋。过去几十年内，美国已经使用了一半以上可填埋垃圾的土地。30 年后，剩余的这种土地也将全部用完。我国的垃圾排放量也相当可观，在许多城市周围，排满了一座座垃圾山，除了占用大量土地外，还污染环境。危险垃圾，特别是有毒、有害垃圾的处理问题（包括运送、存放），因其造成的危害更为严重、产生的危害更为深远，而成了当今世界各国面临的一个十分棘手的环境问题。

（8）有毒化学品污染问题。市场上约有 7 万~8 万种化学品。对人体健康和生态环境有危害的约有 3.5 万种。其中有致癌、致畸、致突变作用的约 500 种。随着工农业生产的发展，如今每年又有 1000~2000 种新的化学品投入市场。由于化学品的广泛使用，全球的大气、水体、土壤乃至生物都受到了不同程度的污染、毒害，连南极的企鹅也未能幸免。自 20 世纪 50 年代以来，涉及有毒有害化学品的污染事件日益增多，如果不采取有效防治措施，将对人类和动植物造成严重的危害。

三、贫困问题

贫困问题是指由于贫穷所直接导致或者衍生的一系列社会问题。贫穷问题是当今世界最尖锐的社会问题之一。这里的贫困主要指物质的匮乏，有多种原因造成，如分配机制不公平、生产力不发达，等等。贫困问题是一个社会责任问题，也是一个必须解决的社会问题。贫困是一个十分复杂的问题，按照经济学的一般理论，贫困是经济、社会、文化贫困落后现象的总称。但首先是指经济范畴的贫困，即物质生活贫困，可定义为一个人或一个家庭的生活水平达不到一种社会可以接受的最低标准。贫困的存在有着历史与现实的双重原因，因而，贫困又是一个历史性的范畴。

根据不同的划分标准，贫困可以分为不同的类型。一般而言，多把贫困划分为绝对贫困和相对贫困。绝对贫困是以收入数量作为决定性标准的，如果达不到一定的基本生活标准就属于绝对贫困。贫困是一个既简单又复杂的现象。说它复杂，是因为直到现在为止，还没有有关贫困的含义及其衡量标准的确定，学者对贫困话题还在争论不休，而且这种争论似乎越来越复杂化。但从另一个方面来看，贫困现象又很简单，因为无论在定义上学者们在进行怎样的争论，贫困都以一种朴素而客观的方式存在着。因此，我们可以说贫困首先是一种物质生活的状态，但贫困又绝非仅仅是一种简单的物质生活状态，它同时也是一种社会结构现象。围绕着贫困，我们这里主要关注以下两个问题。

（1）粮食问题。1994年美国著名环境学家布朗先生曾告诫世界，"21世纪将是饥饿的世纪"。20世纪由于人口的膨胀，全球粮食需求快速增长。20世纪70年代末以来，在世界53个主要国家和地区中，自给率低于60%的有10个国家，自给率在60%~79%的有9个国家，自给率在80%~94%的有15个，自给率在95%~99%的有12个国家，自给率100%的只有7个国家。这就必然造成粮食出口国家或地区越来越少。20世纪30年代时，世界粮食净出口地区有6个，只有西欧是净进口地区。到20世纪80年代，只有北美洲和大洋洲2个地区为净出口地区，其余都成了净进口地区。缺粮最严重的是非洲，它从20世纪50年代起就成为缺粮区，而且越来越严重，特别是1983—1984年度非洲的粮食总产量只有4600万吨，人均粮食仅为46千克，造成空前的粮食危机，2亿多的非洲人面临着饥饿的威胁，3000万非洲人死于饥饿。此外，亚洲的朝鲜、孟加拉、斯里兰卡、尼泊尔、马尔代夫等国也是粮食严重短缺的国家，因饥饿而死人的事情时常发生。

20世纪70年代以来的"粮食危机"，一再敲响人类的警钟。国际社会为此也不断地做出努力。1979年，联合国粮农组织第20届大会决定从1981年起，将每年10月16日定为世界粮食日，希望以此唤起人们对粮食问题的重视。但成效并不显著，世界上许多国家和地区的粮食危机还是一再发生。1996年11月，186个国家的领导人聚集意大利首都罗马，举行首次世界粮食首脑会议,讨论粮食安全问题,通过了《世界粮食安全罗马宣言》和《世界粮食首脑会议行动计划》,确定了到2015年将全球饥饿人数减少到4亿人的目标。2002年6月,联合国粮农组织又在罗马召开了世界粮食首脑会议,再次对世界粮食安全形势进行评估,探讨解决粮食安全问题的新途径。现在,世界各国政府都把粮食和农业问题放在重要地位。世界各国和国际社会的这些努力是值得称道和令人鼓舞的。但是,由于人口的过快增长,特别是发展中国家人口的过快增长、工业化过程中对农业用地的占用和土壤的退化等因素的影响,解决粮食问题的进程不可能一帆风顺。联合国粮农组织在2000年公布的一份世界粮食状况报告中指出,全球处于饥饿状态的人口高达8.26亿,占世界总人口的13%。2003年,全球粮食产量大约为18.18亿吨,消费缺口在9300万吨左右。据联合国粮农组织估计,到2025年世界人口将逼近百亿,世界粮食产量必须增长75%才能满足人口增长的需要。人类在解决粮食问题上依然任重而道远。

(2)难民问题。难民问题是指由于政治、宗教、种族、战争和自然灾害等原因而逃离本国的人所引起的世界性社会问题。难民的含义最初强调政治因素,后来内容与含义变得日趋广泛。在国际法上,1951年的《关于难民地位的公约》将难民的定义规定为:"因有正当理由畏惧由于种族、宗教、国籍、属于某一社会团体或具有某种政治见解的原因留在其本国之外"的人,同时加以时间和地区的限制。1967年的《难民地位议定书》取消了这些限制。1969年的《非统组织关于非洲难民问题特定方面的公约》对非洲难民的定义除保留以上内容外,又加上"由于外来的侵略、占领、外国统治或严重扰乱公共秩序事件"而离开本国的人。

在历史上很早就出现了难民,但难民问题成为世界性的问题是从20世纪开始的。难民最早产生于欧洲,第二次世界大战后难民的数量不断增加,遍布于世界各地。据不完全统计,平均每天有700多人被迫逃离本国。到20世纪80年代末,世界上难民总数已经达到1300多万,主要集中在中东、非洲和印度支那地区。难民产生的主要原因包括以下几个方面。①政治原因和种族迫害。如十月社会主义革命后大批白俄逃亡国外;30年代希特勒法西斯迫害、驱赶犹太人;第二次世界大战后南非种族主义政权压迫国内黑人和有色人等。②战争。据估计,两次世界大战仅在欧洲就使7000万人丧失家园;20

世纪 70—80 年代，越南侵略柬埔寨、苏联侵略阿富汗、以色列侵略阿拉伯国家和伊拉克侵略科威特等战争，使这些地区产生大量难民。③自然灾害。如非洲 1982—1984 年的特大旱灾，造成大量难民。难民不仅给流入国带来沉重的经济负担和社会、安全问题，而且影响到当事国之间的关系及有关地区的经济发展和政治稳定，在世界局势中增添了动乱因素，不利于世界的和平与发展。到 21 世纪的今天，中东、非洲地区越来越严峻的难民问题已经日益引起国际社会的重视。

随着难民问题的产生，国际上建立了处理难民问题的国际组织。第一次世界大战后，国际联盟成立了国际难民署，任命挪威人 F. 南森为第一任难民高级专员。他为无国籍难民提供身份证明，以便使难民受到国际保护，这就是"南森护照"。第二次世界大战后，联合国善后救济总署曾从事救济欧洲 800 万无家可归者和其他地区难民的工作。1951 年联合国难民事务高级专员办事处成立，负责全世界的难民工作。巴勒斯坦难民问题则由 1949 年成立的联合国近东巴勒斯坦难民救济和工程处负责。联合国难民事务高级专员办事处认为，持久解决难民问题的方式有自愿遣返、就地安置和重新安置三种，其中第一种是最理想并且常常是唯一可行的方式。此外，还需要促成难民逐步实现自给自足和向难民所在国提供发展援助。这些措施虽然对解决难民问题产生了积极作用，但因为没有触及产生难民问题的根源，不足以从根本上解决难民问题。世界上的难民数量仍在继续增加。事实证明，要从根本上解决难民问题，必须从解决具体问题和消除根源两个方面着手。这就要求在对难民提供救助和进行妥善安置的同时，制止国际上的侵略扩张活动和结束种族主义统治，使各国人民在和平中得以安居乐业。

四、社会歧视问题

关于什么是歧视，国际劳工大会第四十二届会议通过的《歧视（就业与职业）公约》（第 111 号公约）指出，歧视是指"基于种族、肤色、性别、宗教、政治见解、民族血统或社会出身的任何区别、排斥或特惠，其效果是取消或损害就业或职业方面的机会平等或待遇平等"。戴维·波普诺在《社会学》中把歧视定义为"由于某些人是某一群体或类属的成员而对他们施以不公平或不平等的待遇"。在人类文明发展的进程中，社会歧视作为一种不和谐的社会现象一直以不同的表现形式产生和存在着。社会歧视的存在,在一定程度上引发和导致了一系列的心理问题、社会矛盾和社会冲突问题等。社会歧视在表现形式上具有一定的重叠性和复杂性,往往以性别歧视、就业歧视、地域歧视、语言歧视等多种形式表现出来。

(1) 种族歧视问题。种族歧视(racial discrimination)是指根据种族将人们分割成不同的社会阶层从而加以区别对待的行为,即种族与种族之间的歧视。种族歧视是统治阶级根据种族和民族的特征,划分人们的社会地位和法律地位,敌视、迫害和不平等地对待其他种族的行为。种族歧视是阶级剥削制度的产物。种族歧视始于古罗马帝国时代。其现代形式是从资本主义原始积累时期开始的,主要包括剥夺选举权、受教育权和其他权利,压低工资,任意逮捕、拷打甚至杀害被歧视种族,强行限制在"保留地"内居住等。迄今为止,还有许多资本主义国家普遍存在种族歧视现象。种族歧视的表现有公开的、合法的,有隐蔽的、实际的。在历史上,美洲的黑人、印第安人、大洋洲的土著居民,欧洲的原殖民地移民、少数民族和外国工人,亚洲的"部落民"和种姓集团等,都是今天种族歧视的受害者。例如,在南非,种族歧视突出地表现为种族隔离,这是白人种族主义者的基本国策,曾经维持了300多年的历史。直到 1990 年德克勒克接任总理后,在巨大的内外压力下,着手改革政治结构,他顶着南非顽固派的压力,废除了歧视性的法律,让黑人政团合法化,并且释放已被拘囚了 27 年的曼德拉,结束了 350 年的种族隔离制。

(2) 性别歧视问题。性别歧视指在关于性别上存在的偏见,指一种性别成员对另一种性别成员的不平等对待。尤其是指男性对女性的不平等对待。两性之间的不平等,造成了社会上的性别歧视。一般来讲,性别歧视可用来指称任何因为性别所造成的差别待遇。性别歧视是本质主义的产物。本质主义者认为可以根据个体所属群体之特征理解或判断该个体,而性别歧视者则是认为可依照个体所属的性别群体(男性或女性)来理解或判断该个体。这样的观点假定了所有的人都可以清楚地被划分成"男性"或"女性",而忽略了某些同时拥有两性特质的跨性别者的存在。性别歧视作用于女性的极端形式就是女性贬抑。由于作用于女性的性别歧视最先被广泛地认识,故成为"性别歧视"一词最常指涉的范围。这种形式的性别歧视者也常被称为男性沙文主义者。历史上，在许多父系社会中，女性被视为"较软弱的一群"。现今社会中，由于对性别平等观念的错误理解，父系社会中常会出现对被视为"较软弱的一群"的女性过度保护的现象，因而在实际意义上造成对女性不能够平等对待的状态。同样，性别歧视作用于男性的极端形式就是男性贬抑（指的是对男性的厌恶甚至是憎恨）。对男性的性别歧视也被称作"反向性别歧视"。在《消除一切针对妇女歧视公约》里，"对妇女的歧视"一词指基于性别而做的任何区别、排斥或限制，其影响或其目的均足以妨碍或否认妇女不论已婚未婚在男女平等的基础上认识、享有或行使在政治、经济、社会、文化、公民或任何其他方面的人权和基本自由。

概而言之，国际社会各个国家和地区都存在着各自的社会问题。由于地域与文化等多方面的差异，造成的社会问题在内容和形式上也存在较大不同。即使是同一类的社会问题，在具体构成上也存在较大差异。与此同时，伴随着世界经济一体化和贸易自由化，也同时产生了一系列国际社会问题，如环境污染与生态平衡的破坏等。这就提醒我们，要加强国际间的合作，增进世界互助，努力消除和解决区域性的和全球性的社会问题。

复习思考题

1. 简述社会问题的概念与特征。
2. 分析社会解体理论的价值。
3. 简述对社会问题分析的流程。
4. 结合实际分析环境问题生成的原因和全球治理的对策。
5. 结合实际社会歧视问题分析怎样消除社会歧视现象。

第四章 公益创业的战略分析与项目选择

第一节 战略分析方法与流程

战略分析对于任何一家企业都很重要,它制约着企业发展的高度。一般来说,战略分析包括确定企业的使命和目标、了解企业所处的环境变化、了解企业的资源和战略能力、把握利益相关者的利益期望等一系列策略和信息。

一、公益创业的战略分析方法

(一)战略分析的含义

所谓战略分析,是指一个组织通过对其所处的内外环境进行扫描、综合分析和评估,以识别该组织对于其竞争对手所具有的优势、劣势及所面对的外部机会和威胁的过程。公益创业的战略分析则主要是指对较长战略时期的内外环境进行综合调查、分析,确定这些环境因素对组织战略过程的影响,从而为战略管理过程提供指导的一系列活动,主要包括组织的外部环境分析和内部环境分析。

《孙子兵法·谋攻篇》中讲道:"知己知彼,百战不殆;不知彼而知己,一胜一负;不知彼不知己,每战必殆。"由此可知,战略分析对于一个企业的意义十分重大。一个企业只有清楚了自身的优势与劣势,并能深刻了解所处的外部环境,才能做到未雨绸缪,才能维持企业长远的发展。

进行内外部环境分析的目的,是使组织在制定和实施战略管理措施时能够更好地了解哪些因素会对组织未来的活动产生影响,认清这些影响因素的不同性质。在此基础上,组织应该在哪些方面做出积极应对,从而高瞻远瞩地把握组织的发展方向,确保其战略管理活动的相对稳定性和持续性。

(二)战略分析的内容

1. 外部环境分析

外部环境分析的重点是识别和评价超出企业控制能力的外部发展趋势与事件。成功的战略必须将主要的资源用于利用最有决定性的机会。通过外部环境分析,企业可以很好地明确自身面临的机会与威胁,从而决定企业能够选择做什么。对外部环境的未来变化做出正确的预见,是战略能够获得成功的前提。对于外部环境因素的分析通常包括三个方面的内容。

第一,宏观环境分析。企业要进行生产经营和项目投资,就必须摸清自己和自己的经营项目所处的宏观环境。如果没有良好的宏观环境,企业的投资将会陷入不可预知的种种困境。可以说,宏观环境分析是企业制定发展战略的基础。一般来说,企业的宏观环境分析主要包括政治、经济、社会、科技、人口等因素。

(1)政策法律环境。政策环境是企业外部环境分析的首要要素。法律是政府用来管理企业运营的一种手段,其作用是双重的。一方面,它们对企业的行为有着种种的限制;另一方面,它们也保护着企业的合理竞争与正当权益。因此,政策环境是企业投资时必须考虑的一个重要因素。此外,政府制定的各种法令、政策,以及其他一些旨在保护消费者、保护环境、调整产业结构、引导投资方向等的措施,也会对各行各业产生影响。

(2)经济环境。对于现代企业来说,经济环境的覆盖面非常广泛,它对企业运营的影响通常要比其他方面的环境因素更加有力。属于此项的因素主要有国民经济状况、利息率、通货膨胀率、汇率等。具体来说,国家宏观经济政策、国民经济发展趋势、居民收入水平、银行信贷的方便程度、财政税收政策等众多经济方面的因素会影响公益企业,公益企业必须了解这些经济因素的经济特征和发展方向。

(3)人口环境。随着高科技和信息技术的发展,现代企业越来越关注人力资源因素。人力资源战略是科学地分析、预测组织在未来环境变化中人力资源的供给与需求状况，制定必要的人力资源获取、利用、保持和开发策略，确保组织在需要的时间和需要的岗位上，满足人力资源在数量上和质量上的需求，使组织和个人获得不断的发展与利益，是企业发展战略的重要组成部分。另外，公益企业作为服务性的行业，其主要服务的对象也是人。企业可以通过对人口分布现状的分析和未来流动趋势的预测，不断调整其自身服务的对象和经营策略。

（4）科技环境。对于现代企业来说，科技因素对其投资的影响是双重的：一方面，它可能给某些企业带来机遇。例如，计算机、遥控机装置、激光发射器、人造卫星通信网络、纤维光学，以及其他有关领域的技术进步，对于许多企业就是发展的良机。另一方面，科技因素会导致社会需求结构发生变化（如从自来水笔到圆珠笔、螺旋桨式飞机到喷气式飞机、电动打字机到电脑打字等），从而给某些企业甚至整个行业带来威胁。对于公益企业而言，任何一项社会服务活动都离不开科技的支撑。深入把握影响公益企业活动的相关科学技术因素，不仅仅会给企业更有力的武装，更可以使公益企业、公益服务的生命力更加旺盛。

（5）社会文化环境。人类在某种社会中生活，久而久之必然会形成某种特定的文化，包括一定的态度和看法、价值观念、道德规范及世代相传的风俗习惯，等等。社会文化也在不同的层面上以不同的方式制约着企业的经营活动。所有历史性的、具有传统继承意义的有形或无形的东西都可以称为文化，每一个人都生活在一定的文化氛围之中，而且都在传承着一定的文化。作为企业，对于社会文化因素（包括人们的生活方式、价值观念、风俗习惯、购买行为、闲暇时间分配、社会阶层的差异、相关群体的特征、道德伦理标准、语言文化、传统文化艺术、现代与西方文化艺术、宗教信仰及地域差异，等等）必须予以密切关注。社会文化环境是影响人们欲望和行为的最重要因素，不同的国家、不同的民族，由于其文化背景不同，因而有着不同的风俗习惯和不同的风格。由于公益企业本身具有的社会服务性，社会文化因素对制订企业战略管理影响较大。因此，企业在制订其战略规划时，必须考虑到其目标群体所处的社会文化和亚文化环境，对症下药，才能实现其目标使命。

第二，微观环境分析。与公益企业有着直接关系的微观环境因素，主要包括公益企业的顾客、内部职员、所在社区、各方利益代表、政府与自然环境等。无论是宏观因素还是微观因素，都不是单一一个组织所能左右的。因此，这对组织的战略设计者是一个严峻的挑战。外部宏观因素必然影响组织长期战略的选择、确定和实施，而微观因素又与组织的近期利益息息相关。现代企业只有对所要涉足的投资领域进行充分的行业分析，才能"知己知彼"，使企业立于不败之地。

第三，竞争对手分析。通常来说，行业竞争因素主要有行业当前的竞争状况、新进入者的威胁、来自替代品的压力和行业容量（或生产能力）等。一个完备的企业战略，必须建立在认真分析竞争对手的基础上，要对竞争对手进行全面的分析。当把竞争对手作为一个战略环境因素对待时，主要分析其对企业在市场份额、财务状况、管理水平、产品质量、员工素质、用户信誉等多方面构成的影响。其中，又以财务状况和产品质量等方面的影响为大，因为这两方面对企业竞争力产生的影响是相对较大的。如果最后评定的综合实力与主要对手接近，则宜于寻找新的增长点，如开发新产品、开拓新市场等，否则难以发挥自身在竞争中的优势。公益企业虽然不以赚取利润为目的，但一个企业要在市场上立足，就必须获取市场份额。因此，公益企业也存在以服务为主的竞争。服务是难以量化衡量的因素，主要是提供服务的工作人员素质的体现。注意搜集和评价竞争对手的信息是形成战略并取得成功的基本条件。

2. 内部环境分析

企业内部环境是指有利于保证企业正常运行并实现企业利润目标的内部条件与内部氛围的总和，它是由企业精神、企业物质基础、企业组织结构、企业文化等构成。四者相互联系、相互影响、相互作用，形成一个有机的整体。内部环境分析是公益企业的战略设计者对自己企业的长处和缺陷进行分析。如果说全面了解外部环境比较困难，那么至少公益企业应当有能力了解和控制自身的内部环境。内部环境分析也就是对企业的资源状况、管理模式和能力水平等进行优势和劣势的评估，并做出定性和定量的分析。对公益企业内部环境的分析，既要注意对有形资源的分析，如资产的审计和评估，又要注意对无形资源的分析，如对管理水平、服务质量、企业名望的评估；既要注意对内部资源的现状进行分析，又要注意对内部资源的利用和开发潜力进行分析；既要注意对内部资源的重新配置潜力进行分析，又要注意对内部资源与外部环境（不为企业所拥有的资源）的重新联合潜力进行分析。重点分析的因素是内部管理、市场管理、财务分析和无形资产管理。

第一，内部管理分析。日常内部管理的计划涉及人、财、物三方面，即人员安排、资金安排和物资调配。只有各部门科学分工、协调发展，才能创造良好的企业内部环境，为公益企业战略管理规划的实现打下良好的基础。内部管理具体包括计划、组织、激励、任用和控制五个职能领域，内部管理分析亦应从这几个方面展开。

（1）计划。计划是企业从发展过程中对目标、实现目标的途径以及时间的选择和规定。计划集中于未来，是企业从现状向未来发展的桥梁。一个企业的计划能力如何，在很大程度上也决定了其能否有效地实施企业战略管理。因为计划不仅是制定有效战略的基础，而且是成功实施和评价企业战略的根本。企业计划工作的有效性取决于计划工作是否是自上而下地进行，取决于是否按照正式的计划程序进行，取决于能否通过计划工作获得"协同作用"的效果，还取决于能否了解环境变化并进行积极反应。

（2）组织。组织是在实现企业目标过程中有秩序和协调地使用企业的各种资源。组织的目的在于通过对企业各种活动和各种职位按照某种合理的结构加以安排，以提高企业的有效性和效率。组织工作的有效性在于企业是否合理地把计划中的各种活动和任务分配到每一个岗位，按照岗位的相似性将各个岗位组合成若干个部门，同时把完成任务所需的职权和责任分配到各个岗位。只有明确了每一岗位的工作任务、工作要求和岗位之间的分工与合作关系，企业战略的实施才有了保障，企业战略的评价才有了依据。组织工作的有效性不仅要求尊重一般的组织原则，而且要从企业的实际情况出发，处理好分工与协作、管理跨度的宽与窄、集权与分权等之间的关系。

（3）激励。激励是影响职工按企业要求去工作的过程。管理的激励职能包括领导、团体动力学、信息沟通和组织改变四个方面。企业的领导水平关系到企业职工是否被有效地激励起来，关系到企业各方面利益关系的协调。企业内部的非正式团体的行为规范对企业战略的实施有积极和消极的作用，企业管理者在战略实施过程中可以利用和管理这些团体以达到企业的目标。企业战略管理的成功与否和企业内部信息沟通的状况有十分密切的关系，在企业职工对企业战略的理解和支持下,战略制定、实施和评价工作可以更好地进行。企业战略是适应变化产生的,企业战略的实施又必然给企业带来巨大的改变,企业职工对组织改变的态度和适应能力可能成为企业的优势或弱点。

(4)任用。任用作为一种管理职能,有时又称为人力资源管理或人事管理,主要涉及职工的招聘、任用、培训、调配、评价、奖罚和其他人事管理工作。企业职工的素质常常关系到企业战略管理的成败。

(5)控制。控制职能包括旨在使计划与实际活动相一致的活动。企业管理者评价企业的活动,并采取必要的纠正活动可以保障企业计划和目标的有效实现,减少可能出现的偏差给企业造成的损失。企业控制职能的有效性对于有效的战略评价和控制具有十分重要的意义。

第二,市场管理分析。市场管理分析可以描述为一个预测、创造和满足社会各阶层需求的全过程,根据企业的服务能力,制订可行的服务计划。在公益企业发展过程中,将会遇到很多机遇,如重大历史事件、突发灾难等。作为企业的领导者,应当具备较高的敏感度,并理性地分析这些机遇可能带给企业什么。企业的市场营销能力分析主要从企业的市场定位和营销组合两方面来分析。

(1)市场定位。市场定位是企业高层管理者在制定新的战略之前必须要回答的"谁是我们的顾客"这一问题。企业要为自己的产品和服务确定一个目标市场,从产品、地理位置、顾客类型、市场等方面来规定和表述。企业市场定位明确合理,可以使企业集中资源在目标市场上创造"位置优势",从而在竞争中获得优势地位。企业市场定位的准确性取决于企业市场研究和调查的能力、评价和确定目标市场的能力、占据和保持市场位置的能力。

(2)市场营销组合。市场营销组合是指可以用于影响市场需求和取得竞争优势的各种营销手段的组合,主要包括产品、价格、分销和促销等变量。有效地使用营销组合要求设计适应目标市场需要的营销组合,还要求根据产品生命周期的变化及时调整营销组合。

第三,财务分析。不同于营利性企业的追逐高额利润,公益企业的目标是为了实现其使命,所以其财务管理的首要目标应是企业的稳定和长期发展,借此才能实现企业的使命并履行其对社会和受益人的责任。公益企业的财务分析可以帮助企业的管理者和公众更好地了解企业的财务计划、活动和状况。公益企业的财务管理必须透明。财务分析可以帮助战略规划者制订更好地管理和利用财务资源的方案。一般来讲，企业的财务分析可以从企业财务管理的水平分析和企业的财务状况分析两方面进行。

（1）企业的财务管理分析。企业的财务管理分析就是看企业财务管理人员如何管理企业资金，是否根据企业的战略要求决定资金筹措方法和资金的分配，监视资金运作和决定利润的分配。企业的财务决策主要有三种：筹资决策，决定企业最佳的筹资组合或资本结构，企业财务管理者应根据企业目标战略和政策的要求，按时按量从企业内外以合适的方式筹集到所需的资金；投资决策，企业财务管理者运用资本预算技术，根据新增销售、新增利润、投资回收期、投资收益率、达到盈亏平衡时间等将资金在各种产品、各个部门和新项目之间进行分配；股利分配决策，涉及分红和利润留成的比例问题。

（2）企业财务状况分析。企业财务状况分析是判断企业实力和对投资者吸引力的最好办法。企业的清偿能力、债务资本的比率、流动资本、利润率、资产利用率、现金产出、股票的市场表现等可能排除许多原本可行的战略选择，企业财务状况的恶化也会导致战略实施的中止和现有企业战略的改变。分析企业财务状况的常用方法是财务比率的趋势分析，财务比率可分成清偿比率、债务与资产比率、活动比率、利润比率和增长比率五大类。当然，财务比率因计算的依据为企业会计报表提供的数据和通货膨胀、行业经营周期和季节性因素等在解释分析能力方面存在一定的局限性，但仍然不失为分析企业内部长处和弱点的有效工具。

第四，无形资产管理分析。在战略背景下，无形资产表现出的价值，可能帮助企业成功，主要表现为品牌价值。公益企业的战略能力、战略信息及企业文化是其重要的无形资产，为它们"与战略的协调和整合提供了有力的框架"。对于公益企业而言，尤其应当注重企业文化建设。企业文化是由企业成员所共同分享和代代相传的各种信念、期望、价值观念的集合。企业文化为员工提供了一种认同感，激励职工为集体利益工作，增强了企业作为一个社会系统的稳定性，可以作为职工理解企业活动的框架和行为的指导原则。企业文化规定了企业成员的行为规范，对于企业战略的实施具有十分重要的影响。

总之，只有对企业内部因素进行严谨的分析，才能对企业在管理、市场营销、财务、生产、研究与开发等各方面的长处与短处加以准确概括和评价，才能为制定有效的企业战略提供必要的信息基础。

（三）战略分析的方法

分析企业的战略环境是战略管理过程的第一个环节，也是制定战略的基础和开端。战略是根据环境制定的，是为了使企业发展目标与环境变化和企业能力实现动态平衡。进行企业战略环境分析的常用方法有 PEST 分析、波特五力模型、行业生命周期分析、S-C-P 模型、行业内战略群分析、价值链分析、SWOT 分析等，这里不再赘述。以下仅对几种常用的企业战略分析方法加以介绍。

1. 关键成功因素分析法

关键成功因素法是信息系统开发规划方法之一，由哈佛大学教授 William Zani 于 1970 年提出。目前，关键成功因素已成为探讨产业特性与企业战略之间关系的常用概念。关键成功因素（key success factors，KSF）是指那些对竞争地位和经营业绩产生重要影响，对企业成功起关键作用的因素。对于关键成功因素，必须加强控制才能确保成功，任何疏忽都会导致失败。关键成功因素法是以关键因素为依据确定系统信息需求的一种 MIS 总体规划方法。在现行系统中，总存在着多个变量影响系统目标的实现，其中若干个因素是关键的和主要的（即成功变量）。通过对关键成功因素的识别，找出实现目标所需的关键信息集合，从而确定系统开发的优先次序。通俗地讲，关键成功因素法就是通过分析找出使得企业成功的关键因素，然后再围绕这些关键因素来确定系统的需求并进行规划。

关键成功因素的重要性置于企业其他所有目标、策略和目的之上，寻求管理决策阶层所需的信息层级，并指出管理者应特别注意的范围。若能掌握少数几项重要因素（一般关键成功因素有 5~9 个），便能确保相当的竞争力，它是一组能力的组合。如果企业想要持续成长，就必须对这些少数的关键领域加以管理，否则将无法达到预期的目标。即便是同一个产业中的个别企业也会存在不同的关键成功因素，关键成功因素有 4 个主要的来源。

（1）个别产业的结构。不同产业因产业本身特质及结构不同，而有不同的关键成功因素，此因素决定于产业本身的经营特性，该产业内的每一公司都必须注意这些因素。

（2）竞争策略、产业中的地位及地理位置。企业的产业地位是由过去的历史与现在的竞争策略所决定，在产业中每一公司因其竞争地位的不同，关键成功因素也会有所不同，对于由一家或两家大公司主导的产业而言，领导厂商的行动常为产业内小公司带来重大的问题，所以对小公司而言，大公司竞争者的策略可能就是其生存的竞争的关键成功因素。

（3）环境因素。企业外在因素（总体环境）的变动，都会成为影响每个企业发展的关键成功因素。如在市场需求波动大时，存货控制可能就会被高阶主管视为关键成功因素之一。

（4）暂时因素。大部分是由组织内因特殊的理由产生的，这些因素会在某一特定时期对组织的成功产生重大影响。

由此可见，即便是处于同一产业内的企业，其关键成功因素也会有所不同。在公益企业的战略管理中，主要采用以下8种方法识别、确认关键成功因素。

（1）环境分析法（Environment Analysis）。其对象包括将要影响或正在影响产业或企业绩效的政治、经济、社会等外在环境的力量。换句话说，企业要重视外在环境的未来变化，它们有时候比企业或产业的总体变化还显得重要。

（2）产业结构分析法。应用波特所提出的产业结构五力分析架构，作为此项分析的基础。此架构由五个要素构成。每一个要素和要素间关系的评估可提供给分析者客观的数据，以确认及检验产业的关键成功因素。产业结构分析的另一个优点是此架构提供一个很完整的分类，另一项优点就是以图形的方式找出产业结构要素及其间的主要关系。

（3）产业—企业专家法。向产业专家、企业专家或具有知识与经验的专家请教，除可获得专家累积的智慧外，还可获得客观数据中无法获得的信息，唯因缺乏客观的数据导致实证或验证上的困难。

（4）竞争分析法（Competitive Analysis）。分析企业在产业中应该如何竞争，以了解公司面临的竞争环境和态势，研究焦点的集中可以提供更详细的

第四章 公益创业的战略分析与项目选择

资料,且深度的分析能够有更好的验证性,但其发展受到特定的限制。

(5)产业领导厂商分析法。采用产业领导厂商的行为模式,可当作产业关键成功因素重要的信息来源。因此对于领导厂商进行分析,有助于确认关键成功因素,唯对于其成功的解释仍会受到限制。

(6)企业本体分析法。此项技术乃针对特定企业,对某些构面进行分析,如优劣势评、资源组合、优势稽核及策略能力评估等。由于透过各功能的扫描,确实有助于关键成功因素的发展,但实在耗费时间而且数据可能相当有限。

(7)突发因素分析法。此项技术亦是针对特定企业,透过对企业相当熟悉的专家协助。虽然较主观,却常能揭露一些其他传统客观技术无法察觉到的关键成功因素,且不受别的功能限制,甚至可以获得一些短期的关键成功因素,问题的关键是难以验证这些短期的关键成功因素。

(8)市场策略对获利影响分析法(PIMS Results)。针对特定企业,以PIMS(Profit Impact of Market Strategy)研究报告的结果进行分析。此技术的主要优点为其实验性基础,而缺点在于"一般性的本质",即无法指出这些数据是否可直接应用于某一公司或某一产业,也无法得知这些因素的相对重要性。

通常而言,一个完整的关键成功因素分析方法主要有5个步骤。

(1)企业定位。确定企业或管理信息系统(MIS)的战略目标。

(2)识别关键成功因素。主要是分析影响战略目标的各种因素和影响这些因素的子因素。

(3)收集 KSF 情报。不同行业的关键成功因素各不相同。即使是同一个行业的组织,由于各自所处的外部环境的差异和内部条件的不同,其关键成功因素也不尽相同。

(4)比较评估 KSF。明确各关键成功因素的性能指标和评估标准。

(5)制订行动计划。

关键成功因素法的优点是能够使所开发的系统具有很强的针对性,能够较快地取得收益。应用关键成功因素法需要注意的是,当关键成功因素解决后,又会出现新的关键成功因素,就必须再重新开发系统。

2. SWOT 分析法

SWOT 分析法常常被用于制定企业发展战略和分析竞争对手情况，在战略分析中，它是最常用的方法之一。所谓 SWOT 分析，即基于内外部竞争环境和竞争条件下的态势分析，就是将与研究对象密切相关的各种主要内部优势（strengths）、劣势（weaknesses）、外部的机会（opportunities）和威胁（threats）等，通过调查列举出来，并依照矩阵形式排列，然后用系统分析的方法，把各种因素相互匹配起来加以分析，从中得出一系列相应的结论，而结论通常带有一定的决策性。SWOT 分析矩阵见表 4-1。

表 4-1　SWOT 分析矩阵图

	潜在外部机会（O）	潜在外部威胁（T）
外部环境	纵向一体化、市场增长程度、在同行业中竞争业绩优良、扩展生产线，满足用户需求等。	竞争压力增加、新竞争者加入、市场增长较慢、顾客的需求和爱好正逐步转变、不利的政府政策等。
	潜在内部优势（S）	潜在内部劣势（W）
内部环境	产权技术、成本优势、竞争优势特殊能力、产品创新、具有规模经济、良好的财务资源、高素质的管理人员、公认的行业领先者、被服务者的良好印象、适应能力强的经营战略等。	竞争劣势、设备老化、战略方向不明、竞争地位恶化、产品线范围太窄、技术开发滞后、管理不善、资金拮据、相对于竞争对手的高成本等。

（1）机会与威胁分析（OT）。随着经济、社会、科技等诸多方面的迅速发展，特别是全球信息网络的建立和消费需求的多样化，公益企业所处的环境更为开放和动荡。因此，环境分析成为一种日益重要的企业职能。

环境发展趋势分为两大类：一类表示环境威胁；另一类表示环境机会。环境威胁指的是环境中一种不利的发展趋势或因素形成的挑战，如果不采取果断的战略行为，这种不利趋势或因素将导致企业竞争地位受到削弱。环境机会是对企业行为富有吸引力的领域，在这一领域中，企业将拥有广阔的发展空间和竞争优势。

（2）优势与劣势分析（SW）。每个企业都要定期检查自己的优势和劣势。

当两个企业处在同一市场或者说它们都有能力向同一顾客群体提供服务时，如果其中一个企业有更高的营利潜力，那么我们就认为该企业比另外一个企业更具有竞争优势。由于企业是一个整体，并且由于竞争优势来源的广泛性，所以在做优劣势分析时，必须从整个价值链的每个环节上将企业与竞争对手做详细对比。如果一个企业在某一方面或者几个方面的优势正是该企业具备的关键成功要素，那么该企业的综合竞争优势也许就强一些。

公益企业在维持竞争优势过程中，必须深刻认识自身的资源和能力，采取适当的措施。一般来说，企业经过一段时间努力建立起某种竞争优势，然后就处于维持这种竞争优势态势，随后竞争对手开始逐渐做出反应，如果竞争对手直接进攻企业的优势所在，或采取其他更为有力的策略，就会使企业的优势受到威胁。

SWOT分析法常常被用于制定集团发展战略和分析竞争对手情况，其具体步骤包括以下几个环节。

（1）确认当前的战略是什么。

（2）确认企业的外部环境的变化。

（3）根据企业资源组合情况确认企业的关键能力和关键限制。

（4）按照通用矩阵或类似方式打分评价，把识别出的所有优势分成两组，划分时以两个原则为基础：是与行业中潜在机会有关，还是与潜在的威胁有关。用同样办法把所有的劣势分成两组：一组与机会有关；另一组与威胁有关。

（5）将结果在SWOT分析图上定位，或用SWOT分析表将所分析的优势与劣势按机会和威胁分别填入表中。

（6）进行战略分析及选择。

3. PEST 分析法

PEST 分析法是战略外部环境分析的基本工具，它通过政治的（Politics）、经济的（Economic）、社会的（Society）和技术的（Technology）角度或四个方面的因素分析从总体上把握宏观环境，并评价这些因素对公益企业战略目标和战略制定的影响。

（1）政治要素。政治要素是指对企业开展活动具有实际与潜在影响的政治力量和有关的法律、法规等因素。当政治制度与体制、政府对组织所经营业务的态度发生变化时,当政府发布了对企业经营具有约束力的法律、法规时,企业的经营战略必须随之做出调整。法律环境主要包括政府制定的对企业经营具有约束力的法律、法规,如反不正当竞争法、环境保护法等,政治、法律环境实际上是和经济环境密不可分的一组因素。

企业必须仔细研究与商业有关的政策和思路,如研究国家取消某些管制的趋势,同时了解与企业相关的一些规则、知识产权法规、劳动保护和社会保障等。这些相关的法律和政策能够影响到各个行业的运作和利润。具体的影响因素主要有:①企业和政府之间的关系;②环境保护法;③外交状况;④产业政策;⑤专利法;⑥政府财政支出;⑦政府换届;⑧政府预算;⑨政府其他法规。

(2)经济要素。经济要素是指一个国家的经济制度、经济结构、产业布局、资源状况、经济发展水平及未来的经济走势等。构成经济环境的关键要素包括GDP的变化发展趋势、利率水平、通货膨胀程度及趋势、失业率、居民可支配收入水平、汇率水平、能源供给成本、市场机制的完善程度、市场需求状况,等等。由于企业是处于宏观大环境中的微观个体,经济环境决定和影响其自身战略的制定,经济全球化还带来了国家之间经济上的相互依赖性,企业在各种战略的决策过程中还需要关注、搜索、监测、预测和评估本国以外其他国家的经济状况。

(3)社会要素。社会要素是指组织所在社会中成员的民族特征、文化传统、价值观念、宗教信仰、教育水平及风俗习惯等因素。构成社会环境的要素包括人口规模、年龄结构、种族结构、收入分布、消费结构和水平、人口流动性等。其中人口规模直接影响着一个国家或地区市场的容量,年龄结构则决定消费品的种类及推广方式。

每一个社会都有其核心价值观,它们常常具有高度的持续性,这些价值观和文化传统是历史的沉淀,是通过家庭繁衍和社会教育而传播延续的,因此具有相当大的稳定性。而一些次价值观是比较容易改变的。每一种文化都是由许多亚文化组成的,它们由共同语言、共同价值观念体系及共同生活经验或生活环境的群体所构成,不同的群体有不同的社会态度、爱好和行为,从而表现出不同的市场需求和不同的消费行为。

自然环境是指企业业务涉及地区市场的地理、气候、资源、生态等环境。

不同的地区企业由于其所处自然环境的不同，对于企业战略会有一定程度的影响。我国是一个幅员辽阔的国家，这种影响尤其明显。

（4）技术要素。技术要素不仅仅包括那些引起革命性变化的发明，还包括与企业生产有关的新技术、新工艺、新材料的出现和发展趋势及其应用前景。

二、公益企业的战略分析流程

战略分析是一个前后连贯的过程。它具有整体性、系统性等特点，每一个公益企业在进行战略分析时都应该遵循一定的优先次序，才能正确认识到企业所处的内外部环境，提高战略分析的效率并制定合理适当的发展战略。

企业在进行战略分析时，首先要确定分析内容和信息来源，广泛搜集信息；其次是在信息搜集的基础上对组织发展内外部环境进行分析和预测，确定可用于决策的高质量信息，确定企业面临的重要问题和企业要解决的最关键问题；最后撰写战略分析报告用于制订战略方案。

（一）进行企业诊断，搜集相关信息

在进行企业诊断阶段，战略分析的主要项目包括：受益者的需求与满意度、项目绩效、管理层工作效率、财务系统、工作气氛与士气、权责分工、人事制度与工资福利、专业化程度、信息管理等。分析的重点在于先将企业各个层面的状况做出事实描述，然后再根据企业的现状指出哪些功能是健全的，哪些功能是有缺陷的。在信息搜集与分析时一般采用的方法有文献法、问卷调查法、非参与式观察、分别访谈、座谈会、数据分析整理等。

1. 文献法

文献法是一种既古老又富有生命力的科学研究方法。无论哪一种社会活动想要留下永久的痕迹都离不开各种文献。人类活动与认识的无限性和个体生命与认识的有限性的矛盾，决定了我们在研究逝去的事实时必须借助于各类文献档案。千百年来，丰富的文献资料积累了无数有关的事实、数据、理论、方法，以及科学假设和构想，成为人类宝贵的精神财富。文献法就是搜集和分析研究与企业发展相关的各种现存的有关文献资料，从中选取信息，以达到某种调查研究的目的。该方法所要解决的是如何在文献群中选取适用企业诊断相关的资料，并对这些能客观反映企业状况的资料做出恰当分析和使用。

2. 问卷调查法

问卷调查法也称为书面调查法，是一种用书面形式间接搜集研究企业战略信息的一种调查手段。通过向调查者发出简明扼要的征询单（表），请求被调查者填写对有关问题的意见和建议来间接获得有关企业材料和战略信息的一种方法。在结构上，问卷一般由卷首语、问题与回答方式、编码和其他资料四个部分组成。有关企业战略信息的问卷设计应注重如下原则。

（1）有明确的主题。根据主题，从实际出发拟题，问题目的明确，重点突出，没有可有可无的问题。

（2）结构合理、逻辑性强。问题的排列应有一定的逻辑顺序，符合应答者的思维程序。一般是先易后难、先简后繁、先具体后抽象。

（3）通俗易懂。问卷应使应答者一目了然，并愿意如实回答。问卷中语气要亲切，符合应答者的理解能力和认识能力，避免使用专业术语。对敏感性问题采取一定的技巧调查，使问卷具有合理性和可答性，避免主观性和暗示性，以免答案失真。

（4）控制问卷的长度。回答问卷的时间控制在20分钟左右，问卷中既不浪费一个问句，也不遗漏一个问句。

（5）便于资料的校验、整理和统计。

问卷调查的优点是可以比较精确地了解受访者对企业相关信息的真实态度，使问卷中涉及的问题能够按序问答，资料完整性高，易于量化。问卷调查的缺点是访问时间长，成本较高，对于分布范围广的样本不易实施。

3. 观察法

观察法是指企业战略调研、诊断者根据一定的分工和研究目的，拟订出提纲或观察表，利用自己的感官和辅助工具去直接观察企业发展的方方面面，从而获得企业战略资料的一种方法。俗话说，"眼见为实"。观察法这种信息搜集方式具有目的性、计划性、系统性和可重复性的特征。一般而言，常见的观察方法有核对清单法、级别量表法、记叙性描述，等等。当然，如何保障观察的客观性是一个关键问题。观察的过程一般是利用眼睛、耳朵等感觉器官去感知观察对象，即企业发展的各个环节。由于人的感觉器官具有一定的局限性，观察者也往往要借助各种现代化的仪器和手段来辅助观察。

4. 访谈法

访谈法就是以口头形式与被询问者进行沟通和交流，并根据被询问者的答复搜集材料和信息，以准确地了解和说明调查对象相关信息的一种方法。访谈法搜集信息资料是通过研究者与被调查对象面对面直接交谈的方式实现的，具有较好的灵活性和适应性，尤其是在研究企业战略问题时，需要向企业内部不同类型的人员了解不同类型的材料。访谈调查法广泛适用于企业管理的诸多领域，既有事实的调查，也有意见的征询，特别适用于企业管理中的个性化问题的研究。

访谈法种类很多。访谈有正式的，也有非正式的；有逐一采访询问，即个别访谈，也可以开小型座谈会，进行团体访谈。在访谈过程中，尽管谈话者和听话者的角色经常在交换，但归根到底访员是听话者，受访人是谈话者。访谈以一人对一人为主，但也可以在集体中进行。访谈法可分为结构型访谈和非结构型访谈，前者的特点是按定向的标准程序进行，通常是采用问卷或调查表；后者是指没有定向标准化程序的自由交谈。

（二）对企业的内外部环境进行分析

在进行企业的环境分析时，战略分析的相关人员需要把分析焦点放在企业的外部环境上，是对企业所处的外部环境做动态分析，意在把握各种主要外部因素的变化趋势，使企业能够顺应环境的变化并经常处于有利的地位以实现企业的目标。

此阶段分析的主要项目包括主要受益人群、活动的专业领域、竞争者与合作者、政治、经济、社会、法规政策、科技、文化等因素的现状及其变化趋势。通常获得相关信息的方式是文献检索和研究、参加座谈会或研讨会、上网查询、搜集信息、向专家咨询和召开形势分析会，还可运用SWOT法进行分析等。

（三）撰写战略分析报告

战略分析报告是把前两个阶段以各种形式分析得出的结论整理成文。分析报告要求具有针对性和整体性,有利于提高战略制定和战略管理的效率。就战略分析报告正文部分而言,应当包括以下主要内容。

(1) 组织概况。重点介绍组织的发展历史、现行组织结构框架、组织的法人治理结构、经营业务构成、主要发展指标分析。

(2) 环境分析。着重从宏观(PEST)、中观(行业分析)、微观(产品市场竞争力分析) 3 个层次的环境来加以研究,运用 SWOT 分析法旨在发现机会与威胁为战略制定和战略实施提供客观依据。尤其要突出顾客需求及其变化趋势的分析、行业特点与发展趋势、本企业所具有的优势与劣势等方面的准确分析和判断。

(3) 组织战略指导思想与目标定位。在与企业高层充分沟通意见的基础上,了解他们对本组织愿景、使命、战略指导思想的初步看法。由于愿景、使命、指导思想直接关系到组织具体战略的选择和设计,所以组织战略指导思想、战略依据、目标定位的内容需要经过反复讨论、广泛征求意见后凝练而成。尤其是组织发展体系的制定,既要有总体发展目标,也要有分事业部、分职能、分年度的具体目标。

(4) 组织战略方案选择。在一个规模较大的组织之内,撰写战略规划分析方案既要有组织总体发展战略,也要有组成机构的具体战略。在一个规模并不大的组织里,也要有发展战略的总体构想,并尽可能地按职能领域(如营销战略、生产战略、人力资源发展战略、研发战略、财务与筹资战略、国际化战略) 分别进行撰写。

(5) 组织战略的实施计划。在选择了战略类型以后,应当根据组织现实情况,从促进组织发展的角度,提出具有前瞻性的具体实施方案。该部分应当包括以下内容:体制与机制的创新、核心竞争力的培养方案、组织结构的调整和扩充计划、产业纵向整合的方案、产品结构的调整和拓展、投融资计划、人力资源开发计划、组织文化建设方案等。

(6) 保障措施。从提高组织战略规划可操作性的角度,组织发展战略的制定者还应当在分析报告中提供与组织发展战略落实相关的切实可行的保障性措施,以及其他应当引起组织管理层注意的事项。例如,广泛宣传发动的策略,注意引导、科学分解任务的路径,推进组织制度建设、实现和谐发展的对策等,从而最大程度保证本组织战略分析方案得到实现。

第四章 公益创业的战略分析与项目选择

链接：儿童互助基金会的成长

2006年，希尔达·沃尔和她的丈夫艾略特·斯皮策想要创造一种方法使得孩子们更多地融入纽约的社区中。他们感觉，年轻人身上越来越缺乏责任感和奉献精神。当与其他父母谈论这个问题时，他们发现很多父母都有同样的感触。不久之后，这些父母建立了儿童互助基金会（Children for Children Foundation）。这是一个非营利性组织，其使命是"促进青少年亲自参与志愿和奉献项目，该计划针对来自不同家庭背景的孩子，从他们很小的时候开始，就向其教育和灌输社区参与和公民参与的价值和意义，强调为服务水平较低的学校提供资源"。

儿童互助基金会的业务已经辐射到纽约成千上万的孩子和不同背景的家庭。在10年里，100多万的资金用来使超过120000个纽约的学生受益，并且从2009年到2014年，青少年志愿者工作小时数已从180个小时增加到了7394个小时。

儿童互助基金会如何与受益人建立联系？其接口的途径主要是通过各种项目得以建立。这些项目利用课余或校外时间进行。虽然他们关注服务贫穷的孩子和学校，但他们也会向其他群体提供服务，如残疾人。让孩子们参与这个项目中有很多种方法。孩子们可以在很多项目中挑选一个，或者也可以去基金会的网站，加入提供青少年志愿者的在线社区，在这里遍布纽约市的组织会发布项目机会的信息。

由儿童互助基金会投资的专门项目主要有："儿童行动委员会"（Children's Action Board）可以使孩子们在其他学校参与志愿活动；"成长装备项目"（Grow Involved Kit Making Program）鼓励孩子盆栽花卉，并把他们分派给疗养院那样的非营利组织。组织也把补助金分派给需要的学校和教育者。还有一些例子表明儿童互助基金会如何联系社区，并使志愿者和接受者都能从善举中受益。

当然，为了实现所有的这些目标，组织必须具备所需的战略资源。作为一个非营利性组织，儿童互助基金会依靠个人、基金会和其他企业的支持来为自己的工作提供资金帮助。政府没有给予资金上的补贴。除了财务上的支持以外，合作网络对于儿童互助基金会的成功也是必要的。董事会中有33名志愿者，顾问委员会中也有10名成员是志愿者。此外还有8名员工和3名"美国服务队——美国志愿者服务"的志愿者。儿童互助基金会拥有成千上万名志愿者和捐赠者，他们共同使这个组织的项目和使命得以成功实现。

思考：

请运用SWOT分析法分析儿童互助基金会所处的内外部环境的机会与威胁、优势与劣势。

试根据战略分析的相关理论制订一个提高组织的影响力和核心竞争力的战略方案。

第二节 项目创新与选择

创新是人类所特有的创造性劳动的体现，是人类社会进步的核心动力和源泉。创新也是人们在认识世界和改造世界的过程中对原有理论、观点的突破和对过去实践的超越。创新既是简单的，又是复杂的。创业项目的创新是一门科学更是一种艺术。创新意味着改变，意味着推陈出新；创新意味着付出，意味着对传统惯性的挑战；创新也意味着风险，意味着可能到来的挑战抑或失败。

一、项目创新的重要性

没有了创新，就意味着会逐渐落后，落后的结果就是跟不上时代的步伐，有可能逐渐被社会淘汰。因此，每一个组织都需要有创新思维和意识。

创新的价值表现在能够满足客观存在的需求，并能够有效解决工作生活中碰到的和即将碰到的问题。创新首先是一个观念上的更新，事物在不断发展变化，人的观念随着新的信息、理论和新事物的出现而不断更新，引领变革的思想和理论是最高层次的创新。由此可以说，创新是发展的原动力。

企业如果希望生存就必须能够适应环境并不断发展。企业在运营中认识到它们的竞争对手将必然带着改变竞争基础的产品来到市场。改变和适应的能力是生存必不可少的。当今，创新的观念已经被广泛接受，成为我们文化的一部分，以至于它几乎变成了陈词滥调。尽管这个术语现在已经进入我们的语言，但是，我们又在多大程度上理解了这个概念呢？

人人都知道创新的重要性，激烈的竞争、瞬息万变的市场和技术已经让人们对此深信不疑，但关键问题是，该如何进行创新呢？创新是每位高层管理者的职责，它始于有意识地寻找机遇。

社会创业者进行项目创新有利于提高组织自身的服务水平，使更多的人能从中获益，同时项目创新在帮助企业实现发展突破的同时，也从宏观的层面减少了社会资源的浪费。没有创新就缺乏竞争力，没有创新也就没有价值的提升。

二、项目创新的特征

对于项目创新，一般包括两个层面的含义。一是从无到有，二是新的排列组合。从无到有是指原来没有的东西，我们把它创造了出来；新的排列组合是指已有两个或多个事物，把它们通过一定的手段，组合在了一起，新的使用价值出现了。对于项目创新，其特点一般包括如下几个方面。

（一）项目创新具有鲜明的目的性

目的通常是指行为主体根据自身的需要，借助意识、观念的中介作用，预先设想的行为目标和追求的结果。作为一种观念形态，目的反映的是人与客观事物的实践关系。可以说，人的任何实践活动都是以目的为依据的，目的贯穿于人们实践活动过程的始终。任何创新活动都有一定的目的，这个特性贯彻于创新过程的始终。具体来说，创新对公益创业组织的目的是不断提升企业技术优势和管理优势，从而提高自己的企业竞争优势，以取得自身更大的发展，夯实和做大企业的基础，为公益事业的发展提供更厚重的资源和条件。

（二）项目创新具有风险性

创新有别于其他社会活动的最显著特点是其更具有一定的风险性。创新的原动力是内生的，由于外部环境的不确定性、技术创新项目本身的难度与复杂性、创新者自身能力与实力的有限性等因素的影响，而导致技术创新活动达不到预期目标的可能性。只要进行创新，就不可避免遇到风险。一般来讲，项目创新的风险有以下3种表现形式。

(1) 创新可能会带来意想不到的风险。其实,任何创新都是有代价的。例如,克隆是科学领域的创新,对我们的医学发展有积极的意义,它能使得器官移植供体匮乏带来的问题得以缓解;但与此同时,却也会带来伦理和道德的问题。这也是全世界对克隆技术过于发达后的担心。因此,创新需要合理、适度。过度、一味地追求创新会带来意想不到的风险与后果,甚至可能背离创新的初衷。

(2) 创新过程的动态变化使得风险变得愈加复杂。由于创新系统的外部因素和内部因素的变动,如经济、社会、技术、政策、市场等因素的经常变化,导致创新过程中的研究开发、市场调研、市场营销等方面的管理可能不及时、不到位,就可能导致风险的发生。特别是市场环境变化更为剧烈,竞争对手可能先挖掘了创新的机会,也会造成本企业的创新变得没有价值。例如,在一些高新技术的创新研发过程中,如果企业知识产权管理不得力,就可能使得自己的创新变成他人的"嫁衣"。

(3) 创新本身也蕴藏着盲目性。在项目创新过程中,会存在这样或那样的风险。例如,有可能把本来不是机会的错以为是机会,或者本来现在不是机会,但是错以为现在就有这样的机会,而且投入了巨大的资源,从而构成了导致创新失败。其实,人类的每一次进步都不可避免付出盲目的代价。项目创新的盲目性损害的可能是创业者自己,但是对于整个社会而言,一般具有借鉴参考和启发的价值。

(三) 项目创新具有综合性

创新是一种突破性的实践活动。它不是一般的简单的、重复性劳动,更不是对原有内容的简单修补,而是原有项目和产品的突破性发展、根本性的变革、综合性的创造。创新的综合性是由多方面因素构成的。项目创新表面上看是聚焦于某个公益项目,然而创造性思维是一个高级综合性的思维活动过程。这里提到的"创造活动"是广义的内涵,这个过程应当包括给出新的概念,做出新的判断,提出新的假设、新的方法、新的理论,有新的发现,产生新的技术、新的产品等。实际上,任何"创造过程"都应从整体进行系统的设计,才能找到项目本身合理的位置。

对于公益企业来说,项目创新的运作也不是某一个部门的事情,而是所有相关部门优势互补、团结合作的结晶。项目创新是综合性的活动,需要各部门的通力合作，否则会大大影响创新的效率。在经济全球化和新科技革命的条件下，综合创新能力已成为一个企业综合竞争力的一项重要内容。本质上说，创新具有高度的综合性，是各种因素综合作用的过程。

（四）项目创新具有超前性和新颖性

创新是以敏锐的观察力、丰富的想象力、深刻的洞察力为导向，反映和发现事物发展变化的基本规律。因此说，创新是一种有规律的社会实践活动。创新以求新为灵魂，具有超前性。这种超前是从实际出发、实事求是的超前。创新是对现有的不合理事物的扬弃，革除过时的内容，确立新事物。因此，不具有新颖性和超前性就不能称为创新。

对于公益创业组织而言，就是要抓住创新机会，在项目创新过程中要掌握主动。先发优势出现，可能是因为企业拥有一些独一无二的资源或眼光，或者是因为某些机遇。人们常说，"先入为主"。在项目创新中先发企业可以抢先获取或建立诸如声誉、品牌、企业文化、技术资源及日积月累的知识和经验等无形资产，而且维持良性循环还能为企业的长期发展带来更大的竞争优势。

俗话说，阳光下总会有阴影。项目创新的目的是获得先发优势。但与此同时，也会带来与其对应的劣势，这就是一个事物的两个方面。虽然在某些情况下，先行者可以创建一个压倒性的优势，在某些情况下产品或服务率先出现在市场上并不一定会获得成功。这就需要创业者运筹帷幄，把握好创新过程的管理，化创新优势为经营优势，才能形成和实现创新效益。

"江山代有才人出，各领风骚数百年"。对于任何一个组织来讲，都希望自己能够长期执创新的"牛耳"，但这是不符合客观规律的。大浪淘沙，任何行业的主角都是在不断变换之中的。对于公益创业者而言，不能妄称自己是创新的滥觞而形成依赖甚至裹足不前，恰恰需要保持一种创新的思维。时刻关注社会和行业的发展特点，及时调整自己的管理策略和经营思路，我们就不会轻易掉队或被淘汰。

三、项目创新的常见模式

（一）线性模式

第二次世界大战之后，美国经济学家提出了科学和创新的"线性模式"

理论。在这个理论看来，创新过程中知识的流动很简单，创新的起因和来源是科学，是基础研究，从上游这端增加对科学的投入就将直接增加下游端创新的产出。实际上，技术推动型创新模式和市场拉动型创新模式都属于创新线性模式。过去很长时期里，这种简单的线性模式在人们对创新过程的认识中占据了主导地位。直到20世纪80年代，世界各地的管理学院才开始认真地对连续的线性过程提出挑战。人们对发达国家和东亚国家发展历史的研究表明，某个国家由公开发表论文的数量所体现出来的科研潜力与其创新能力之间并没有直接的联系。例如，日本和新兴工业化国家成功地实现现代化和工业化，与它们国内新创造的知识即在基础研究中的"创新"并无直接联系，从而证明创新的线性模式与实际创新过程不相符合。由于创新线性模式忽视了创新过程的开放性、创新各阶段之间的复杂联系及反馈等因素，后来它逐渐被更加全面的创新系统方法所取代。

认识到创新源于科学基础、技术开发和市场需求的相互作用是一个意义重大的进步。对这些活动的相互作用的解释形成了当今创新模式的基础。当然，关于究竟哪些活动影响创新，而且更重要的，哪些活动影响制约企业创新能力的内部流程存在许多争论和分歧。事实上，存在广泛的共识，即正是这些关键成分之间的联系产生了成功的创新。重要的是，难点在细节。根据欧洲人的观点，需要特别注意的地方是科学基础和技术开发之间的联系。

创新过程在传统上被当作一系列可分开的阶段或活动。对于创新线性模式的发展经历了两个基本的变化。第一个，也是最早最粗略的，当属"技术驱动型模式"。直到20世纪70年代关于创新的新研究才揭示在创新的过程中市场的作用也是有影响力的。这就引出了第二个线性模式，即"市场拉动"创新模式。

技术驱动模式：研究和开发—制造—用户—营销

市场拉动模式：研究和开发—用户—制造—营销

（二）耦合模式

耦合就是指两个或两个以上的实体相互依赖于对方的量度。其实，创新是由多因素相互影响和作用的，它们可能是技术、竞争刺激、客户需求、制造，还有可能是其他因素，单纯把创新归结于某一因素就偏离了问题的关键。

线性模式只能够提供关于创新的初始刺激在何处产生，也就是创意或需求的扳机在何处击发的一种解释。在耦合理论中，各子系统之间的耦合关系被认为是非常紧密的。然而在现实中，人们观察到的系统运行结果可能很难与预想结果完全契合，也很难赞同现存所谓的精确理论能够解释系统出现的各种现象。有鉴于此，松散耦合理论应运而生。

松散耦合理论并不像传统理论那样试图对现存系统的各种结果提供一个精确的解释，与此恰恰相反，它将重点放在了系统内部之间的相互作用上，能够很好地接纳并且分析系统在合理范围内的各种结果。森林湖学院（Lake Forest College）的心理学家 Glassman 借鉴控制论中耦合系统的观点，在 1973 年首次完整提出松散耦合理论的概念，并且进一步对耦合程度的概念进行深化。他根据耦合要素之间共享变量的个数提出了松散耦合理论（loosecoupling），指出随着耦合要素之间共享变量数目的减少，最终变量之间可以看作是相互独立的。在松散耦合结构下，一方面各耦合要素之间可以保持某种程度的耦合，另一方面各要素也可以保持较高的独立性。Weick（1976）继承了松散耦合的思想，以此来解释教育组织成员之间相互联系却又彼此保持独立的关系。他认为在系统中存在部分高度有序、能够很好预测的子系统，但是大部分子系统并不能依靠合理、有限的假设完全预测其未来的发展方向。同时，他指出松散耦合系统能够对外界环境的变化做出一定的反映，但又保持了主体部分的传承性，因而具有高度的敏感性、极强的适应性、变异性和生存能力。之后，Weick（1982）又提出，松散耦合系统中，耦合要素之间的影响关系是迅速的、偶然的、不明显的、间接的和持续性的。

因而，从创新要素之间相关关系的现有研究成果看，由于其内部作用机制的复杂性与难以预测性，至今传统理论对此仍不能很好地进行解释。自 1973 年 Glassman 提出松散耦合理论之后，耦合理论已经得到广泛应用。就创新耦合这一特定领域而言，不同的要素均属于创新系统的一部分，但各自又保持着一定的独立性。

（三）互动模式

互动模式进一步发展了"线性模式"理论，并把技术推动和市场拉动模式结合在一起。它强调，创新的出现是市场、科学基础和组织的能力互动的结果。正如耦合模式一样创新没有明显的起点。信息流的利用被用来解释创新如何发生，以及创新可能从许多点发生。

这个模式虽然还是过分简化，但它是一个更综合的创新过程的表述。它可以被当作一个逻辑的序列过程，这个过程不一定连续，而是可以被分割成一系列职能各异但相互作用和相互依赖的阶段。整个创新过程被认为是一个复杂的传输知识的沟通渠道的集合。这些渠道包括内部和外部联系。

项目创新互动模式的中心是组织的研发职能、设计职能、制造职能。虽然初期这个模式看起来像线性模式，但沟通的信息流却不一定是线性的，多了反馈的渠道，而且，与科学基础和市场的联系出现在所有职能之间。在该模式中，创意的产生依赖于三个基本成分的投入：组织能力、市场需求、科学和技术基础。

四、选择创业项目的原则、思路与方法

（一）选择创业项目的原则

1. 知己知彼原则

从某种意义上讲，创业活动是一场惊心动魄的战斗，创业者本人不但是这场战斗的战斗员，也是指挥员。为取得战斗的胜利，必须做到知己知彼。

所谓知己，就是创业者在选择项目之前，应该首先对自己的状况有一个清楚的认识和判断。例如，自己可以提供多少创业资金，有哪些从业经验和技能专长，自己的兴趣和爱好是什么，社会关系状况如何，自己在性格上有哪些优势和弱点，家庭成员是否支持，等等。从创业者本人的角度看，"知己"越深入、越详尽，就越容易找到扬长避短并适合自己的项目，越能提高创业的成功率。创业者好比沧海一粟，但是每一个人都有自己的长处和优势，当你对某一行业、某一领域感到熟悉时，又在技术上有所专长，这就是自己行业长处之一了。切记，能充分发挥自己的长处和优势，并且选择自己有兴趣、熟悉的行业，创业就成功一半了。

所谓知彼，就是要了解创业所在地的社会经济环境。要认真分析当地的发展政策，包括产业结构政策、金融政策、税收政策、就业政策等；了解当地的消费环境，如居民的购买力水平、购买力投向、购买习惯等；研究当地

的自然和人文资源，包括具有市场开发价值的工业原料和农林渔牧产品、传统的生产加工技术、独特的自然和人文景观等；深入调查和掌握当地市场的竞争强度，包括拟选择项目所在行业的竞争者数量、规模、实力水平等。创业项目的选择是以市场为导向，投资什么项目不是凭空想象出来的，必须从社会需求出发。要想知道社会需求，就必须做调查，特别是第一次创业者就必须对市场做出详细的调研报告。深入考察创业环境，能够帮助创业者开阔视野，敏锐捕捉到市场机会，增强创业项目选择的合理性。

2. 自有资源优先原则

创业算是一种价值风险投资，所以每位创业者都必须遵从量力而行原则，才能安稳创业。若要避免好高骛远、脱离实际，就应该尽量规避风险较大的创业项目，利用自有资源优势投资那些风险较小的项目、规模合理的创业项目，就容易取得创业成功并逐步发展起来。

具体来讲，创业者在审视了创业环境之后，应该从中甄选出重点利用和开发的资源。甄选应贯彻自有资源优先原则。所谓自有资源，就是创业者本人拥有的或自己可以直接控制的资源，包括专有技术、行业从业经验、经营管理能力、个人社会关系、私有物质资产等。相对于其他非自有资源，自有资源的取得和使用成本往往较低；同时这些资源在利用过程中也容易使项目获得标新立异优势，在今后的市场竞争中使自己占据主动地位。

3. 量入为出原则

"量入为出"是中国社会传统美德，通俗地讲，"量入为出"原则就是根据自己有多少收入和财产，再安排自己生产、生活、投资等支出，并略有节余，以备不时之需。

在创业行动之前，不少创业者对未来充满激情。但是，创业时必须考虑财务问题，而这个问题往往被忽略掉，最终有些发展前景很好的项目因资金周转困难而中途夭折。所以，"量入为出"是创业者必须切实遵循的一个原则。在思忖创业项目时，必须要强化预算，周密计算项目启动资金量是否可以承受，后续资金投入能否跟上，还要考虑项目投入中固定部分和流动部分的合理比例，不能顾此失彼。只有切实做到"量入为出"，才能实现创业项目及企业的可持续发展。

4. 短平快原则

"短"是指周转周期短，流动性大；"平"是指价格比较适中，容易为大众接受；"快"是指服务速度快、生产速度快及收效快。"短平快"常用来形容技术开发项目投资少、周期短、见效快、效益高。由于先天条件不足，创业者在创业之前普遍缺乏资金、客户等资源。因此，为尽快脱离创业"初始危险期"，使项目的动作进入良性循环，在同等条件下，应优先考虑那些"短平快"的项目。

（二）选择创业项目的思路

1. 关注政策变化

有变化就有机会，环境的变化往往可以带来创新点。当前在众多的环境要素中，各地发展政策的优化是比较频繁的。这就要求有创新动机的人在日常生活中积极搜集这些方面的信息，很可能在某个时间就会出现适合自己的机会。随着政府政策的不断深化，涌现出的机会将会越来越多。因此，想要借助国家政策的变化，找到创新机会而顺利开创自己的一番事业，就必须先要知道国家目前在扶持鼓励哪些行业发展，哪些行业允许创业，哪些是限制的。创业者选择国家政策扶持鼓励行业，对于企业日后的发展将起到不可估量的作用。而当地政府出台的各类优惠政策和银行贷款利率等都需要核查清楚，使自己的创业项目不仅仅符合法律、政策，而且更能得到其支持。

2. 搜索市场空白

这可能是最简单最直接的选择方法了。有空白就存在着巨大的需求。但问题是创业者本人看到的市场空白别人往往也能看到，即使你先看到以后也容易被后来者模仿甚至超越。因此，使用这种方法适合寻找那些"短平快"项目。等到别人回过神来，你已经取得不会轻易被别人撼动的经营地位。

3. 发挥技能专长

创业者自身具备的技能是成功创业的有力武器，也是选择创业项目的重要依据。由于技能是创业者在以前工作过程中长期积累形成的，如果创业项目的运作与此项技能的运用密切相关，那么就比较容易形成自己的经营特色，他人难以模仿，而且也有助于实现项目的永续经营，同时经营中的技术问题也便于解决。基于这些优点，选项目时创业者应尽可能挑选与自身技能密切相关的项目。这里所说的技能涵盖项目运作过程中使用到的所有技术和能力，既包括生产技术，也包括经营管理技能，甚至创意能力等。

4. 利用社会资源和自然资源

自然资源是指创业所在地具备的在现代经济技术条件下能为人类利用的自然条件，如自然风景、气候、水土、地理位置、能源等。从创业选项的角度讲，这些自然资源应该具有独特性。社会资源内涵更为丰富，包含了除自然之外的所有物质，如民族风俗、传统工艺、人际关系等。由于各地独特的自然和社会资源不可复制，这使得借助这种方式选择的创业项目具有独占性，客观上提高了他人进入和竞争的门槛。

5. 关注外围项目

任何一项具体的产业都是生产某种物质产品和提供某种劳务活动的集合体。其中包括众多的相互关联、相互影响的经营项目，这些经营项目有核心和外围之分。关注这些外围项目，会使创业者及时跟踪市场与环境的变化，不断完善和调整自己的经营思路和策略。

6. 理性跟风

俗话说，三人行必有我师。适当的学习和借鉴别人的好的样本和点子，也是创业项目选择的一种重要思路。这种项目选择的思路看上去可能与"创新"有些矛盾，因为人们一般把跟风和盲目联系在一起。觉得跟风没有吃肉的福，只有喝汤的份，搞不好连汤也喝不上。事实上，跟风本身也不是完全不好，关键在于把什么情况下跟、怎么跟的问题处理好。创业者首先要分析一下拟跟项目，看它是否具备发展潜力，项目的生命周期是否长久，是否具备特色经营的可能性；其次，创业者要评估自身的状况，是否具备长期与竞争者抗衡的资金实力，是否拥有将拟跟项目做成特色品牌的能力等。当这些条件搞清楚以后，决定跟风就不是盲目的，而是理性的了。在现实的商海与市场中，恰恰有好多"青出于蓝而胜于蓝"的佼佼者。

（三）项目选择方法

负责选择创业项目的人员需要理解企业的轻重缓急，并且通过交流达成共识。一旦形成共识就会很容易确定项目的优先权，但在项目选择上存在着很大的差异,对于一个小型企业,项目选择可能是简单直接的。项目优先权的确定涉及以下几个问题。

(1) 潜在项目能为组织带来多大价值?

(2) 为什么要实施这个项目?

(3) 是否有实施项目所需的资源?

(4) 是否拥有来自外部客户和内部拥护者的热切支持?

(5) 哪一个项目最有助于实现组织目标?

系统性地选择项目有不同的方法,包括财务分析模型和评分模型。项目是投资活动,从管理者的角度来讲,使用财务分析模型一方面是为了直接做出对项目选择的决策,另一方面有助于决策。因此,通过正确的项目选择形成的项目组合,对组织的成功提供了有力支持。

1. 使用财务模型选择项目

财务模型通常借助预期的项目成本和预期的项目收益进行比较来选择项目。以下几种方法可供选择。

(1) 净现值法。净现值法是评价投资方案的一种常用方法。该方法是利用净现金效益量的总现值与净现金投资量算出净现值,然后根据净现值的大小来评价投资方案。净现值为正值,投资方案是可以接受的;净现值是负值,投资方案就是不可接受的。净现值越大,投资方案越好。净现值法是一种比较科学也比较简便的投资方案评价方法。

(2) 效益成本比率法。效益成本比率的计算公式为:成本收益率=利润/成本费用。它表明单位成本获得的利润,反映成本与利润的关系。一般成本收益率越高,项目的运营效率就越高,尤其是高新技术行业的这个指标往往很高。

(3) 内部收益率法。所谓内部收益率,就是资金流入现值总额与资金流出现值总额相等、净现值等于零时的折现率。就是在考虑了时间价值的情况下,使一项投资在未来产生的现金流量现值,刚好等于投资成本时的收益率,而不是所想的"不论高低净现值都是零,所以高低都无所谓"。因为计算内部收益率的前提本来就是使净现值等于零。说得通俗点,内部收益率越高,说明你投入的成本相对地少,但获得的收益却相对地多。

(4) 投资回收法。投资回收是指投资实现后,通过投资项目的运作,投资资金以货币资金的形态重新全额回归到投资者手中的过程。投资回收的形式包括商品回收形式、服务回收形式、特许权回收形式、间接回收形式、市场回收形式等。

该模型能够从成本和收益的角度保证项目选择的合理性,但这几种模型也都有不足之处。例如,投资回收法并没有考虑到成本支出后所产生的利润总额。当然,没有一种财务模型能够保证与组织目标完全一致。因此,财务分析的方法虽然有效但也有不足,决策者也应当考虑其他因素。为达到理想的效果,评分模型经常被使用。

2. 使用评分模型选择项目

评分是指针对潜在的不同项目,利用一定的评分标准模型对它们分别进行打分,得到不同等级的分数。根据不同等级的分数,创业者可以分析每一个潜在项目的可能性。据此,可以为决策提供依据。显然这种利用评分模型进行项目比较更加快速、更加客观、更具有一致性。事实上,除了要保证项目选择在财务方面具有合理性,更应当考虑到其他因素。评分模型就是把其他相关因素给予充分权衡,从而得到不同等级的分数,根据客观分数来选择项目,从而保证创业项目选择的安全性、合理性。具体包括以下几个步骤。

(1) 识别潜在指标。这些指标应该体现未来项目怎样符合组织战略规划,同时也应当体现风险、时间、所需资源等内容。常规做法是由领导小组共同决定使用哪些指标。

(2) 明确强制性指标。当领导小组对一系列的重要指标达成一致后,下一步就是确定哪些指标是强制性的。即是否存在不顾任何情况下必须选择某些项目的情形?比如,政府的指令或安全考虑,由于这些"必保"项目的强制选择,而导致排挤其他有价值的项目,所以对这类项目应当尽量缩小其规模。

(3) 指标权重。接下来,要确定每一指标的相对重要性,即指标权重。由管理人员决定哪种指标最重要并赋予10分的权重,然后把其他的指标与其对比确定各自相应的权重。

(4) 项目评价。接下来项目决策团队按照每项指标评价项目。最好的评价方法是每次集中于某一标准,依次进行。一个非常有效的方法是基于某一特定指标对每一个项目按5分计分打分。项目按照每一指标打分后,评分的分值乘以该标准的权重即得出加权分数填写在单元格中。每个项目计算出总分,通常情况下选择得分最高的项目(见表4-2)。

表 4-2 项目选择和优化矩阵

因素与权重项目	新产品客户关系成功可能性权重 （8分）（5分）（5分）（总分）
项目 A 项目 B 项目 C 项目 D	

（5）灵敏度分析。采用评分模型需要项目决策团队进行"灵敏度分析"，也就是说，一旦某些因素发生了变化，它对项目选择决策会带来什么影响。有可能对选择标准进行补充或调整，按照标准的重要程度要重新赋予相应的权重，根据新指标体系和选项，对决策加以修订。项目选择的决策者应保证所选择的项目理由充分。如果一个企业计划选择多个项目，那么，根据选择矩阵计算出加权分数作为项目优先顺序的方法之一。

管理学中有句流言，"选择大于努力，方向大于速度，今天的定位决定明天的地位"。重要的是你要选择你在行的项目，盲目创新是要付出代价的。特别是现在这个大的市场环境里面，竞争极为残酷，不可预知因素众多。如果你有科学的创业思维，就要自己做一个详细的项目调研，按照自己的预期目标，把想做的、能做的、怎么做、做多大、需要什么，可能有什么风险、市场环境等因素都缜密地考虑进去，然后一个个自己去分析、解决，这样你才能稳操胜券地去创业。

复习思考题

1. 简述项目创新外部环境分析的内容。
2. 简述 SWOT 分析法的内涵。
3. 简述企业战略分析的流程。
4. 选择创业项目的原则是什么？
5. 创业项目的选择方法有哪些？

第五章 公益创业的组织形式

第一节 基金会

"基金会"对于许多人来说已不是一个陌生的词语,它是我国社会组织的重要组成部分。回看历史,欧洲基金会的起源可追溯到公元前3—4世纪的古希腊,著名的亚历山大图书馆和柏拉图学园(院)都是以捐赠形式出现的公益机构;美国在南北战争后出现了众多的公益用途的基金,如皮博迪教育基金等;中国的民间慈善理事可追溯到1400多年前隋朝的义仓和宋朝的义庄、义田。这些基金会雏形的共同特点在于其财产的形成来源于各方捐赠,财产有着明确的用途并含有公益理念,出现了明确的受托人负责财产的运作和理念的履行。时至今日,我国已有基金会3520家,它们在多个领域进行项目运作,践行公益理念,促进着社会的发展。

然而基金会是什么?它有着怎样的运作特点?在我国基金会如何注册?如何通过基金会的运作实现公益创业的梦想?大多数人并不清楚这些,在本节中我们试图对这些问题进行逐一解答。

一、基金会的内涵及分类

要理解基金会,首先需要区别基金会的基金与现今普遍了解的基金公司的基金。基金一词来源于英文的 Fund 或 Foundation,其含义有三:一是指特别用途的资金;二是指公共来源和用途的资金;三是指特别资金的管理机构。可见基金就是一种财产的存续形式,我们常说的"社保基金""对冲基金"等都是这一含义。Foundation 则可理解为 Fund 里的一个特殊部分,它具有两层含义:一是指通过捐赠形成的特别资金;二是指用捐款创办的事业,如慈善机构、财团、基金会等。如果说基金是财产的"结社"形式，基金会则是用于公益的捐赠的特殊财产的"结社"形式。也就是说以基金会的形式集结起的资金，具有公益性质，它来源于捐赠，应用于公益。

关于基金会的内涵，有不同的解释，在这里我们介绍三种较为典型的定义。

美国是基金会发展十分繁荣的国家，其基金会中心将基金会定义为：非政府的、非营利的、自有资金（通常来自单一的个人、家庭或公司）并自设董事会管理工作规划的组织，其创办的目的是支持或援助教育、社会、慈善、宗教或其他活动以服务于公共福利，主要途径是赞助其他非营利机构。

学者将基金会定义为："作为人类社会发展中出现的一种重要的组织制度创新形式，基金会是基于捐赠的公益财产以基金形态存续并得到相应的法律认可和保护的非营利组织的一种基本形式，具有明确的公益宗旨和用益，其本质是在捐赠基础上形成的公益财产及其社会关系。"

我国于2004年颁布实施了《基金会管理条例》，其中将基金会定义为"利用自然人、法人或者其他社会组织捐赠的财产，以从事公益事业为目的，依法成立的非营利性法人"。

基金会定义的表述虽不相同，但都说明了其核心内涵，即捐赠与公益。基金会是一个十分丰富的领域，有着多种分类原则和类别，这里我们介绍两种。

一是美国基金会中心的分类。基金会包括：私人独立基金会，资金多来自个人和家庭捐赠，由董事会管理，大部分属于资助型；社区基金会，资金来源于捐赠、社区募款和地方政府提供的公共资金，董事会产生于社区，主要公益活动也限于社区；公司基金会，资金来自企业捐赠，多为一般性公益目的而设立，不排除与公司业务有关的考虑，但基金会作为独立运作机构，其财产与公司资产严格区分；运作型基金会，其基金多来自单一的私人或家庭，自己按照既定宗旨运作项目，而不提供资助，与非营利性研究机构有些类似。

二是我国《基金会管理条例》的分类。该条例中根据资金来源方式的不同将基金会分为公募基金会和非公募基金会。公募基金会可以向社会公众开展募捐活动获得资金以从事公益事业，而非公募基金会则主要依靠接受特定对象的捐赠资金及其增值从事公益事业。根据募集资金的地域范围的不同，我国的基金会又分为全国性基金会和地方性基金会。

二、基金会的设立、变更和注销

（一）基金会的设立

1. 基金会的设立条件

《基金会管理条例》第8条规定，设立基金会应当具备下列条件：①为特定的公益目的而设立；②全国性公募基金会的原始基金不低于800万元人民币，地方性公募基金会的原始基金不低于400万元人民币，非公募基金会的原始基金不低于200万元人民币；原始基金必须为到账货币资金；③有规范的名称、章程、组织机构，以及与其开展活动相适应的专职工作人员；④有固定的住所；⑤能够独立承担民事责任。

2. 基金会的设立申请

《基金会管理条例》第9条规定，申请设立基金会，申请人应当向登记管理机关提交下列文件：①申请书；②章程草案；③验资证明和住所证明；④理事名单、身份证明及拟任理事长、副理事长、秘书长简历；⑤业务主管单位同意设立的文件。

基金会章程必须明确基金会的公益性质，不得规定使特定自然人、法人或者其他组织受益的内容。基金会章程应当载明下列事项：①名称及住所；②设立宗旨和公益活动的业务范围；③原始基金数额；④理事会的组成、职权和议事规则，理事的资格、产生程序和任期；⑤法定代表人的职责；⑥监事的职责、资格、产生程序和任期；⑦财务会计报告的编制、审定制度；⑧财产的管理、使用制度；⑨基金会的终止条件、程序和终止后财产的处理。

境外基金会在中国内地设立代表机构，应当经有关业务主管单位同意后，向登记管理机关提交下列文件：①申请书；②基金会在境外依法登记成立的证明和基金会章程；③拟设代表机构负责人身份证明及简历；④住所证明；⑤业务主管单位同意在中国内地设立代表机构的文件。

3. 基金会的设立登记

国务院民政部门和省、自治区、直辖市人民政府民政部门是基金会的登记管理机关。国务院民政部门负责下列基金会、基金会代表机构的登记管理工作：①全国性公募基金会；②拟由非内地居民担任法定代表人的基金会；③原始基金超过 2000 万元，发起人向国务院民政部门提出设立申请的非公募基金会；④境外基金会在中国内地设立的代表机构。省、自治区、直辖市人民政府民政部门负责本行政区域内地方性公募基金会和不属于前款规定情况的非公募基金会的登记管理工作。

登记管理机关应当自收到申请文件之日起 60 日内做出准予或者不予登记的决定。准予登记的，发给《基金会法人登记证书》；不予登记的，应当书面说明理由。基金会设立登记的事项包括名称、住所、类型、宗旨、公益活动的业务范围、原始基金数额和法定代表人。

基金会拟设立分支机构、代表机构的，应当向原登记管理机关提出登记申请，并提交拟设机构的名称、住所和负责人等情况的文件。登记管理机关应当自收到前款所列全部有效文件之日起 60 日内做出准予或者不予登记的决定。准予登记的，发给《基金会分支（代表）机构登记证书》；不予登记的，应当书面说明理由。基金会分支机构、基金会代表机构设立登记的事项包括名称、住所、公益活动的业务范围和负责人。基金会分支机构、基金会代表机构依据基金会的授权开展活动，不具有法人资格。

申请设立境外基金会代表机构的，登记管理机关应当自收到前款所列全部有效文件之日起 60 日内，做出准予或者不予登记的决定。准予登记的，发给《境外基金会代表机构登记证书》；不予登记的，应当书面说明理由。境外基金会代表机构设立登记的事项包括名称、住所、公益活动的业务范围和负责人。境外基金会代表机构应当从事符合中国公益事业性质的公益活动。境外基金会对其在中国内地代表机构的民事行为，依照中国法律承担民事责任。

基金会、境外基金会代表机构依照本条例登记后，应当依法办理税务登记。基金会、境外基金会代表机构，凭登记证书依法申请组织机构代码、刻制印章、开立银行账户。基金会、境外基金会代表机构应当将组织机构代码、印章式样、银行账号和税务登记证件复印件报登记管理机关备案。

基金会、基金会分支机构、基金会代表机构及境外基金会代表机构的设立登记，由登记管理机关向社会公告。

（二）基金会的变更

《基金会管理条例》第 15 条规定，基金会、基金会分支机构、基金会代表机构和境外基金会代表机构的登记事项需要变更的，应当向登记管理机关申请变更登记。基金会修改章程，应当征得其业务主管单位的同意，并报登记管理机关核准。基金会、基金会分支机构、基金会代表机构及境外基金会代表机构的变更登记，由登记管理机关向社会公告。

（三）基金会的注销

《基金会管理条例》第 16 条规定，基金会、境外基金会代表机构有下列情形之一的，应当向登记管理机关申请注销登记：①按照章程规定终止的；②无法按照章程规定的宗旨继续从事公益活动的；③由于其他原因终止的。

基金会撤销其分支机构、代表机构的，也应当向登记管理机关办理分支机构、代表机构的注销登记。基金会注销的，其分支机构、代表机构同时注销。基金会在办理注销登记前，应当在登记管理机关、业务主管单位的指导下成立清算组织，完成清算工作。基金会应当自清算结束之日起 15 日内向登记管理机关办理注销登记；在清算期间不得开展清算以外的活动。基金会、基金会分支机构、基金会代表机构及境外基金会代表机构的注销登记，由登记管理机关向社会公告。

基金会、境外基金会代表机构被责令停止活动的，由登记管理机关封存其登记证书、印章和财务凭证。

三、基金会的组织机构

（一）理事会

《基金会管理条例》第 20 条规定，基金会设理事会。理事会是基金会的决策机构，依法行使章程规定的职权。理事为 5 人至 25 人，理事任期由章程规定，但每届任期不得超过 5 年。理事任期届满，连选可以连任。用私人财产设立的非公募基金会，相互间有近亲属关系的基金会理事，总数不得超过理事总人数的 1/3；其他基金会，具有近亲属关系的不得同时在理事会任职。

在基金会领取报酬的理事不得超过理事总人数的1/3。

理事会设理事长、副理事长和秘书长，从理事中选举产生，理事长是基金会的法定代表人。基金会理事长、副理事长和秘书长不得由现职国家工作人员兼任。基金会的法定代表人，不得同时担任其他组织的法定代表人。公募基金会和原始基金来自中国内地的非公募基金会的法定代表人，应当由内地居民担任。

因犯罪被判处管制、拘役或者有期徒刑，刑期执行完毕之日起未逾5年的，因犯罪被判处剥夺政治权利正在执行期间或者曾经被判处剥夺政治权利的，以及曾在因违法被撤销登记的基金会担任理事长、副理事长或者秘书长，且对该基金会的违法行为负有个人责任，自该基金会被撤销之日起未逾5年的，不得担任基金会的理事长、副理事长或者秘书长。

担任基金会理事长、副理事长或者秘书长的中国香港居民、中国澳门居民、中国台湾居民、外国人以及境外基金会代表机构的负责人，每年在中国内地居留时间不得少于3个月。

理事会每年至少召开2次会议。理事会会议须有2/3以上理事出席方能召开；理事会决议须经出席理事过半数通过方为有效。下列重要事项的决议，须经出席理事表决，2/3以上出席理事通过方为有效：①章程的修改；②选举或者罢免理事长、副理事长、秘书长；③章程规定的重大募捐、投资活动；④基金会的分立、合并。理事会会议应当制作会议记录，并由出席理事审阅、签名。

基金会理事遇有个人利益与基金会利益关联时，不得参与相关事宜的决策；基金会理事及其近亲属不得与其所在的基金会有任何交易行为，未在基金会担任专职工作的理事不得从基金会获取报酬。

（二）监事

《基金会管理条例》第22条规定，基金会设监事。监事任期与理事任期相同。理事、理事的近亲属和基金会财务人员不得兼任监事。监事依照章程规定的程序检查基金会财务和会计资料，监督理事会遵守法律和章程的情况。监事列席理事会会议，有权向理事会提出质询和建议，并应当向登记管理机关、业务主管单位以及税务、会计主管部门反映情况。

基金会监事及其近亲属不得与其所在的基金会有任何交易行为，监事不得从基金会获取报酬。

四、基金会财产的管理和使用

基金会组织募捐、接受捐赠，应当符合章程规定的宗旨和公益活动的业务范围。境外基金会代表机构不得在中国境内组织募捐、接受捐赠。公募基金会组织募捐，应当向社会公布募得资金后拟开展的公益活动和资金的详细使用计划。基金会的财产及其他收入受法律保护，任何单位和个人不得私分、侵占、挪用。基金会应当根据章程规定的宗旨和公益活动的业务范围使用其财产；捐赠协议明确了具体使用方式的捐赠，根据捐赠协议的约定使用。接受捐赠的物资无法用于符合其宗旨的用途时，基金会可以依法拍卖或者变卖，所得收入用于捐赠目的。

基金会应当按照合法、安全、有效的原则实现基金的保值、增值。公募基金会每年用于从事章程规定的公益事业支出，不得低于上一年总收入的70%；非公募基金会每年用于从事章程规定的公益事业支出，不得低于上一年基金余额的8%。基金会工作人员工资福利和行政办公支出不得超过当年总支出的10%。

基金会开展公益资助项目，应当向社会公布所开展的公益资助项目种类及申请、评审程序。基金会可以与受助人签订协议，约定资助方式、资助数额、资金用途和使用方式。基金会有权对资助的使用情况进行监督。受助人未按协议约定使用资助或者有其他违反协议情形的，基金会有权解除资助协议。

基金会应当执行国家统一的会计制度，依法进行会计核算、建立健全内部会计监督制度。基金会注销后的剩余财产应当按照章程的规定用于公益目的；无法按照章程规定处理的，由登记管理机关组织捐赠给与该基金会性质、宗旨相同的社会公益组织，并向社会公告。

五、基金会的监督管理

（一）基金会登记机关的监管职责

根据《基金会管理条例》的规定，基金会登记管理机关履行下列监督管理职责：①对基金会、境外基金会代表机构实施年度检查；②对基金会、境外基金会代表机构依照本条例及其章程开展活动的情况进行日常监督管理；③对基金会、境外基金会代表机构违反本条例的行为依法进行处罚。基金会业务主管单位履行下列监督管理职责：①指导、监督基金会、境外基金会代表机构依据法律和章程开展公益活动；②负责基金会、境外基金会代表机构年度检查的初审；③配合登记管理机关、其他执法部门查处基金会、境外基金会代表机构的违法行为。

（二）基金会的年度检查

基金会、境外基金会代表机构应当于每年3月31日前向登记管理机关报送上一年度工作报告，接受年度检查。年度工作报告在报送登记管理机关前应当经业务主管单位审查同意。年度工作报告应当包括财务会计报告、注册会计师审计报告，开展募捐、接受捐赠、提供资助等活动的情况，以及人员和机构的变动情况等。基金会、境外基金会代表机构应当在通过登记管理机关的年度检查后，将年度工作报告在登记管理机关指定的媒体上公布，接受社会公众的查询、监督。

（三）捐赠人的监督

《基金会管理条例》第39条规定，捐赠人有权向基金会查询捐赠财产的使用、管理情况，并提出意见和建议。对于捐赠人的查询，基金会应当及时如实答复。基金会违反捐赠协议使用捐赠财产的，捐赠人有权要求基金会遵守捐赠协议或者向人民法院申请撤销捐赠行为、解除捐赠协议。

（四）基金会管理的法律责任

（1）未经登记或者被撤销登记后以基金会、基金会分支机构、基金会代表机构或者境外基金会代表机构名义开展活动的，由登记管理机关予以取缔，没收非法财产并向社会公告。

（2）基金会、基金会分支机构、基金会代表机构或者境外基金会代表机构有下列情形之一的，登记管理机关应当撤销登记：①在申请登记时弄虚作假骗取登记的，或者自取得登记证书之日起12个月内未按章程规定开展活动的；

②符合注销条件,不按照本条例的规定办理注销登记仍继续开展活动的。

(3) 基金会、基金会分支机构、基金会代表机构或者境外基金会代表机构有下列情形之一的,由登记管理机关给予警告、责令停止活动;情节严重的,可以撤销登记:①未按照章程规定的宗旨和公益活动的业务范围进行活动的;②在填制会计凭证、登记会计账簿、编制财务会计报告中弄虚作假的;③不按照规定办理变更登记的;④未按照本条例的规定完成公益事业支出额度的;⑤未按照本条例的规定接受年度检查,或者年度检查不合格的;⑥不履行信息公布义务或者公布虚假信息的。

(4) 基金会、境外基金会代表机构有前款所列行为的,登记管理机关应当提请税务机关责令补交违法行为存续期间所享受的税收减免。基金会理事会违反规定决策不当,致使基金会遭受财产损失的,参与决策的理事应当承担相应的赔偿责任。基金会理事、监事及专职工作人员私分、侵占、挪用基金会财产的,应当退还非法占用的财产;构成犯罪的,依法追究刑事责任。

(5) 登记管理机关、业务主管单位工作人员滥用职权、玩忽职守、徇私舞弊,构成犯罪的,依法追究刑事责任;尚不构成犯罪的,依法给予行政处分或者纪律处分。

第二节　社会团体

一、社会团体组织模式

(一) 社会团体的含义

所谓社会团体,是指人们自愿组成的,为实现会员共同意愿,按照其章程开展活动的非营利性社会组织。具体而言,社会团体是由自然人、法人或其他组织自愿组成,为实现会员的共同意愿,按照章程开展活动的非营利性社会组织。社会团体的概念是与政府、企业、民办非企业单位等社会组织的概念相对称的。随着社会的发展,各类社会团体大量涌现,它们在政治建设、经济建设、社会建设、文化建设和生态文明建设等领域发挥着积极的作用。特别是在当前我国社会主义市场经济建设与和谐社会建设中,社会团体作为政府联系社会群众的桥梁和纽带，在促进社会主义民主政治，提高科学决策的水平，规范市场秩序，表达会员合法利益，确保社会公平，繁荣科学、教育、文化、卫生、体育事业，加强对外民间交流和经济往来等各个领域，都发挥了越来越显著的作用。

（二）社会团体的分类

关于社会团体的分类问题，当前学术界存在不同的意见。比较主流的分类方法是以社会团体的性质和任务为依据，把社会团体划分为以下四类。

一是行业性社团。行业性社团包括工业协会、行业协会、商会，一般情况下采用以"某某协会"为命名方式。这类社团主要是经济性团体，其中又可具体分为农业类、工业类和商业类等。

二是学术性社团。学术性社团一般以"学会、研究会"命名，根据其领域的不同可以分为自然科学类学术性社团、社会科学类学术性社团及交叉科学类学术性社团，如中国法学会、中国知识产权研究会等。

三是专业性社团。专业性社团一般以"协会"命名。这一类社会团体是非经济类性质的，它的组成主要有两种情形：一种是由专业人员、职业人员组成的，如中华全国律师协会等；另一种形式是以专业技术、专门资金为依托，以从事某项事业为出发点而成立的团体，如中国足球协会等。

四是联合性社团。联合性社团一般以"联合会、联谊会、促进会"命名。这类社团主要有两类：一类是人群的联合体，如中国企业联合会、中华环保联合会等；另一类是学术性、行业性、专业性团体的联合体，如中国科学技术协会、世界中医药学联合会等。

（三）社会团体的特征

社会团体的特征与其组成形式是密切相关的。一般而言，社会团体的特征包括以下几个方面。

第一，群众性。社会团体是由自然人、法人和其他组织自愿组成，其目的是实现会员共同利益，并且按照自身章程规定来开展活动的各类非营利组织。因此，群众性是社会团体的首要特点。

第二，自愿性。在法律、法规规定的范围内，任何自然人、法人和其他组织及国家机关以外的组织，都有权依照自己的意愿依法组成各种社会团体，这是我国宪法赋予公民自由结社的权利。任何组织和个人不得对公民和组织的合法结社行为进行非法干预，个人和组织有决定自己是否加入某个社团或拒绝加入某个社团的权利，任何组织和个人不得强迫他人加入社团。

第三，非营利性。社会团体是不应当以营利为目的而从事各类别活动的，特别是应当在章程的约束下开展活动，最大限度地满足和实现会员们的正当、合法利益。

第四，合法性。法律是行为规则的底线，任何组织和个人都不得凌驾于法律之上。社会团体的成立和运行，也必须在法律的许可和规范之内为之。特别是社会团体的章程内容，必须与国家的法律制度与方针政策保持一致。社会团体的自身运作应当遵守自己的章程。

第五，代表性。社会团体的成立基础是人们基于自愿、根据自己的利益诉求或者兴趣爱好的集合。因此，一个社会团体代表了这个团体里全体会员的意志、愿望和诉求。

二、社会团体的登记管理

（一）成立登记

关于社会团体的登记管理问题，我国《社会团体登记管理条例》中有着非常具体的规定。申请成立社会团体应当经其业务主管单位审查同意，由发起人向登记管理机关申请筹备。其中行业协会商会类、科技类、公益慈善类和城乡社区服务类四类社会组织，可以依法直接向民政部门申请登记。

1. 社会团体成立条件

根据《社会团体登记管理条例》第10条的规定，成立社会团体，应当具备下列条件：①有50个以上的个人会员或者30个以上的单位会员；个人会员、单位会员混合组成的，会员总数不得少于50个；②有规范的名称和相应的组织机构；③有固定的住所；④有与其业务活动相适应的专职工作人员；⑤有合法的资产和经费来源，全国性的社会团体有10万元以上活动资金，地方性的社会团体和跨行政区域的社会团体有3万元以上活动资金；⑥有独立承担民事责任的能力。

社会团体的名称应当符合法律、法规的规定，不得违背社会道德风尚。社会团体的名称应当与其业务范围、成员分布、活动地域相一致，准确反映其特征。全国性的社会团体的名称冠以"中国""全国""中华"等字样的，应当按照国家有关规定经过批准，地方性的社会团体的名称不得冠以"中国""全国""中华"等字样。

2. 成立社会团体的登记申请

申请筹备成立社会团体，发起人应当向登记管理机关提交下列文件：①筹备申请书；②业务主管单位的批准文件；③验资报告、场所使用权证明；④发起人和拟任负责人的基本情况、身份证明；⑤章程草案。

一般来说，社会团体的章程应当包括下列事项：①名称、住所；②宗旨、业务范围和活动地域；③会员资格及其权利、义务；④民主的组织管理制度，执行机构的产生程序；⑤负责人的条件和产生、罢免的程序；⑥资产管理和使用的原则；⑦章程的修改程序；⑧终止程序和终止后资产的处理；⑨应当由章程规定的其他事项。

3. 社会团体的审批

登记管理机关应当自收到申请文件之日起60日内，做出批准或者不批准筹备的决定；不批准的，应当向发起人说明理由。

根据《社会团体登记管理条例》第13条的规定，有下列情形之一的，登记管理机关不予批准筹备：①有根据证明申请筹备的社会团体的宗旨、业务范围不符合本条例第4条的规定的；②在同一行政区域内已有业务范围相同或者相似的社会团体，没有必要成立的；③发起人、拟任负责人正在或者曾经受到剥夺政治权利的刑事处罚，或者不具有完全民事行为能力的；④在申请筹备时弄虚作假的；⑤有法律、行政法规禁止的其他情形的。

筹备成立的社会团体，应当自登记管理机关批准筹备之日起6个月内召开会员大会或者会员代表大会，通过章程，产生执行机构、负责人和法定代表人，并向登记管理机关申请成立登记。筹备期间不得开展筹备以外的活动。社会团体的法定代表人，不得同时担任其他社会团体的法定代表人。

登记管理机关应当自收到完成筹备工作的社会团体的登记申请书及有关文件之日起30日内完成审查工作。对于依法具备成立条件且筹备工作符合要求、章程内容完备的社会团体，准予登记，发给《社会团体法人登记证书》。登记事项包括：①名称；②住所；③宗旨、业务范围和活动地域；④法定代表人；⑤活动资金；⑥业务主管单位。对不予登记的，应当将不予登记的决定通知申请人。对于依法律规定自批准成立之日起即具有法人资格的社会团体，应当自批准成立之日起60日内向登记管理机关备案。登记管理机关自收到备案文件之日起30日内发给《社会团体法人登记证书》。社会团体凭《社会团体法人登记证书》申请刻制印章，开立银行账户。社会团体应当将印章式样和银行账号报登记管理机关备案。

社会团体成立后拟设立分支机构、代表机构的，应当经业务主管单位审查同意，向登记管理机关提交有关分支机构、代表机构的名称、业务范围、场所和主要负责人等情况的文件，申请登记。社会团体的分支机构、代表机构是社会团体的组成部分，不具有法人资格，应当按照其所属社会团体的章程规定的宗旨和业务范围，在该社会团体授权的范围内开展活动、发展会员。社会团体的分支机构不得再设立分支机构。社会团体不得设立地域性的分支机构。

社会团体成立的信息，由登记管理机关予以公告。

（二）变更登记

社会团体的登记事项、备案事项需要变更的，应当自业务主管单位审查同意之日起30日内，向登记管理机关申请变更登记、变更备案。社会团体修改章程，应当自业务主管单位审查同意之日起30日内，报登记管理机关核准。社会团体变更名称、住所、法定代表人，由登记管理机关予以公告。

（三）注销登记

根据《社会团体登记管理条例》的规定，社会团体有下列情形之一的，应当在业务主管单位审查同意后，向登记管理机关申请注销登记、注销备案：①完成社会团体章程规定的宗旨的；②自行解散的；③分立、合并的；④由于其他原因终止的。

社会团体在办理注销登记前，应当在业务主管单位及其他有关机关的指导下，成立清算组织，完成清算工作。清算期间，社会团体不得开展清算以外的活动。社会团体应当自清算结束之日起15日内向登记管理机关办理注销登记。办理注销登记，应当提交法定代表人签署的注销登记申请书、业务主管单位的审查文件和清算报告书。登记管理机关准予注销登记的，发给注销证明文件，收缴该社会团体的登记证书、印章和财务凭证。社会团体撤销其所属分支机构、代表机构的，经业务主管单位审查同意后，办理注销手续。

社会团体注销的，其所属分支机构、代表机构同时注销。社会团体注销的，由登记管理机关予以公告。

三、社会团体的内部组织构架和运作模式

（一）社会团体的内部组织构架

社会团体的内部治理结构包括权力机关、执行机关、监督机关等，体现了谁行使权力、谁对重大的事情负责、谁来管理日常事务及谁在对其行为进行监督。具体的机构可能包括权力机关、领导机关、执行机关、分支机构、代表机构、监督机关等6个方面。

权力机关是社会团体内的决策机构。一般情况下，权力机关具体有以下几种活动方式：会员大会、会员代表大会和理事会。会员大会就是由社会团体的所有成员、个人会员或者名誉会员参加的大会，这种形式在社团规模比较小的情况下容易运行。而规模大、层次高的社会团体由于会员数量一般比较多，致使召开全体会员大会很难操作，一般就只能采取会员代表大会的形式来决定重大事项。另外，有的社会团体不召开会员大会和会员代表大会，而是直接设置理事会来履行权力机关的职责。

社会团体的领导机构是指会长（理事长）、副会长（副理事长）、秘书长等组成人员。他们的任期一般在3~5年，具体任期由章程规定。会长（理事长）或副会长（副理事长）或者秘书长是社会团体的法定代表人，行使章程规定的相关权力和从事相关的工作。

执行机构一般是指在秘书长下设置的一定的职能部门，而在理事会（或常务理事会）下设置专业委员会，另外设置会长办公室，这三者都有可能成为社会团体理事会（或常务理事会）的执行机构。而根据实际需要，这三者可以并存，也可以三者只有其一。例如，中国银行间市场交易商协会，它的执行机构设置如下：

第五章 公益创业的组织形式

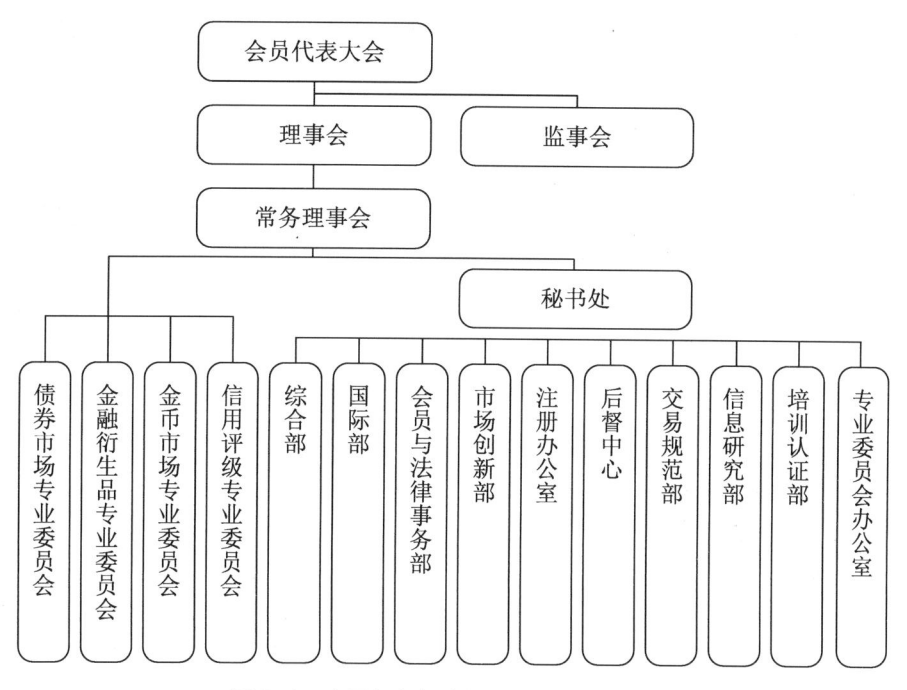

图 5-1 中国银行间市场交易商协会结构图

一般情况下，秘书处是社会团体的日常行政机构，由秘书长负责秘书处工作，主要管理社会团体的日常事务。而秘书长办公室则是根据实际需要可供选择地设立的，可以由副秘书长和部门负责人参加。专业委员会是理事会下设的社会团体的二级机构，不具有独立的法人资格。但是，有的专业委员会也可以在业务范围内吸纳会员，召开会议、展开工作。会长办公室也是可以根据需要而选择设立的机构。

社会团体的监督机构是指依据章程规定设立的来行使监督理事会、常务理事会、领导机构和执行机构行为的机关，监督机构多称为监事会，人员组成由社团章程规定。例如，北京市社会团体办公室制定的《北京市社团章程范本》第 27 条明确规定，监事会一般由 3~5 人组成，由会员（代表）大会选举产生，向会员（代表）负责，主要职责有选举产生监事长、出席理事会（或常务理事会）对本团体的财务状况进行监督等。

图 5-2 是行业协会的组织构架图：

5-2 行业协会架构图

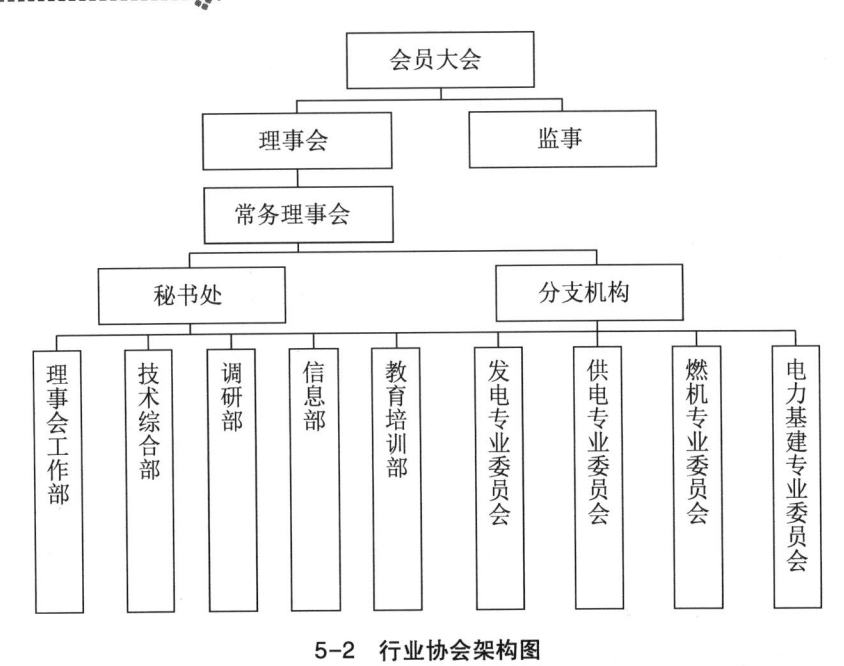

（二）社会团体的运作模式

社会团体的组成是依托会员的共同利益或兴趣，是在平等、自愿、依法登记的组织性原则和一定的组织结构的基础上组建起来的，社会团体的主旨是为会员提供社会化服务。这就决定了它的运作模式和企业、政府及其他社会组织有着很大的区别。例如，行业协会是由相同或者相近的领域的经济组织或者个人组成的，对内为了协调本行业和从业者之间的利益和关系，规范本行业从业人员的市场行为，着重制定本行业的行为规范和行动守则，保护和增进协会全体成员的合法权益；对外则是把本行业的愿望、心声和诉求反映给政府，处理好与政府和其他外部组织的关系。总的看来，社会团体的运行机制包括如下基本内容。

第一，会员入会原则。不同的社会团体会根据自身的性质来决定其会员的标准及加入、退出的规则。一般来说，学术性社团的会员入会都是采纳自由参与、自主管理的模式，或者由会员推荐、介绍等形式入会。而行业协会类社团往往采用由行业内有影响的企业牵头、其他同行企业申请加入的程序。

第二，管理制度。社会团体的运行机制及其内容往往都体现在社团的规章制度之中了。各类社团会根据自己的性质与宗旨，制定有关社团管理和运行的管理制度。这些制度既对社团内部诸如会员管理、财务收支、行政事务等方面有详细的要求，也对社团的外部行为制定行动规则。

第三，组织活动。从显性角度看，社团的运行机制主要以开展各种社团活动为基本形式。这些活动一方面促进社团会员的相互学习和交流，推动会员成长；另一方面也推动着社团发展目标的实现。

四、社会团体日常管理制度

社会团体的运行与发展主要体现在自身建设上。社会团体需要长久、良性发展，就需要在日常管理制度上下功夫。社团的日常管理制度包括很多内容，这里主要介绍与社会团体关系更为密切的会议制度、学习培训制度、请示报告制度、值班制度、办公用品登记管理制度、档案管理制度、印章管理制度。

第一，会议制度。一般来说，社会团体及其职能部门应该都有适合自身的固定的例会制度，比如每周一次的例会或者两周一次的例会，参加人员是社团或其职能部门的全体工作人员。会议的主要流程应该是各部门的负责人向理事会、会长或秘书长汇报已经完成的主要工作，以及未来一段时间的工作安排与工作部署。具体来说，社团的会议类型很多，包括会员大会、理事会会议、监事会会议及研讨会、座谈会等。会议是议事与决策的基本形式。无论何种类型的会议，都要做好会议记录和会议材料保留，使会议效用最大化，更好地服务于社会团体的发展。

第二，培训制度。培训是人力资源开发的基本手段之一，它对于社团的发展价值在于提升组织的人力资本。培训制度是建立在提高整个社团的意识和服务能力之上的。尤其在学习型组织的引领之下，社会团体的发展能力与培训质量紧密相关。在社团里，可以有形式比较活泼的分享式学习，也可以有比较随性的自助式学习，当然也可以有集中式的集体学习。无论哪一种形式，都会在社会团体的发展中促进会员的成长。

第三，请示报告制度。请示报告制度是保证社会团体个人服从组织、下级服从上级的必要制度。这就是说，在承办领导交办的各项任务情况的汇报上、在工作总结和工作计划上、在重大事件的处理上,应该做到先请示、再等领导批复、再行动的顺序,使得社团各项工作运转有序,职能得到充分的发挥与实现。

第四,值班制度。社会团体的有序运行,就要建立和健全节假日等时段的值班制度。值班的工作人员需要坚守岗位、不能迟到早退,值班期间遇到需要处理的情况要有耐心、有步骤地处理,重大问题及时请示领导等。在任何单位,值班制度都是日常行政管理的基本内容。尤其对社团而言,做好这些基础性工作对于社团形象的维护及发展,具有非常重要的意义。

第五,办公用品登记管理制度。社会团体采购的办公用品应该由专门机构负责,办公用品的采购应该遵守规定的程序。对于办公用品的领用,也要制定规章制度。切实发挥办公用品的价值,减少铺张浪费。为此,要有专门部门对办公用品进行统一管理,在各部门领取办公用品时要做好登记。强化办公用品的库存管理,使之不影响组织自身工作的正常运行。

第六,档案管理制度。社会团体的档案管理要有专门的人负责按照相关的要求仔细保管,以便后来查阅。特别是对档案规章制度、人事档案、工作计划、会议记录、活动策划及其他有价值的文件资料要妥善保管。档案的价值就在于具有证明意义。社团的发展轨迹,都需要留存这些档案来诠释和还原。强化档案工作对社团有着极为特殊的意义。

第七,印章管理制度。在任何单位里,印章都应该由专门的人员负责。对所有用印亲自处理,严肃对待印章的使用。当然在管理印章的人请假不在或者其他情况可以指定他人保管。对于要加盖的文件必须仔细研读,只能在符合规定的文件上盖章,比如社会团体有关会议通过的决议、有领导签字的文件或者在会长(理事长)批示下的其他文件等。印章是会产生法律意义的,因此印信管理从来都是组织日常行政管理的重要内容。

五、政府对社会团体发展的扶持

伴随着我国社会建设指导思想的转变,近些年国家对社会团体的重视程度在不断提高。对社会团体的培育在政策上也做了很多方面的规定,包括在政府职能转移、奖励、补贴、融资、政府购买服务等方面给予支持和资助。在实践中,各地根据当地社会团体的发展状况也有不同的具体政策规定,集中表现在下面五个方面。

第一,强调社会团体在社会发展和社会建设中的特别作用,把社会团体的发展规划列入政府规划。在社会团体发挥的作用越来越大的今天,政府已经把社会团体纳入社会建设的体系内,成为政府工作的主要内容,也把培育发展社会组织的规定纳入相关的法律法规当中。2007年5月国务院办公厅下发了《关于加快推进行业协会商会改革和发展的若干意见》,进一步明确了国家对促进行业协会的发展举措,特别是在落实社会保障制度、完善税收制度、建立健全法律法规、加强和改进工作指导上做了详细规定。一些地方的法规与规章上也有很多明确的较完善的规定。例如,《上海市国民经济和社会发展第十二个五年计划规划纲要》等,一些地区都把社会团体的发展纳入本地政府的发展规划内。

第二,强化财政补贴力度,给予社会团体发展有力支持。政府对于社会团体的财政支持主要有两种形式,第一种情形是某些社会团体固定地承担了政府的公共管理事务,这种情况主要是体现在"八大人民社团"上,把它们纳入国家财政预算体系之内。第二种情形从外部支持某些社会团体的发展,如在特定时期为了扶植社会团体而设置专项基金,让社团运行有足够的资金支持,这种财政支持面对的对象主要是行业性协会、公益性社会团体、社区社会团体等。

第三,增加政府购买社会团体服务项目。随着政府职能的转变和管理方式的调整,国家越来越重视社会团体在社会管理中发挥的作用。近些年来,从中央到地方的各级政府已经将购买社会服务的资金列入本级年度预算,强化政府购买服务工作,一方面让社会团体承接了政府的一些职能,提高了服务效率和质量,另一方面也使社会团体得到进一步的发展。

第四,增加对社会团体的财政、税收、供地等优惠政策。政府应当对从事公益活动的社会团体,在财政、税收等方面提供优惠政策,包括在营业税、企业所得税、土地使用税、房产税等方面给予具体而明确的优惠,以此来解决公益类社会团体的发展资金不足问题,充分发挥社会团体在社会发展方面的作用。

第五,建立公益孵化器。公益孵化器是政府为了培育新兴社会团体所采取的支持政策,这种模式的主要特点是"政府支持、民间力量兴办、专业团队管理、政府和公众监督、民间公益组织收益"。对于处于发展初期的社会团体，需要国家和政府从多方面扶持，其中建立公益孵化器是一个新颖而有效的形式。

第三节　民办非企业单位

一、民办非企业单位的定义、特征与类别

（一）民办非企业单位的定义

民办非企业单位是一个相对新颖的概念，它是改革开放以来我国经济社会转型产生的新事物。对于它的命名也经过了讨论和争辩，最终 1998 年的《民办非企业单位登记管理暂行条例》第 2 条给了一个明确的规定，即指企业、事业单位、社会团体和其他社会力量以及公民个人利用非国有资产举办的，从事非营利性社会服务的社会组织。由此可见，民办非企业单位是民间组织的重要组成部分。

与各种企业不同，民办非企业单位不以营利为目的，不以利润最大化为活动准则。虽然它也遵循自主管理、自求发展、自我约束的原则，也在服务活动中收取费用，雇用员工，支付报酬，与企业存在相同或相近的地方，但它的自主原则是活动原则，而非经营原则。它的收益取酬只是手段，是为了维持自身存在以继续提供服务，并非以收益营利为目的，谋求自身利润最大化。与国有事业单位不同，民办非企业单位的服务内容、服务领域、活动性质（非营利）与事业单位相同或相近，有人说是对事业单位职能的拓宽。在此意义上，可以说民办非企业单位也是一种事业单位。但它的兴办主体是非政府组织，或使用的资产主要来自非国有资产。

（二）民办非企业单位的特征

民办非企业单位是非政府组织（NGO）的基本组成部分，即具有了 NGO 所具有的自主性、公益性、非营利性、非政府性等基本特征。此外，民办非

企业单位的自身性质决定了其还具有民间性、实体性、服务性、独立性的特点。

(1) 民间性。首先,从民办非企业单位的举办主体上讲,"民"字是相对于"官"来说的。它的举办主体的"非政府性"是它区别于其他事业单位的主要特征,民办非企业单位的举办主体主要是企业事业单位、社会团体、其他社会力量和公民个人。其次,从资金来源上讲,民办非企业不是"国有资产"举办,而是利用"非国有资产"举办的,这包括个人财产、集体所有的财产或者国外资产等。在这里,民办非企业单位并不是排除国有资产的加入,而是不让国有资产占主导地位,突出其"民办"的特征。

(2) 非营利性。"非企业"就是说民办非企业单位的非营利性,因此企业是以营利为目的的组织,而民办非企业单位就是在区别这类组织和企业,"非营利性"的要求和特征限制这类组织从事商业活动,而是从事社会的公益事业,以服务社会为目标追求。这并不是说民办非企业单位不能从提供的服务中获得报酬、不能从经营中获得利润,而是民办非企业单位收的费用是服务的成本价格,并且它的盈余和清算后的财产不能分红,只能用于社会公益事业。

(3) 实体性。实体性是指民办非企业单位是一个实体性的社会组织,它的存在意义在于要提供一定的服务,而不是从属于其他社会团体的组织,是一个单独的组织。这也是民办非企业单位区别于社会团体和基金会的重要特征。

(4) 服务性。服务性也是民办非企业单位区别于社会团体和基金会的重要特征。它是提供一定的公共服务或补充政府提供公共服务不足的组织。目前来说民办非企业单位涉猎的行业也比较广泛,如在教育、卫生事业、科技事业、体育事业、劳动事业、民政事业、社会中介服务业、法律服务业等方面。

(三) 民办非企业单位的分类

按照不同的分类方法,可以把民办非企业单位划分为不同的类别。目前,关于民办非企业单位的分类主要有以下两种。

第一,按实体类型划分,可以把民办非企业单位分为法人型、合伙型和个体型三大类。

第二，按照所属的行业划分，可以分为：①教育科研单位，如民办幼儿园、民办专修学院或者学校、民办培训学校或中心等；②医疗卫生单位，如民办门诊部、医院等；③文化艺术单位，如民办艺术表演团、文化馆、美术馆等；④体育单位，如民办体育场、体育俱乐部等；⑤劳动保障单位，如民办的职业培训学校、职业介绍所等；⑥民政事业，如民办福利院、养老院、托儿所等；⑦社会中介服务单位，如民办评估咨询服务中心、民办人才交流中心等；⑧法律单位，如各类法律服务中心等；⑨出版单位；⑩信息调查单位等。

二、民办非企业单位的内部治理结构

民办非企业单位的内部治理结构是内部治理起作用的关键因素，在组织的发展中起着不可替代的作用。民办非企业单位的内部治理机构必须按照国家的有关规定和自己的章程进行。比如在选举上，必须按照章程的规定规范操作，确保公开、公平、公正、合法。从上面的分类来看，民办非企业单位分为法人、合伙和个体三种不同的组织形式，合伙型和个体型的形式已经比较少了，下面介绍法人型民办非企业单位的组织模式。

法人型民办非企业单位的治理结构一般分为三层次。第一层是董事会（理事会），它是决策机构，是最高的权力机构。同时监事会也是第一层，负责监督理事会和执行机构的行为。第二层是高级管理层，它是组织的执行层，并按照决策层的决议对组织的日常事务进行管理。第三层是业务部门，主要负责举办活动、人事管理、财务管理等。

由此可见，法人型民办非企业单位在内部已经形成了包括理事会、监事会、高层管理人员等相互独立又相互制衡的格局。理事会是其最高的决策机构，代表相关利益主体行使法人的财产权利。民办非企业单位的理事会是整个组织治理的核心，也是其非营利性组织治理的责任主体。理事会是整个组织内外协调和发展的纽带。在内部治理上理事会着眼于对组织的结构设置，人员安排，特别是甄选、任命执行长的人选，协助其职能的发挥；同时把握整个组织的发展目标、方向、任务；对工作绩效的评估；协调组织内部矛盾、发挥和调控运作职能。在外部监督方面，理事会要着眼于组织与外部环境的互动和联系，主要活动有获取资源、获得募捐、提升组织形象等。

因此，理事会是着眼于民办非企业单位的战略管理，具体的事务不应该过多地参与。民办非企业单位的具体事务的执行由其高层管理人员进行，这些高级管理人员是民办非企业单位的雇员，在理事会的授权范围内对整个组织进行管理和日常事务的处理。作为组织的管理者，执行机构直接对理事会负责。一般而言，执行机构负责人应该履行的职责包括：了解组织内外的社会、经济、政治环境；为理事会提供所需的信息及相关协助；管理组织的所有员工，建立理事会与员工之间的沟通体系；督促理事会善尽其责；有效地管理日常互动等。

民办非企业单位的监事会是为了保证法人型民办非企业单位的理事会按照相关法律、法规和组织规章制度运行，是法人型民办非企业单位内部治理不可或缺的部分。监事会的主要职责是搜集、整理、发布组织的运作信息，检查组织的财务状况，对理事会成员的行为进行监督，对组织的运作进行定期评估。如果发现组织理事会、董事会或者管理者有不当的行为，监事会有权要求纠正。

法人型民办非企业单位的理事会、执行机构和监事会各司其职，形成相互制衡的局面，来维系民办非企业单位的健康发展。

三、民办非企业单位的资金筹集及资本运行

（一）民办非企业单位资金的筹集

民办非企业单位要运行不仅是系统内各个机构的运行，也包括它的资金运转。民办非企业单位的业务活动的开展也离不开物质资产的支撑。民办非企业单位的资金来源不是单一的，主要有以下几种。

第一，举办者出资。民办非企业单位的举办者可以是个人或者集体，举办者可以根据法律的规定和程序出资或者募捐得到资金，这些资金都是他的合法资产。

第二，有偿服务收费。民办非企业单位不以盈利为目标，但是在提供服务的过程中可以适当地收取服务费来抵消成本费，在抵消成本费后可能有的盈余不能分红，但是可以转化为它的资产。

第三，政府拨款资助和国有资产的转移。这里获得政府资助的主要方式

是政府购买，政府为了扶持民办非企业单位的发展可以以政府购买项目的形式给予资金支持。另外，还有一种形式就是事业单位改制成民办非企业单位，这种情况下其相关的资产也可以转移。但是，相关政策会规定国有资产应占适当的比例。

第四，社会捐赠。从当前民办非企业单位的发展来看，民办非企业单位资金的一个重要来源，就是接受社会人士的捐助和资助。随着慈善文化的发展和深入，有越来越多的社会人士热衷于捐助那些具有公益性质的民办非企业单位。

（二）民办非企业单位的资本运行

民办非企业单位是非营利组织，它的目的不是去追逐利润。但是，它是可以开展一定的经营活动，参与市场竞争，适当地收取一些服务费用来维护自身的运营。民办非企业单位参与市场的方式也有所不同，从目前的现实状况来看有以下几种：

第一，出售相关产品来取得资金，但是这种形式不能经常出现。这里的出售产品指的是有产品产出的民办非企业单位，如文化类的，民办艺术表演团、文化馆、美术馆等的作品或者出场费，出版单位的刊物等。

第二，提供有偿服务，这里的有偿服务是指服务类的民办非企业单位。如民办福利院、养老院、幼儿园等单位。

第三，和企业合作。这里的合作是指伴随公众对民办非企业单位服务需求的增长，它可以利用自己良好的组织形象和企业合作，利用企业的经营反哺民办非企业单位，从而取得一定的效益，这种形式在我国呈不断增加的趋势。

第四，参与投资。在民办非企业单位中有一定的盈余后不用于分红，那么这些资金就可以用来投资从而取得回报，更好地为社会公益事业做贡献，当然这里的投资要建立在不影响公益项目的基础上。

（三）民办非企业单位的资金管理

第一，资金来源合法。民办非企业单位可以由举办人出资，也可以通过社会募捐或国有资产转移来实现，但是这些形式都有法律的严格约束。即单位资金来源需建立在合法的基础上,个人和集体不能以任何理由私占和侵吞。在这里民办非企业单位的举办人、出资人、管理人都不能侵吞、占有、挪用其资产,保持民办非企业单位的资产来源合法,资金使用合理。

第二,盈余不能分红。民办非企业单位可以在法律允许的范围内提供有偿服务,所有的收入必须合法,把盈余作为维持其自身的正常运营之用,而不能在单位内部分红或挪作他用。

第三,要加强账簿管理,尤其是对于接受捐赠和资助的资金,要求有账可查,要有明确的成文的规章制度。公开款项的使用情况和明细,接受捐助人(资助人)、业务主管单位和社会大众的监督。

第四,建立明确的财务审计制度。在民办非企业单位内部,应该建立健全财务审计制度。尤其对于那些来源于国家资助或者捐助、捐赠的资产,要接受国家审计机关的审计监督,要按时提交审计材料。

四、国家对民办非企业单位的扶持

伴随着社会发展和社会建设的改革,民办非企业单位在社会进步的过程中的作用越来越突出,这也得到了政府的认可。国家也加大了对民办非企业单位的扶持,通过采用各种政策和措施来促进民办非企业单位的发展。

(一) 对民办非企业单位的税收优惠政策

对于民办非企业单位的税收优惠政策,主要体现在以下几个方面。

1. 所得税的优惠

在所得税方面,《企业所得税法》第 26 条规定,符合条件的非营利组织的收入为免税收入。《事业单位、社会团体、民办非企业单位企业所得税征收管理办法》及其他相关税法规定,在民办非企业单位的收入总额中,一部分收入项目可以享受免税政策。具体是:

(1) 财政拨款;

(2) 经国务院及财政部批准设立和收取,并纳入财政预算管理或财政预算外资金专户管理的政府性基金,资金,附加收入等;

(3) 经国务院,省级人民政府(不包括计划单列市)批准,并纳入财政预算管理或财政预算外资金专户管理的行政事业性收费;

（4）经财政部核准不上缴财政专户管理的预算外资金；

（5）事业单位从主管部门和上级单位取得的用于事业发展的专项补助收入；

（6）事业单位从其所属独立核算经营单位的税后利润中取得的收入；

（7）社会团体取得的各级政府资助；

（8）社会团体按照省级以上民政、财政部门规定收取的会费；

（9）社会各界的捐赠收入。

与此同时，在计算民办非企业单位应纳税所得额时，按照规定的范围、标准予以扣除工资、工会经费、职工福利、教育经费、医疗基金、养老和失业等保险基金及业务招待费。具体标准如下。

（1）事业单位凡执行国务院规定的事业单位工作人员工资制度的，按照规定的工资标准在税前扣除，超过规定工资标准发放的工资不得在税前扣除；经国家有关主管部门批准，实行工资总额与经济效益挂钩的事业单位，经税务机关批准，可在工效挂钩办法核定的工资标准内，按实际发放数在税前扣除；按工效挂钩办法核定的工资标准提取的工资额，低于当年实际发放工资额的部分，在以后年度发放时可在税前扣除。凡不执行以上两种办法的事业单位，按税法统一规定的计税工资标准扣除。社会团体、民办非企业单位的工资扣除办法比照事业单位执行。事业单位、社会团体、民办非企业单位的工资制度和工资标准应报主管税务机关备案。

（2）事业单位、社会团体、民办非企业单位的职工工会经费、职工福利费、职工教育经费，分别按照前款规定允许税前扣除标准工资总额的2%、14%、1.5%计算扣除。但原来在有关费用中直接列支的，在计算应纳税所得额时不得扣除。

（3）事业单位、社会团体、民办非企业单位在计算应纳税所得额时，已扣除职工福利费的，不得再计算扣除医疗基金；没有计算扣除职工福利费的，可在不超过职工福利基金的标准额度内计算扣除医疗基金。对离退休人员的职工医疗基金，可按规定标准计算的额度扣除。

（4）事业单位、社会团体、民办非企业单位根据国家和省级人民政府的规定所缴纳的养老保险基金、待业保险基金、失业保险基金支出，可按税法规定扣除。

(5) 事业单位、社会团体、民办非企业单位的用于公益、救济性及文化事业的捐赠，在年度应纳税所得额3%以内的部分，准予扣除。

(6) 事业单位、社会团体、民办非企业单位为取得应税收入所发生的业务招待费，以全部收入扣除免税收入后的金额，按税法规定的标准计算扣除。

(7) 事业单位、社会团体、民办非企业单位的贷款利息，按税法规定的标准扣除。

2. 营业税的优惠

在营业税方面，我国营业税法的相关文件规定了有关非营利组织的税收优惠制度，主要涉及就业再就业政策、社会公益政策、涉农和国家储备政策等。从外延上看，非营利组织包括民办非企业组织。因此，民办非企业组织也应享受营业税的规定。《营业税条例》规定，有关非营利组织的营业税免税项目主要包括以下几个方面。

(1) 托儿所、幼儿园、养老院、残疾人福利机构提供的养育服务、婚姻介绍、殡葬服务。

(2) 医院、诊所和其他医疗机构提供的医疗服务。非营利性医疗机构、疾病控制机构、妇幼保健等机构按国家规定取得的医疗卫生服务收入免税；营利性医疗服务机构取得的收入直接用于改善医疗卫生条件的，自取得执业登记之日起3年内取得的医疗服务收入也可免税。

(3) 学校和其他教育机构提供的教育劳务。这里的学校和其他教育机构，是指普通学校和经地、市级以上人民政府或者同级政府的教育行政部门批准成立、国家承认其学员学历的各类学校。

(4) 纪念馆、博物馆、文化馆、美术馆、展览馆、书画馆、图书馆、文物保护单位举办文化活动取得的门票收入，宗教场所举办文化、宗教活动的门票收入。这里所称的纪念馆等单位举办的文化活动，是指这些单位在自己的场所举办的属于文化体育税目征税范围的文化活动。其门票收入，是指销售第一道门票的收入。宗教场所举办文化、宗教活动的门票收入，是指寺庙、宫观、清真寺和教堂举办文化、宗教活动时销售门票的收入。

(5) 财政性收费、社会团体收取的会费。

(6) 非营利性科研机构从事技术开发、技术转让业务和与之相关的技术咨询、技术服务所得的收入。

3. 土地使用方面的优惠

为了鼓励和扶持非营利组织的发展，我国对非营利组织的城镇土地使用也规定了特殊的优惠政策。例如，城镇土地使用税条例规定，集体和个人办的各类学校、医院、托儿所、幼儿园用地是否免税，由当地的省、自治区、直辖市的税务部门确定；土地增值税条例规定，国家规定房产所有人、土地使用权人将房屋产权、土地使用权赠予非营利组织可以享受免税待遇；耕地占用税暂行条例规定，对学校、幼儿园、敬老院、医院等非营利组织的用地，可以免征耕地占用税；契税条例规定，利用非国家财政性教育经费面向社会举办教育机构，承受土地、房屋用于教学的，也可以免税；等等。

4. 房产税的优惠

我国的《房产税暂行条例》规定，以下 3 类非营利组织，可以免缴房产税。

（1）国家机关、人民团体、军队自用的房产。其中，人民团体是指经国务院授权的政府部门批准设立或登记备案并由国家拨付行政事业费的各种社会团体。自用的房产是指这些单位本身的办公用房和公务用房。

（2）由国家财政部门拨付事业经费的单位自用的房产。对实行差额预算管理的事业单位本身自用的房产免征房产税。对由国家财政部门拨付事业经费的单位，其经费来源实行自收自支后，从事业单位经费实行自收自支的年度起，免征房产税 3 年。自用的房产是指这些单位本身的业务用房。企业办的各类学校、医院、托儿所、幼儿园自用的房产，可以比照由国家财政部门拨付事业经费的单位自用的房产，免征房产税。

（3）宗教寺庙、公园、名胜古迹自用的房产。宗教寺庙自用的房产是指举行宗教仪式等的房屋和宗教人员使用的生活用房屋。公园、名胜古迹自用的房产，是指供公共参观游览的房屋及其管理单位的办公用房屋。

但是，上述非营利组织出租的房产和非本身业务用的生产、营业用房产不属于免税范围，应征收房产税。公园、名胜古迹中附设的营业单位，如影剧院、饮食部、茶社、照相馆等所使用的房产及出租的房产，应征收房产税。

5. 其他税收优惠

国家对非营利组织的税收支持，还表现在其他税收制度中。例如，增值税条例规定，直接用于科学研究、科学实验和教学进口的仪器、设备，免征增值税；在关税方面，对于外国政府、国际组织无偿赠送的物资可以免税；在车船使用税方面，非营利性医疗机构、疾病控制机构、妇幼保健机构等卫生机构自用的车辆船舶免税；营利性医疗机构取得的收入直接用于改善医疗卫生条件的，自取得执业登记之日起3年内，自用的车辆、船舶也可免税；政府部门和企业、事业单位、个人投资兴办的福利性、非营利性老年服务机构自用的车辆、船舶免税等。

（二）财政金融扶持政策

政府对民办非企业单位的扶持培育最重要的还有资金方面的资助。西方国家民间组织一般由政府负责提供部分资金甚至主要资金，民间组织的服务实现了政府所期望的公共目标，政府壮大了民间组织的服务能力，这是福利国家普遍采取的做法。我们应该吸取这些经验，为民办非企业单位发展提供必要的资金援助。在具体方法上，可以结合我国国情和各地实际采取多样化的扶持办法。

1. **政府委托经营**

以民办福利机构为例，政府可以变过去所有权与经营权合一为所有权与经营权分离，将国有的福利设施委托给民间经营者。受托经营者可以是独立法人，对经营的投入、产出及损益完全负责，政府只要求它提供规定的服务。上海浦东罗山市民会馆的成功实际上就是政府委托经营的一个样板。

2. **政府购买服务**

所谓政府购买服务，即政府只出资，而由民间组织来营办服务。譬如在民间资本有限、政府举办福利机构失灵的条件下，政府就可以出资由民间组织来举办福利机构。又如政府有一些专项研究课题或大型社会调查活动，就可以提供研究资金或活动经费，而让民间的一些专业研究机构来进行。这样既发挥了民间研究机构的优势，又使政府部门可以将精力放在自己的主要业务上。这种形式可能是今后较长一段时期内最主要的一种资金扶持方式。

3. **政府补贴服务**

美国各级政府部门对民间组织的资助占其总收入的31%。按照政府补贴理论的观点对政府补贴政策的分析，民间服务组织在职能上可视为"政府的替代物"或"政府的互补品",即政府通过民间组织来执行自身的部分职能。政府应当对民间组织的服务供给采取补贴、合同、贷款和贷款担保等多种形式予以资助。对民间组织、非营利组织的免税优惠也属于政府的一种暗补方式。在北京乃至全国,相当数量的民办非企业单位,尤其是民间福利机构都面临着资金短缺的困难,在人们生活水平还不高,社会公益意识淡薄、募捐来源不稳定、筹集资金方式单一的情况下,如果能得到政府的补贴,无疑会促使其更快地发展。

复习思考题

1. 什么是基金会?基金会包括哪些类别?
2. 基金会的组织结构包括哪些?其各自的功能是什么?
3. 社会团体的特征是什么?它包括哪些种类?
4. 简述民办非企业单位的特征和类别。
5. 国家对民办非企业单位的扶持政策表现在哪些方面?

第六章 公益创业的新形式：社会企业

第一节 什么是社会企业

一、社会企业定义及特征

社会企业是一种新型的社会组织，兴起于20世纪中后期，20世纪90年代以来在全球范围内传播，其不仅有别于一般的商业企业，也有别于传统意义上的非营利组织。虽然社会企业的实践在西方国家已有20多年之久，但由于各国对社会企业认识及实践上的差异，无论在学术界还是实践领域，对社会企业的理解都没有达成共识。这里介绍一个相对简单的定义。英国社会企业联盟（The Social Enterprise Coalition）将社会企业简要定义为"运用商业手段，实现社会目的"。尽管对社会企业的内涵界定各不相同，但社会企业兼具公益性和社会性的双重特性却得到学者们的普遍认可。

首先，社会企业具有传统非营利组织的基本属性，即公益性。公益性是社会企业区别于一般商业企业的本质特征。与传统非营利组织一样，社会企业具有明确的社会目标，如满足社会需要、创造就业机会、提供员工培训、建立社会资本、推动可持续发展等，为实现既定的社会目标，社会企业采取商业手法，所得利润用以贡献社会，而不在股东之间进行分配，在员工构成上，志愿者在社会企业中占相当比例，带薪雇员占较小比例。

其次，社会企业作为一种新型企业形态，具有企业的基本属性，即营利性。营利性是社会企业有别于传统非营利组织的显著标志。为赚取利润，社会企业也从事与商品或服务的生产、流通相关的经济活动，并参与市场竞争。与一般商业企业一样，社会企业在经济活动中也具有独立自主、自负盈亏的能力,并积极追求核心竞争力以获得自身的可持续发展。

基于社会企业公益性与营利性的双重属性,我们可将社会企业定义为一种介于公益与营利之间的新型社会组织,正如 J. 格雷戈里·迪斯提出的"社会企业光谱"概念,社会企业是纯慈善组织(非营利组织)与纯营利组织(商业企业)之间的连续体。

关于社会企业的外延,学术界有着不同视角的界定。欧洲社会企业研究网络(EMES)所构建的"社会企业"的社会指标,呈现出光谱连续体的概念,如图 6-1 所示。社会企业是合作社和非营利组织相交集的部分。

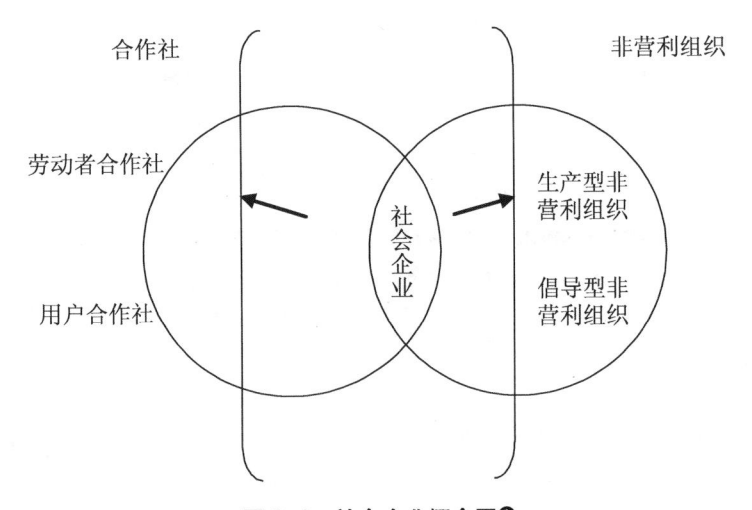

图 6-1 社会企业概念图[1]

狄兹(J. Gregory Dees)进一步从社会企业与传统的非营利组织和私人企业的关系分析,认为社会企业一词并非单纯为财政目标而存在,而是一种多元混合的综合体(hybrid),他提出了著名的"社会企业光谱"概念,从主要动机、方法和目标以及主要利害关系人的角度,分析社会企业是处于纯慈善(非营利组织)与纯营利(私人企业)之间的连续体。

金·阿特洛(Kim Alter)绘制出一幅更为详细的可持续性发展的光谱图,如图 6-2 所示,更具体地说明了这一变化的趋势:即传统非营利组织与传统

---

[1] 雅克·迪夫尼. 从第三部门到社会企业:概念与方法[J]. 经济社会体制比较, 2009(4). 原文有误,引用时加以修正。

营利企业在社会变革环境下，尽管初始的目标有所差异，但是为了实现"可持续性的发展战略"，两种组织形式最终还是向中间状态"社会企业"或"社会负责型"企业靠拢。[1]

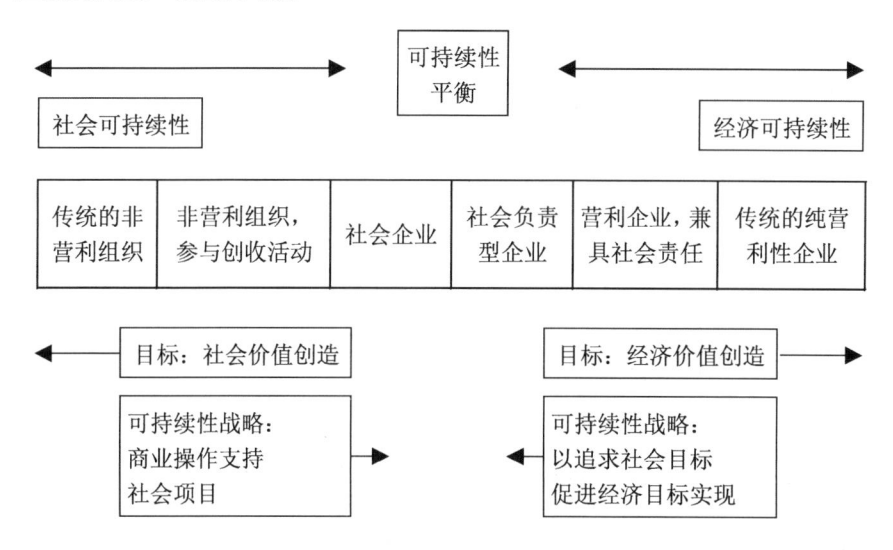

图 6-2 金·阿特洛可持续性发展光谱

二、社会企业分类

（一）组织动机

根据狄兹的社会企业光谱理论，从组织动机导向角度，将社会企业划分为使命中心型、使命相关型和使命无关型。

1. 使命中心型

使命中心型是指社会企业以社会公益为终极使命，企业的经营活动以组织的使命为中心，并通过商业手段自筹经费。这种类型的社会企业往往雇用弱势群体以推动社会就业。

2. 使命相关型

使命相关型是指社会企业经营活动与组织本身的使命密切相关。它一方

---

[1] 严中华. 社会创业 [M]. 北京：清华大学出版社，2008.

面创造社会价值，另一方面通过创造经济价值补贴社会项目投资或运营的费用。社会服务商业化是这种类型的社会企业的普遍运营方式。

3. 使命无关型

使命无关型是指社会企业的经营活动与组织使命没有直接关系，而是以商业领域的生产盈利来满足社会项目和组织运营的资金需求。

(二) 国内实践

部分学者结合国内社会企业发展情况，对社会企业进行类型划分。根据社会企业跨部门的多重特性，将社会企业分为市场实践层次、公益创新层次、政策支持层次和理想价值层次，对应有以下四种类型的社会企业。

1. 市场实践型社会企业

从市场的角度出发，主要指的是那些登记注册为工商企业并作为营利性企业发展起来，而在其发展的一定阶段转向公益实践，逐渐发展成为社会企业的类型。市场实践层次强调的是企业属性和公益导向。企业有明确的公益目标和宗旨，其利润不分红并用于所致力的社会服务，使弱势群体或整个社会受益，从而实现市场与公益的有机结合。这类社会企业的特征是：基于市场实体，树立公益目标，发展社会企业。

2. 公益创新型社会企业

从公益角度定义，主要指的是那些登记注册为非营利组织并作为公益组织发展起来，而在其发展的过程中引入越来越多的市场机制，逐渐发展成为社会企业的类型。公益创新层次强调的是非营利组织属性和市场机制。就是和企业一样进入竞争性的市场领域，逐渐形成经营能力、增值能力和核心竞争力，用市场机制实现公益目标，从而实现公益与市场的有机结合。这类社会企业的特征是：基于公益实体，采用市场机制，发展社会企业。

3. 政策支持型社会企业

从政策支持的角度来定义，主要指那些基于政策当局的判断所定义的、需要从政策上给以支持的社会企业类型。这类社会企业通常被限定在特殊的政策领域，如在欧洲，政策支持的主要领域是救助失业、扶助落后地区及为社区提供公共服务，相应发展起来的社会企业就主要集中在这些领域。政策支持型社会企业的主要特征是：通常按照政策所规定的制度形式进行登记注册，在特定的领域开展活动，其资金主要来源于政府等公共部门，享受相应的税收减免等优惠政策，运用市场机制为特定的弱势群体或社会公众提供具有公共物品性质的社会服务。

4. 理想价值型社会企业

这是从理想价值层面来定义的，主要指那些充分实现了公益与市场有机结合的社会企业，这类社会企业无论是采取企业的形式还是非营利组织的形式，都不再简单地表现为企业或非营利组织，而从本质上超越了企业和非营利组织，表现为更高层次的社会创新。这类社会企业家通常是富有公益精神和创新能力的企业领袖，追求更高的社会理想与价值实现是他们致力于社会企业的主要目的，而其高超的市场经济驾驭能力与纯熟技巧又能让公益目标得到充分实现。理想价值型社会企业的主要特征是：拥有核心竞争力，在市场成就与公益奉献基础上追求更高层次的社会实现与创新，并通过实践探索形成独具特色的社会企业创新之路，在引领市场的同时引领公益，在引领市场和公益的同时引领社会创新。

三、社会企业的产生与发展

（一）发达国家

1. 英国

英国是全球社会企业比较发达的国家。综合《2005 年英国社会企业调查》和《2006 年英国中小企业调查》的数据结果显示：英国至少有 5.5 万家社会企业，占所有企业的 5%，营业额估计大约为 270 亿英镑，每年对 GDP 的贡献是 84 亿英镑，大约占英国 GDP 的 1%；社会企业部门的从业人员达到 47.5 万人，还提供了 30 万个志愿工作岗位，有 1/4 的社会企业为遭受社会排斥的人们提供或寻找就业机会。

提到英国的社会企业，最具代表性的当属 "HCT"。HCT 是在 1982 年由 Hackney 地区当地几个社区组织合力创办的。到 1986 年，HCT 拥有 15 名员工和众多的志愿者，拥有 800 个电话预约用户、4000 个小型巴士用户和 750 名在册司机。在整个20世纪90年代，HCT的员工人数大体上没有变化，但其服务范围却持续扩大。HCT成了一个公认的客运培训中心，并在Hackney地区开创了一项新服务——"PlusBus"，为不方便使用现有公交路线的人们提供服务。早在20世纪90年代中期，HCT就已决定涉足市场参与商务合同竞争，因为实现财务可持续性的最佳途径是成为一家真正的企业。2001年可以说是HCT实现大跨步发展的一年。这一年，HCT与伦敦运输局签订了一份主流路线合同，开始在伦敦经营153条公交路线。时至今日，HCT仍在经营这些公交路线并在2003年新增了两条路线：388路和394路。这两条路线也是在东伦敦开设的。在接下来的几年，HCT的业务进一步扩大，获得了为Waltham Forest区有特殊教育需求的人士提供接送服务的合同，以及向西约克郡的学校提供校车服务的合同，这是HCT所获得的伦敦之外的第一份合同；HCT在与商业交通供应商竞争合同时取得了胜利，使得约克郡和伦敦的公交路线进一步增多。就这样，HCT从一个仅由少数几名志愿者和两三辆小型巴士（1993年的营业额是20.2万英镑）组成的小公司成长为一家拥有700多名员工、320多部车辆、在伦敦和约克郡坐拥9个客运站的大型社会企业。HCT 2010—2011年的营业额是2810万英镑（与2009—2010年的2330万英镑相比上升了20%）。HCT每天提供交通出行超过3万次，每年服务累计超过100万人次。

　　人们普遍认为，HCT是英国最重要的社会企业之一。HCT首席执行官戴·鲍威尔（Dai Powell）曾在2006年被当时的第三部门办公室任命为社会企业大使。20世纪90年代初，鲍威尔以巴士清洁工的身份加入该组织，此后连连升职，最终成为HCT的首席执行官。HCT将业务收入盈余重新投回他们的事业，这一运营模式在商业市场获得了成功，HCT 2010—2011年最新的财务业绩便是最佳证明。HCT本打算把30%的收入盈余用于再投资，但实际上，在最近一个财政年度，它把37%的收入盈余重新投回当地的社区服务。不仅如此，整个HCT集团还打算每五年将其规模翻一番。在权衡社会影响这一点上，HCT同样被视为领先者。戴·鲍威尔曾写到，HCT集团区别于其他慈善机构和非营利组织及商业公司的地方就在于，HCT集团董事会注重对社会影响的权衡。从传统上讲，在一般的非营利组织中，理事会的任务就是让管理者对其资金使用负责并减轻一切风险。在商业公司中，董事会的任务仅仅是

第六章 公益创业的新形式：社会企业

让股东利益最大化。HCT集团既不想像慈善机构理事会那样规避一切风险，又不想像商业公司那样纯粹以经济利益为主导，所以他们确保集团发展以服务社区为出发点，既像商业公司一样锐意进取，又始终把社会使命作为工作的绝对核心。

HCT集团是英国一家开创性的社会企业，它显示了商业运营和社会影响完全可以协调一致。新的融资形式、新服务和对新机遇的开放态度，使得HCT相比创业之初扩增了一百倍。值得注意的是，尽管HCT现在经营着伦敦的9条公交路线，并与英国交通运输公司的巨头竞争，但它在最初的社区内所提供的服务却与30年前无异，那里的人们仍旧享受着相同质量的服务。

此外，英国还有诸如人民超市等新兴的社会企业。

链接：人民超市

人民超市（The People's Supermarket）作为一家食品合作社，其宗旨是"以对消费者和生产者公平合理的价格为当地社区提供物美价廉的食品"。

2010年5月，人民超市由亚瑟·波茨·道森（Arthur Potts Dawson）、凯特·布尔（Kate Bull）、大卫·巴里（David Barrie）及多个支持者和专业顾问在英国伦敦创建而成。亚瑟曾在伦敦经营过餐馆，并对食品与可持续发展情有独钟。人民超市在很大程度上是受美国纽约州布鲁克林Park Slope街区Park Slope食品合作社的启发。

人民超市于2010年6月1日正式开门营业。现如今，人民超市提供大约2000种产品，每周顾客访问量约为6000人，惠及各种人群。超市物品丰盛，看上去琳琅满目，但与寻常超市相比，还是少了许多。这是因为人民超市注重可持续发展的价值理念，而不是购物选择。超市经理凯特·布尔说："针对某一种商品，我们通常会为顾客提供3种选择，而不是20种。第一种是知名品牌，例如亨氏焗豆；第二种是价格更加便宜，但不是很有名的产品；第三种是营养价值高的同类产品，例如Whole Earth旗下的产品。从整体上讲，我们的利润很不错，但我们会为营养价值高的产品提供折扣。因为价格低，就会有更多的人尝试。"

人民超市不仅卖东西，还设立"人民厨房"，由四个签约厨师每天在店内现场为大家提供大约 500 种快捷食品，既包括汤品，也包括主菜，如慢火烤肉加苹果汁、肉汁、根菜泥，还有些许布丁。菜单通常是按照店内所剩余料的情况制订的（可能是已经过了最佳食用期的蔬菜，也可能是尚未用完的零碎肉），这完全符合老百姓居家过日子的精打细算。"有时人们会说：'你过时了！'"凯特·布尔说："事实上，这种模式符合未来城市的发展需求。使用时令食材，对食物的原产地、种植情况及后期处理都做到心知肚明，并且毫不浪费，这些都很重要。'诚信可靠'的理念可能早已经过时了，但以诚信为基础实现企业盈利是我们一直以来的努力方向。"

会员制是如何运作的？任何人都可以在人民超市买东西。但是，如果你是超市的会员，你就能享受一些权益，同时承担一些义务。每位会员每年要交 25 英镑的年费（1 英镑作为合作社的股份），每四周要拿出 4 个小时到店服务。作为回报，会员在店内购物可享受 20% 的折扣，并共同享有超市的所有权，在超市做出重大决策时，能够民主地参与其中（例如就工资、供应商、产品、管理团队等事项进行投票时享有投票权）。会员制可使企业运营的一般费用维持在最低水平。超市内享受工资的员工仅有 17 人，并且工资都处在最低水平。

理想状态下，人民超市的农产品都是从伦敦周边 100 英里范围内采购的；唯有在本土产品缺货的情况下，才会从欧洲采购。"英国农业步履蹒跚，造成这种衰退局面的最直接原因是超市独霸利润大头。"人民超市共同创始人亚瑟说："超市从种植土豆的老农手里以每公斤 4 便士的价格买进，售出价却是 90 便士左右；我们答应以每公斤 16 便士的价格买进，售出价（会员价）是 40 便士。"

"菜农二代"弗兰科·普拉拉（Franco Pullara）在伦敦市郊经营着一家托儿所——加冕路托儿所。他将自己种植的辣椒和黄瓜提供给四大超市，虽然有利可图，但却十分艰难，令人沮丧。尤其是，他不得不丢弃一些长相难看、但品质优良的蔬菜，这令他十分反感。现在，他却可以把这些菜卖给人民超市！在过去一年里，弗兰科与人民超市之间的业务额呈 10 倍增长，双方都很满意。

在大公司林立的食品零售业中，人民超市要将自己的目标定位在何处呢？人民超市的企业使命如下：

"我们的愿景是建立一个运用可持续发展的商业模式，在实现增长与盈利的同时，以社区发展与凝聚的价值理念为指导进行企业经营的社会企业。我们的目标是将城市社区与当地从事农业生产的社区相连接，为民众购买食品提供另一种选择。"

2. 美国

自20世纪60年代约翰逊总统提出"大社会计划"以后，政府对于非营利组织的补助大量删减。尤其是在20世纪80年代里根政府时期最为严峻，造成非营利组织庞大的财政缺口，非营利组织不得不开始追求商业收益。这种以使命为导向的商业活动，其核心策略就是"非营利创业"，也就是创设具有创业精神的非营利组织。此外，传统企业慈善也开始转型，从传统捐赠者角色开始转向积极介入，企业不再扮演消极的委托人角色，即希望从传统"给鱼"角色，改变为"给钓竿"的永续经营策略，其核心策略为"社会投资"。

链接：绿色环保球鞋

鞋子承担人们的重量，在坚硬的地面上为双脚提供缓冲，因此鞋子的消耗速度很快。它们的下场几乎都是被扔到了垃圾堆。仅美国，每年大约就有3亿双鞋子被扔掉，它们既不能被复原，也不能被回收利用。有一个好方法是将原本应该被扔掉的鞋子再次回收利用，成为新的球鞋。通过磨碎、融化、重新塑造旧鞋材料的方式，不仅从鞋带到鞋底可以100%再回收利用，连旧鞋也可打造成新鞋。

这款100%可自由回收利用的鞋子，融合了格雷戈农原创可回收球鞋的创意。从2012年起，已生产了超过1000双广为消费者认可的绿色环保球鞋，并将其命名为"ReKixx"，戈农将这些反复利用的球鞋带到市场，并寻求市场认可。"ReKixx"是休闲舒适型球鞋，它们的材料全部是经过实验室验证、特殊混合而成的可回收材料。通过鞋底表面和底面永久的可回收标志，向世人展示绿色可回收的走路方式，通过"每一步"展示自己价值观，支持可持续发展。即使"ReKixx"球鞋被穿烂，它们也可以在回收机构、回收处理厂那里得到第二次生命。利用多种循环再利用的废弃材料制造低价、环保的产品，在美国逐渐成为一种创业新领域。

3. 日本

1945年"二战"结束后，日本处于国家荒芜、百废待兴的状态。1955—1973年，日本进入经济高速成长期。为了促进农业发展，日本政府在1961年颁布了《农业基本法》，希望通过增加农业生产力与农民收入来鼓励更多人务农。但该法生效之后，许多农村开始使用农药化肥，虽然提升了农民收入，却造成了严重的环境污染，也损害了农民的健康。

1974年春，在东京一家出版社工作的藤田和芳到水户地区采访了一批农民。这批农民发明了一种矿物质农耕法。用矿物质肥料种出的蔬菜味道很好但卖相不佳，因为人们都喜欢鲜亮整齐的蔬菜，所以他们的产品几乎没有销路。热心的藤田想帮助农民打开销路，便来到东京执掌农产品流通大权的生活消费者协会寻求帮助。在遭到了对方的拒绝之后，藤田决定自己上街卖菜。星期天，藤田开着一辆小货车来到东京的住宅小区中贩卖蔬菜，结果销售一空。"安全蔬菜"的消息传到了附近小区，周末销售的领域逐渐扩大，水户地区以外的农民也纷纷寻求藤田的帮助。1975年8月，近300名农民和消费者参加了"守护大地协会"的成立大会。1977年，藤田成立了大地股份有限公司，作为与协会并列的独立的农产品流通部门。大地的组织架构由两部分组成，一个是守护大地协会股份有限公司，另一个是NGO守护大地协会。2009年大地股份有限公司的销售额达到180亿日元（约合10亿人民币）。大地会员的签约农户目前有2500户，消费者会员9万名。

股份有限公司有四块主要业务，一是宅配，即直接将产品送到消费者的手中，door to door 的配送方式。二是批发，批发的对象主要是在日本比较有名的餐厅、一些百货店和规格较高的超市。三是餐厅经营。目前大地在东京经营七家餐厅，其中蔬菜都由大地签约农户直接供给。第四块是"自然住宅"项目，该业务目前处于试验阶段。在日本，过去修建的建筑中，使用了许多对身体有害的墙纸、涂料，越来越多的市民希望能使用节能与环保的材料来造房子，目前大地尝试把自己的业务延伸到这一领域。

NGO守护大地协会主要开展以下几方面的活动。一是环境保护方面的活动。二是与食品有关的倡导运动，如食物里程活动。活动提倡"地产地销"的理论，本地生产的产品，尽可能本地购买。三是与居住有关的倡导运动，如推广自然住宅，使用环保建材建造房屋。四是与海外 NGO、农民机构的合作项目。

守护大地协会是日本最著名的社会企业之一。作为同时拥有一个企业与 NPO 的守护大地协会，在日本成立至今 35 年，大地一直秉持着自己的理念，支持有机农业，致力于环境保护领域，并创造了消费者与生产者之间全新的流通模式。在提倡地产地销、使本地农民受惠的同时，大地也给消费者们带来了健康绿色的生活，让人们感受到人与自然的息息相关。

（二）发展中国家及地区

1. 非洲

非洲社会企业兴起的主要原因是得益于国际组织的体制性支持。由于在经济援助中往往会附加某些政治条件，致使国外势力对非洲国家的政府政策发挥了重要影响和作用。尤其是在 20 世纪 70 年代石油危机后，世界银行和国际货币基金组织制定了作为向发展中国家提供贷款条件的"结构调整政策"，以减少受援国的财政不平衡和加速市场化改革。非洲国家作为世界银行和国际货币基金组织的受援国，采纳了减少政府支出、放松管制和私有化的政策建议。但是，因为无法与跨国公司竞争，地区产业发展遭到了破坏。"结构调整政策"带来的放松管制和私有化导致多元环境的出现，削弱了政府作为社会经济发展中唯一角色的地位。在社会经济条件逐渐恶化和政府职能后撤的背景下，非政府部门迅速扩张。公共资金减少和社会问题增加导致许多非政府组织采取社会企业模式，向社会提供持续的公共物品和服务。

链接：肯尼亚 Tosheka 纺织公司

Tosheka 是一家绿色纺织公司，致力于提供针对目前非洲塑料袋粗放型处理方式的创新式解决方案，并率先在肯尼亚启动这一创新项目。Tosheka 专注于为弱势群体解决就业问题，低成本循环利用塑料袋并生产独一无二的纺织产品。Herman 和 Lucy Bigham 是这一社会型企业的联合创始人，他们解释说："我们在本地生产的独一无二且质量卓绝的手工艺循环纺织产品使得传统技术与当代设计有机结合，主要针对中高端客户。我们会根据市场需求与趋势推出前沿产品,这一产品蕴含了社会环保理念,并且实践了社区企业的价值链。"他们无不自信地表示,"我们是引领未来绿色纺织经济的先驱"。

如何有效循环利用资源是整个非洲社会面临的大挑战,每个社会成员都或多或少地受到这一不断增长的难题的困扰。两位 Tosheka 的联合创始人描述了这一非洲社会面临的严峻问题及公司寻求解决这一问题的途径与方式。Bighams 说道:"整个非洲社会现今粗放型地处理垃圾袋的方式已经成为威胁环境的重要因素,它将污染带至了城市与农村,并引发了儿童与动物的健康危机。现在,塑料袋被日常使用丢弃后并无有效的方法加以处理,同时,非洲全境几乎没有相关的回收利用系统。"

然而作为一家身处非洲的社会型企业,面临的不仅仅是上述一个问题,Tosheka 不但要与回收难题抗争,更致力于打造为当地社区与生产者带来收入的康庄大道。因此,作为缓和社会贫穷的具体贡献,该公司已经雇用了约 400 名员工,其中超过 200 位生产者的周薪在 14~23 美元。"Tosheka 已经制订出了一套高效环保的商业驱动方案,并且解决了原本打算离乡背井寻求低薪工作这一批人群的就业问题。"两位联合创始人解释了其社会型企业的复合型功能。在继续阐释这一模式所带来的商业利益时,Bighams 着重指出:"这使得 Tosheka 能够与潜在的竞争者或其他的一些从事相似回收及升级回收产品开发的企业区分开来,这个特点同样使得我们有能力在市场中占据一席之地,并能够借此保持与合作伙伴、股东与消费者的长期友好关系。"

"我们的目标是最大化扩展产品线以及生产容量,以适应全球市场对独一无二、环保高质的循环类产品的需求。"Bighams 披露,Tosheka 公司计划利用收入及财产在肯尼亚发展一个全面的绿色商业纺织生产工厂设施,有效利用棉花及其他天然纺织材料、染料及色素。在 Tosheka 这一社会型企业模式在肯尼亚试点成功之后,两位创始人已经计划将 Tosheka 公司的相关内容及理念推向全球:"我们在西方、美国与海地获得的相似市场反馈让我们不得不开始认真考虑在海地复制这一商业模式并且建造一个产品中心。"

2. 亚洲

亚洲最具代表性的社会企业模型当属孟加拉国的格莱珉银行。1976 年,诺贝尔和平奖得主尤努斯(Muhammad Yunus)在家乡孟加拉成立了"乡村银行"(Grameen Bank),在全球点燃"社会企业"(social enterprise)的观念火

第六章 公益创业的新形式：社会企业

种。尤努斯坚信，借贷是一项基本的人权，他提出了简单而充满智慧的解决贫困的方案：为穷人提供适合他们的贷款，教给他们几个有效的财务原则，然后他们就可以自己帮助自己。尤努斯的理论被实践证实为有效——格莱珉银行已经向 240 万个孟加拉农村家庭提供了 38 亿美元的贷款。今天，有 250 多个机构在将近 100 个国家里基于格莱珉的模式运作着，而格莱珉银行领导着这个以小额贷款消除贫困的席卷全球的运动。与此同时，格莱珉银行也从 27 美元（借给 42 个赤贫农妇）微不足道的贷款艰难起步，截至 2006 年 6 月底，格莱珉银行有 2185 家分行，服务 69140 个村的 639 万借款人，员工总数达 18151 人。最为成功的是，格莱珉银行的贷款当中 63% 来自借款者本身的存款。格莱珉能够自力更生，不需要寻找外来的资金。格莱珉累计借款给 639 万名借款人，当中 96% 是女性，在她们的努力之下，58% 的借款人及其家庭已经成功脱离了贫穷线。尤努斯以自己的始终如一的行动，以自己的经济学知识，以自己对贫困者的深刻理解与同情，创造了一个不同凡响的格莱珉世界，使成千上万的穷人摆脱了贫困，看到了改变生活、改变命运的希望。

作为发展中国家的代表，印度的社会企业发展也富有特色。几十年来，印度的贫民窟一直受到社会运动家、记者和人权主义者的关注。随着印度城市化的进展，这些大城市中贫困区域的生活条件日趋严苛。新的贫民窟在旧的贫民窟外缘形成。许多印度贫民窟没有接入本地能源网，迫使居民依赖昂贵、肮脏且危险的煤油。一家来自班加罗尔（Bangalore）的社会企业解决了印度是否应该建造更多的燃煤电厂或核电厂的争论。授粉能源（Pollinate Energy）公司在太阳能成本巨幅下降时为上百万印度穷人提供了太阳能。该公司为本地人或"微型企业家"提供培训，这些"微型企业家"购买本地生产的太阳能家用照明系统，然后出售给使用煤油照明的家庭。这些家庭反过来因此获得小额贷款，消除了前期购买设备的障碍。对许多印度乡村的穷人来说，安全饮用水也是一个首要的健康挑战，如今跨国企业和小型社会企业都在设法解决这一问题。一家名为萨拉佳（Sarvajal）的本土公司发明了"自动取水机"（Water ATM），这种独立饮水机采用离网太阳能为一个反渗透系统供电，以低廉的成本 24 小时供应经过处理的水，用户只需要简单地刷一下预付卡。萨拉佳公司称其价格低于其他替代品。萨拉佳公司培训加盟商，使他们能拥有并运营这些自动取水机，这给当地社区带来一种主人翁意识，从而有别于依赖于本地慈善机构或政府的卡车运水这一多数印度贫民窟的常态。萨拉佳公司去年获得了一份在德里运营一个试点项目的合同。同时,联合利华则树立了一个跨国企业如何让穷人获得安全水并创造工作机会的例子。公司的水过滤器品牌纯睿(Pure It)售价24美金,是煤油炉烧水的替代品且成本更为低廉。针对无力全部支付前期费用的客户,联合利华的印度分部与几家NGO就小额贷款项目进行合作,其中一家在Facebook上设有供人们捐赠的页面,最低捐赠额为10比索。通过这样的方式这些水过滤系统可以到达最需要他们的家庭。

第二节 如何创办社会企业

要创办一家社会企业,首先需要确定人们的需求及与之相对应的你的才能。环顾你周围的世界,然后扪心自问:什么在困扰着我?我到底想要改变什么?你可以先列出这个世界存在的问题的清单,从中挑出一个问题,然后问问自己:"我能构想出一家社会企业来解决这个问题吗?"这就是开始。

一、寻找社会问题

在我们的周围,有很多问题等着去解决:贫困、饥饿、疾病、医疗保健、失业、被遗弃的儿童、毒品、住房、污染、环境,等等。看看我们的周边,找找哪些是你身边最紧迫的问题。接着进一步进行深入探讨,看看哪些具体事项可以转化为一家社会企业,然后针对这个问题开始着手准备。要围绕这个问题搜集这种企业各方面的信息,从而制订一份企业计划。

正确选择的问题应该是处理问题的前提。不要想着去创建一个耗时费力的大企业,或是在设计你的第一份事业时总想着去解决你心中最重要的问题。相反,你应该寻找一个良好的学习场所。你将来可能会投身于许多社会企业,但现在你只需学习建立和经营社会企业的基础知识。从你现在所在的地方开始,充分利用你已经拥有的技能、资源和其他优势。当然在你要解决的问题和你拥有的资源之间可能没有关系,那么就利用你的聪明才智来为它们建立起联系。

比如说，你可能为发展中国家，如非洲、南亚及拉丁美洲等国的穷人担忧，但你或许身处欧洲、日本或北美，远离发展中国家的工人、农民和工匠。你甚至可能从没去过那些发展中国家。那你能做什么？这就要充分利用你所知道的东西。你知道国内市场、你周围的人，你知道如何生产具体的商品或提供具体的服务；你掌握一套对你来说独一无二的特殊技能。所以，要灵活地考虑和设计你的社会企业。首先找到你能帮助的目标群体，可能是在某个发达国家；然后你可以扩大努力从而让更多人受益。不要沮丧，就从你现在所在的地方开始。只要你有信心能够卖掉你的产品并且能够实现你办社会企业的目标，那么就继续努力。你的企业也许不会成为最著名的社会企业，但它是社会企业。重要的事情是让你的社会企业取得成功。如果你设计了一个相当耗时费力的社会企业计划，然后为之奋斗数月甚至数年后仍没有成功，那么你心里可能会不好受。

不要让这样的情况发生在你身上。你必须从你的社会企业中享受到乐趣。我们努力坚持的基本原则之一是"快乐做事"。不要忘记这个信条，每天谨记在心。一定要从自身的现有条件出发，要实事求是，尽己所能，量力而行。如果你是一名医师、护士、理疗师、药物研究员，或是任何其他健康领域的相关人员，你或许已经开始兴奋地考虑通过社会企业的力量改变医疗保健现状的许多许多方法。但是如果你所在的工作领域与这个世界的巨大社会问题没有任何明显的关系怎么办？是否还有运用你的聪明才智解决人类面临的挑战的可能？事实上，任何人凭借聪明才智都可以将激情变为促使世界更美好的工具，利用你的天赋创造一家强大的社会企业。

链接：花旦

花旦的创始人罗琳，是在中国香港出生的英国人，在香港生活到8岁，所以比较有中国情结。罗琳毕业于英国兰喀斯特大学，在那里获得了艺术戏剧的学士学位，她想通过戏剧结合社会企业为社会做贡献。她认为许多问题可以用艺术、心灵的方式来解决，而不是政治方式。后来她来到中国，被这片土地吸引，成立花旦，开始为在京务工的农民工妇女做一些艺术性的项目。

因为花旦的名字，很多人会误解，以为它同中国传统的京剧有什么关联。其实花旦的教育方式是一个完全西方的方式，称之为"参与式戏剧"，具体来说就是没有特定的舞台来做表演、游戏，所有人都是演员、导演、观众。

花旦作为社会企业，一直在探索，并在实践中思考流动人口的社会问题。花旦所做的并不是用经济、政治的手段去给他们实际帮助，而是通过参与式艺术的方法对他们的心灵产生影响，从而真正转变他们的生活。

在花旦的主页上有这么一句话：通过戏剧挖掘潜能。花旦希望通过艺术的方式，发掘他们的潜能和认识自己的能量，更加灿烂、充满爱地去生活。花旦的目标有以下几点：第一，培训打工者，使他们成为艺术工作者，项目领导或者花旦的分支机构的领导，使他们摆脱贫困的生活状态，给予他们参与主流社会的机会。第二，与社区、各种组织及企业合作，给予有创意灵感的工作坊，使社会各个阶层的人们得到更多的鼓舞和激励，提高人们的精神生活质量，共建和谐社会。第三，与杰出的艺术家一起合作，使艺术更好地服务于生活，为更多的人服务。第四，成为中国社会企业的先行者，在中国的经济发展中展现社会企业的模范。

二、创办社会企业要坚持以人为本

如果你还苦于找不到你要解决的问题，那么这里还有一个有效而简易的方法：寻找需要帮助的一群人，然后搞清楚你如何帮助他们。你可以找到有重要需求的人群，如穷人、老人、残疾人、婴幼儿、精神病患者、释囚、无家可归的人、失业者、瘾君子或是缺少医疗保健的人，等等。开始先要确定预期的受益人，然后逆向推进，借此你常常能提出一个非常好的社会企业构想。

社会企业的目的是发现一种产品或提供一种服务以增强你满足顾客需要的能力。尽量给他们提供那种不仅可以用来消费而且能给他们带来机会的产品，使他们能赚到或存下比支出多得多的钱。这种产品可以是贷款，凭借这笔贷款你的顾客能建立自己的企业，增加收入或是给他们取得经济独立的机会；这种产品也可能与教育或信息有关，可以使你的顾客通过其经济活动创造更多价值；这种产品也可能与医疗保健有关，可以使你的顾客工作更有效；它还可能与电力、机器或是现代技术相关，或者可以是保护你的顾客免受死亡威胁的保险产品。

你不必仅从销售产品的角度考虑社会企业。你还可以考虑社会企业通过使人们更好地接近发达国家的市场,或是通过为他们提供好工作,或是通过企业所有权给他们提供收入等方法提高人们的能力。在所有这些情况下,你的社会企业要能让那些不太幸运的人获得价值链中的大部分价值。举例来说,如果你创立了一家纺织品社会企业,你可以向富有的顾客高价出售最新的时尚产品,但这只是通向终极目标的方式,而真正的目的应该是为贫困的棉农和纺织工人提供好工作。你应该努力使企业经营的受益人数最大化,同时把你能为每个工人创造的个人福利最大化。这里还有其他一些构想,在创办新社会企业以服务你选择的特定目标群体时也许会发现这些构想很有用。

（一）改进生产,增加市场准入机会

创办一家社会企业,我们必须围绕着下列主题来设计:你想要为之提供服务的人目前是否在工作?他们具备有价值的技能吗?你能为他们提供进入市场的更好机会吗?你能为他们提供工具、培训或是学习知识的机会,以提高其创造的价值并且增加其工作收入吗?你可以在生产或市场方面对他们提供帮助。

（二）提供就业机会

俗话说,授之以鱼莫如授之以渔。你可以设计一家社会企业,给更多的人提供就业机会,为他人提供好的工作机会从而帮助他们。例如,你可以创建一家商贸公司,雇用以前的吸毒者或单身母亲,组成销售团队,为他们提供新的舞台;你可以和残疾人共同创办一家社会企业,扬其所长,避其所短。例如,培训盲人组装家具、缝制衣服,甚至是提供按摩服务。

（三）帮助消费者

如果能以自己承受得起的价格购买必需品和其他有价值的产品或服务,那么购买者就能从中受益。这正是孟加拉国的格莱珉所做的事情——提供贷款帮助人们参与当地商业市场、销售能持续供电的太阳能电池板,以及销售强化营养的酸奶。当然,你能销售的最具影响力的产品之一是教育,从扫盲培训与基本职业技能培训到语言课程、计算机课程和技术培训等。你也可以出售实用技术,如上网或是使用移动通信设备以帮助人们。比如说,更好地利用农业或其他市场。按照社会企业的要求,你所出售的产品和服务应该为消费者创造高于其成本的价值,要让最需要这些产品或服务的人买得起——可以通过减少初始投入、为服务对象提供贷款项目使其可以长期偿付,或是利用向更富有的群体高价销售而获得利润来补贴为穷人提供的低价。

例如,印度的 Aravind 眼科医院是当今世界上最大最先进的眼科医院。印度有20%的人需要眼科护理,然而他们中只有不到10%的患者能够得到及时的护理。因此,产生了大量的"无谓失明"。1976年,Venkataswamy 博士创办了 Aravind 眼科医院,为穷人提供免费的白内障手术,同时向有支付能力的病人收取费用。这家医院的最大特色在于通过不断的流程优化,实现了"如同麦当劳般的"手术效率——这里的医生平均一年可以做超过 2000 个手术,而印度其他医院的医生则只能完成 200 个。效率的提高带来了运营成本的降低,使得 Aravind 眼科医院能够在为占病人总数 2/3 的穷人免费治疗的情况下仍能够实现自负盈亏。而在 Venkataswamy 博士看来,Aravind 眼科医院的核心优势还不在高效,而在于其明确的价值观:对于穷人的尊重和友爱。每年 Aravind 眼科医院都会招聘大约 300 个农村女孩,安排她们从事基础护理工作,Aravind 眼科医院总计雇用了超过 1 万名来自贫苦农村的女性员工。

(四)扶持创业

现代社会共同面临的一个基本问题就是如何调动和挖掘人的潜能和创造力。我们可以通过创办社会企业来孵化和引导人们创业。这其中有很多种方法:你可以创建一个中心,把创业者和其他那些拥有创建成功企业所需的知识、技巧、经验或技术的人召集在一起;你可以建立一家投资基金、一个培训项目或营销机构;你可以为有志于创业的人开设一个导师项目,或是举办竞赛来选择、实践和改进最佳的新企业构想。经过一段时间后,你会为很多在你的帮助下创立起来的蓬勃发展的社会企业感到骄傲和自豪。由此我们可以为那些怀揣创业梦想的人提供多方面支持,成就他们的创业愿望。

(五)提供稳定生活

给经济条件困难的人们提供援助,是社会企业的核心使命之一。穷人的主要问题之一是他们生活在经济、个人和社会震荡时往往得不到保护。只要一个小小的打击,便会使那些处于生存边缘的人们陷入恶性循环,其结局通常是赤贫。这种打击可能仅仅是收成不好、一次严重的事故或疾病、一次经济衰退或是一场家庭危机,如有一个孩子吸毒。或许你能创建一家能使弱势群体生活更稳定的社会企业;你可以想办法将风险分散到多人身上,就像保险公司所做的那样。你可以像合作社那样将人们组织成相互支持的团队,实现社会成员间的互助,从而为社会的稳定和有序做出贡献。

(六) 推广新技术

我们身边流传着这样一句老话:合抱之木,始于毫末。任何一项新技术在它诞生之后,到转化为社会生产力都可能需要一个滞后的周期和过程。制约这些新技术转化的因素很多,其后果就是不能让这些技术尽快造福社会。因此,创办社会企业的一个优秀构想之一,就是推动新技术产业化,使其尽早造福社会。例如,在我国许多贫困地区,基础设施落后仍然是制约这些地区发展的大问题。那里或许需要一座桥梁,或是一条公路,将一个村庄和市场连接起来,那里或许没有电和洁净水;当地农民的灌溉系统或许不足,那里或许没有废物回收或其他废物处理系统,或许污染很严重。改进这些基础设施短缺问题可能会直接带来收入的提高。在很多情况下,受到影响的人们或许愿意为改进基础设施支付费用。也就是说,让更多的技术得到普及,需要一种有形的力量。让那些曾经使富人生活更加惬意的技术去帮助穷人,尤其是那些在城市聚集的技术可以加以推广到广大落后地区去,如移动电话、计算机、互联网、移动工具、可再生能源、医疗保健技术等。社会企业的创业者需要做的就是提出可行的商业模式使这些技术可以为社会提供服务。

我们可以通过社会企业明显改善自然环境、创造福祉,从而对人类健康和经济产生重大的积极影响。例如,如果我们能围绕诸如造林、流域保护、渔业管理、生态旅游及可持续农业等来组建社会企业,那么农业的长期收益会更高,农村社区的生活也会更加繁荣。社会企业的创业者所面临的挑战是筹集所需资金,然后转化为可持续发展的实践,进而提供所需的知识技术并组织市场准入。

总而言之,不管你想满足目标群体成员的何种需求,只要你希望帮助的那些人也能参与到企业发展的过程中来,那么你的社会企业就会有效益。与那些将从企业中受益的人们建立联系,邀请他们成为企业发展过程中的一部分。始终不要忘了穷人和弱势群体与你或其他人一样有能力、有创业精神、能努力工作,他们在社会企业发展过程中会极大限度地贡献他们的才能,也会相应提高你的社会企业的成功机会。社会企业的根基,不是源于高额的经济利润,而是社会需要。因此,我们必须从社会发展的实际状况出发,从民生的基本需求出发来选择和定位社会企业的目标。

链接：格莱珉银行——穷人的银行

一天,尤努斯教授在学校附近的乔布拉村,看到一个农妇在制作竹凳。他问：做一个能赚多少钱？农妇回答：资金是高利贷者的,加工一个竹凳只能赚0.5塔卡,收入极其微薄。他又问：如果你自己有钱,加工一个竹凳能赚多少钱？农妇说可以赚3~5塔卡,这是为高利贷者加工所获收入的6~10倍。第二天,他组织学生调查,发现这种情况很普遍,村里还有42个同样的人,他们共借了865塔卡,合27美元。这使他震惊、恼怒,这42户人家的苦,难道就差这27美元吗？于是,他拿出27美元,让学生借给那42个人,让她们还给放贷人,等产品出售后再还自己的钱,讲好不要利息。结果农妇们很守信用,实现了诺言。

此事使尤努斯教授很有感触。他找到地方银行的管理者说明情况,请他们向贫穷农妇放贷。得到的回答是：穷人是不值得信任的,连饭都吃不上,借了钱是不会还的;如果真要借钱,要有抵押和担保;而穷人家里没什么可以抵押,也找不到担保,所以不能借钱给他们。

尤努斯并未就此放弃。在1976年至1979年间,他在村里开始了试验,以自己为担保人向穷人们提供小额贷款,这个试验成功地改变了大约500位借款人的生活。他也不断地去游说孟加拉中央银行和商业银行来采纳他的试验。1979年,孟加拉央行终于答应开展这个名为"格莱珉"的项目,一开始由7家国有银行支行在一个省份进行试运作,1981年则增加到5个省份。这个项目的每一次扩张都证实了小额贷款的有效性:截止1983年,格莱珉银行的86个支行使5.9万名客户摆脱了贫困。随后,尤努斯决定辞去学术工作,全身心投入这项对抗贫穷的事业中去。1983年,格莱珉银行成立为独立法人机构，以更快的速度发展壮大。为了确保还款，银行使用"团结组"系统。这些非正式的小组一起申请贷款，由小组成员担任联合的还款保证人，并互相支持对方努力改善自己的经济状况。随着银行的发展，格莱珉乡村银行亦开发了其他为贫穷人士服务的信贷系统。除了微型贷款外，银行还提供住房贷款，为渔场、灌溉项目、高风险投资、纺织业和其他活动提供经费，同时亦提供其他银行业务，如储蓄。在 2004 年，超过 6600 万人在这项计划下受惠。

目前，"格莱珉银行"已成为孟加拉国最大的农村银行，这家银行有着 650 万的借款者，为 7 万多个村庄提供信贷服务。格莱珉银行的偿债率高达 98%，足以让任何商业银行感到忌妒。而且，每一位借贷者都拥有这家银行一份不可转让的股份，占据这家银行 92% 的股份（余额由政府持有），这实实在在是一家为穷人服务的银行，是穷人自己的银行。"尤努斯取得的成就真是卓越非凡。"联合国教科文组织的布鲁罗·拉菲亚在对格莱珉银行进行调研后评价道。

尤努斯创办的格莱珉银行对传统银行规则进行了彻底的颠覆。在他的银行里，你看不到电话、打字机或者地毯——尤努斯的员工们主动下到村里地头去拜访借款者，他们之间也不签署借款合同，大多借款人都目不识丁。格莱珉银行向客户们收取固定的单利利息，通常是 20% 每年，相对孟加拉商业贷款 15% 的复利，这个利率是比较低的。他们的客户都是那些没房没产的穷人，那些还不致穷困潦倒的人则被排除在外。尤努斯发现，把钱借给那些在孟加拉社会里没什么赚钱机会的妇女们，通常会给家庭带来更大的收益：这些妇女们对她们的贷款会更为小心谨慎。贷款申请人还得清楚地了解格莱珉银行的运作方式，这样他们才有资格借款。偿款通常从借款的第二周开始，尽管看上去会有些压迫性，但这也缓减了让借款人承担在年终偿付一大笔钱的压力。借款者要有 6~8 人构成"团结小组"，相互监督贷款的偿还情况，如小组中有人逾期未能偿款，则整个小组都要受到处罚。借款发放和偿付每周通过一次"中心会议"公开进行。在孟加拉到处滋生着腐败的各种机构中，格莱珉银行以其公开透明的运作而感到自豪。

在格莱珉银行快速发展的同时，一些批评也纷至沓来。最强烈的批评来自于一些伊斯兰教徒，他们认为这家银行是反伊斯兰教的，尤努斯坚决否认了他在与伊斯兰教为敌。事实上，他们比其他普通银行更加信奉伊斯兰教，他们并不强迫妇女们离开家人去工厂工作，而是让她们从事个体经营。

在国际上，一些传统援助机构也对尤努斯自助式的哲学表示了怀疑。甚至一些赞同尤努斯的人也会问，尤努斯的项目为什么还要去盈利。尤努斯对这个问题的回答是，许多为穷人服务的机构往往过于依赖捐赠而不能实现自我富足："这就好像对一位病人说，他一天可以呼吸23个小时，余下的时间将由政府为他们供给氧气。这意味着你得靠他们的怜悯而活着。一旦政客们改变了主意，或者什么机构把他们遗忘了，那你就死定了。"他还说道，许多援助项目仅仅是把贫困降低到社会可容忍的程度，而并非是要去消灭它。

尽管有着这些反对意见，尤努斯的模式还是不断地获得了越来越多的支持者。格莱珉模式在50个国家得到了成功复制，如菲律宾的ASHI、Dungganon和CARD项目、印度的SHARE和ASA项目，尼泊尔的SBP项目等，这些项目实施后借款者的生活和收入都得到了明显的改善，据说在我国云南地区也曾有过格莱珉银行的试验。联合国更把2005年命名为"国际小额信贷年"。

格莱珉乡村银行的成功模式激励了其他发展中国家，甚至是发达国家，如美国，进而发展出类似的成功经验。这种微型贷款模式目前已经在23个国家中进行。其中，有许多微型贷款计划特别偏重于贷款给女性，超过96%的格莱珉贷款都是借给女性的，她们不均衡地遭受贫穷之苦，但同时也比男人奉献更多的收入以供家庭所需。

复习思考题

1. 什么是社会企业？它有什么特征？
2. 简述社会企业的类型。
3. 怎样做到社会企业创设要以人为本？
4. 结合格莱珉银行的经历，叙述社会企业的存在和发展的社会基础。

第七章　公益创业的内部管理

任何组织效益的产生与高低，都与管理有着重要的联系。公益创业无论采用何种形式，都必然触及内部管理问题。公益创业的内部管理水平将直接制约着公益组织的发展。

第一节　公益创业的团队管理

团队是现代企业管理中的核心，几乎没有一家企业不谈团队，团队已经成为企业做大做强的灵丹妙药。团队是个好东西，但怎样的团队才算一个好团队，怎样才能运作好一个团队却是许多企业管理者不甚了然的问题。于是在企业团队建设的过程中就出现了许多弊病，例如，从理论著作中生搬硬套到团队运作里面，是很难产生好团队的。一个优秀的创业管理者，应该怎样管理好自己的员工呢？一方面要重视团队建设，另一方面也不能压抑员工的个性。优良的团队管理对于任何一个企业而言都很重要。

一、公益创业的团队管理的内容

（一）团队管理的概念

一般认为，团队管理是指在一个组织中，依据成员的工作性质和能力组成各种小组，参与组织各项决定和解决问题等事务，以提高组织生产力和达成组织目标。基本上，小组是组织的基本单位，各种小组的形成，若是成员能力具有互补性，形成异质性团队（heterogeneous team），其效果较佳，因为可从不同观点讨论，激发更有创意或独特的问题解决方式。公益创业者们首先需要拥有一个素质高、能力强，并且以公益事业为己任，有帮助他人以及社会热情的团队。团队管理的目的一般是为了实现某一目标。不同于一般企业以营利为最大目标，公益企业的目标可能是为了宣传一种理念；可能是为了解决一个社会问题；也可能是为了帮助一类弱势群体。但无论如何公益企业的团队们也是为了实现某一特定目标而存在。为了能够更好地实现公益企业的目标，这一企业团队至少应该包括四类群体，当然也不仅限于这几类群体。

（二）公益创业团队的组成

1. 公益企业的管理层成员

在公益企业创办之时，由于需要面对的问题较为复杂且繁多，所以企业的运营基本上不能进入到模式化阶段。这时候就更加需要有能力的管理层人员，而往往这一阶段的管理层人员均为企业的创办人员。他们不仅需要把握公司的未来发展方向，同时需要根据企业当前不同的情况来及时调整对员工的需求、对项目的改进、对资金的融合、对外界的宣传等一系列的事情。这就需要管理层首先应该具备对公益事业的热情与执着，否则可能在面对重重困难的时候难以坚持。其次，需要具备长远的战略眼光。能够较为敏锐地发现一些社会问题，并能够及时地制订长远计划来解决这一问题，不仅能够帮助人们，同时可以让企业长久地发展。最后，需要具备激励员工与自我激励的能力。由于我国的公益创业还处于起步阶段，所以还有许多问题有待解决，许多事情还有待处理，管理层以及员工难免会偶尔对企业失去信心，这就需要管理层的激励来缓解这种情绪，并将压力转化为动力，增强员工的信心。

2. 公益企业的执行层成员

在一个高效的团队中，除了应具有高瞻远瞩的管理层外，同时还需要有能够将管理层的策略很好地贯彻落实的执行层人员，他们不仅需要有吃苦耐劳的精神，同时也需要对公益事业充满信心，热爱自己所从事的行业，并愿意为之奋斗。作为执行层的人员，首先，应具备一定的专业技能，能够在各自所长的领域充分发挥自己的技能。其次，需要对所从事的公益事业有责任心和使命感。这会让员工们与企业紧密地联系在一起，荣辱与共、福祸共担。再次，应该具有较强的协作能力。一名高效的执行者可以充分调动其周围的各种资源,与他人相互配合、协作来实现企业的目标。最后,应具备的素质是不断学习的能力。只有掌握更多的知识,才能够更好地了解事情的多样化。面对问题可能就会快速而有效。这种学习的能力不仅仅包括自我学习,同时也包括从他人那里得到的知识和经验,这正与我国古语中"三人行,则必有我师焉"的理念不谋而合。

3. 公益企业的项目智囊团

企业的智囊团,可以称之为企业的中枢神经。它是将各学科的专家学者聚集起来,运用他们的智慧和才能,为企业的运作、项目的制定、人员的配置等领域的发展提供满意方案或优化方案,是现代领导管理体制中一个不可缺少的重要组成部分。智囊团的主要任务首先是提供咨询,为决策者献计献策、判断运筹,提出各种设计。其次,反馈信息,对实施方案追踪调查研究,把运行结果反馈到决策者那里,便于纠偏。再次,进行诊断,根据现状研究产生问题的原因,寻找解决问题的症结。最后,预测未来,从不同的角度运用各种方法,提出各种预测方案供决策者选用。

4. 公益企业的早期捐赠者

一个团队不仅仅需要杰出的管理人员、优秀的执行人员、精明的谋略者,还需要经济层面、物质层面以及精神层面的捐赠者。如果你在开始创业之前就已经有源源不断的经济来源,这当然是最理想的状态,但往往很少在公益创业之初就能够有经济、物质支持,这就需要我们自己努力去寻找早期捐赠者。在寻找这些捐赠者时可以分为以下几类。

(1) 具有公益基金的企业。有些企业虽然是以营利为目的的,但同时也担负了一部分的社会责任,如果我们的创业项目能够吸引它们,一方面我们有了早期的资金来源,另一方面也可以为企业树立正面的形象。

(2) 与公益创业内容有关联的社会组织。现代社会的捐赠不仅仅是停留在经济和物质层面。如果能够得到早些进入这一领域的社会组织的帮助,为我们多提供一些与创业内容相关的信息或是人脉,我们可能就会减少很多不必要的损失,进而促使企业能够更加良好的运营。

(3) 与公益创业内容相关联的非正式群体。公益创业的初衷一般都是为了解决某一社会问题,满足社会需要进而解决社会矛盾。如果即将要解决的社会矛盾会使一些人受益，那肯定会得到这一部分非正式群体的支持，自然也就会得到积极的捐赠。

当然，除上述的群体之外，我们还有一类比较灵活、高效，但是比较分散、独立的人群即愿意参与到公益创业中特殊的群体——志愿者。他们往往热爱公益事业，他们的活动是具有一定社会价值的，他们的服务是不计物质报酬的。相对而言，公益创业开始时无论是物质资源还是人力资源都是有所不足的。而志愿者的特性就在于他们所提供的服务、技能和知识往往都是不需要物质回报的。这样不仅可以解决人力资源的问题，同时也会节约物质成本。所以公益创业是非常需要志愿者的。

二、公益创业团队的沟通

（一）团队沟通的含义

一般而言，团队沟通指的是员工对个体与团体领导、个体与团队成员、成员之间分享信息、思想和情感的一种整体感知，以实现团队间专业知识和信息的有效和创新的整合。团队是由员工和管理层组合的集合体，只有通过彼此之间的信息分享和交流，成员之间才能共同达成团队间协作和资源协调等目标的默契。良好的团队沟通能够促进个体与团队领导之间、个体与团队成员之间、成员与成员之间建立信任关系，缓解破坏性冲突，增进共享心智模型的发展，提高组织承诺、工作满意度、团队绩效，达到团队和成员双赢的效果。

（二）团队沟通的作用

有效地与团队其他成员进行沟通，不仅可以更好地让他人理解你的立场和看法，减少冲突和矛盾，更加可以提高办事效率，做到事半功倍。

（1）良好的沟通有助于提高决策质量。遇到需要解决的问题时，决策者往往需要从企业内部获取大量的信息，然后进行决策。而在掌握大量信息的过程中，就需要下属人员与上级管理人员的沟通，有效的沟通可以为决策者提供必要信息，增强其判断能力。

（2）良好的沟通可以增强企业凝聚力。管理层只有了解到员工的所想所需，才能够"对症下药"，提升员工对企业的忠诚度，减少人员的流失率，进而提高工作效率。员工与员工间的有效沟通,也可以减少隔阂和猜忌,增进彼此的了解,使企业有和谐组织的氛围。

(3) 良好的沟通可以激发企业的创新能力。众所周知,公益企业就是将政府无暇或者无法解决的事情用社会的形式加以解决。这就说明许多旧方法在解决这些问题时已经不起作用了。这就需要社会企业采用创新的方法来解决这些陈旧而繁复的问题。而良好有效的沟通恰好是产生创新方法最好的催化剂。大家在一起可以集思广益,众说纷纭,采用头脑风暴❶的方式创新思维,以提出绝佳的解决社会问题的方案。

(三) 阻碍有效沟通的原因

即便是人们认识到了有效沟通的重要作用,但是在实际沟通上还是有许多障碍出现。为什么会有这些障碍出现呢?

(1) 个人理解的障碍。由于人们的生长环境不同,所以每个人对事物的认知程度是不同的。而对于一个由不同专业领域的人员构成的公益创业团队而言,他们有学习管理学的、经济学的、社会学的、政治学的,同时也有学习计算机编程以及市场营销等,这便使得团队的组成人员在看待同一问题时极易形成差异。

(2) 人际关系的障碍。人际原因主要是取决于沟通双方的相互信任的程度。一般人们在传递信息的时候,总是会告诉与自己的关系较为亲近的群体。相对而言较为陌生的群体则很少会产生沟通交流。但是由于公益创业的性质决定在整个的社会交往中,所接触的大部分人是之前没有交集的。这就需要我们很好地利用六度空间理论❷来调动我们的人际关系网络进行有效的沟通,将陌生的关系转变为熟悉的合作关系。

(3) 组织结构的障碍。大多数的团队建立不只是简单的人员组合,一般均有其内部关系结构。如果关系结构在当初设立时没有考虑周全的话,就很

---

❶ 头脑风暴,最早是精神病理学上的用语,是指精神病患者的精神错乱状态而言的。而现在则成为无限制的自由联想和讨论的代名词,其目的在于产生新观念或激发创新设想。

❷ 六度空间理论是指你和任何一个陌生人之间所间隔的人不会超过 5 个,也就是说,最多通过 5 个中间人你就能够认识任何一个陌生人。

容易出现多头管制、无法沟通的现象；进而引发冲突，使信息无法很好地上传下达。导致整个团队的凝聚力和信任度受到影响。

（4）沟通渠道的障碍。随着信息化时代的快速发展，人们进行沟通的渠道也越来越多样化。从单一的写信到电话的普及，以及现在新媒体的使用，大家的沟通越来越方便。可是在方便之余却又带来了许多困扰——沟通方式的选取不当，不仅容易延误消息，更加容易带来损失。

（四）有效的沟通技巧

首先，要培养自己的表达能力。语言是沟通最主要的方式，采用适当的表述将自己的想法有效地让他人理解十分重要。同样的语意，文字运用得是否恰当会直接影响沟通的最终效果。因此，在自我表达的时候，一定要逻辑清晰，语言简洁、明确，不要使用过于专业化或是容易产生歧义的词语。同时也可以借助手势或是举例以增强语言的感染能力，这样更容易被他人理解、领会。

其次，学会倾听。沟通是两个主体之间进行的互动交流，有表述的一方就一定需要有倾听的一方，否则将出现信息中断的现象。而在一个团队中的人想要进行良好的沟通，倾听则是最基本的要求。一个优秀的倾听者，不仅要注视表述者的目光，同时应该学会使用肢体语言，如在表达对其赞赏的时候微微点头。一定要做到有耐心，不随意插话或是打断表述方。切不可不经过思考对对方妄加评论，一定要深思熟虑之后再进行探讨，给对方提出一些意见，或是给予一些建议。

再次，建立合理的沟通组织结构。要想进行良好有效的沟通，一定要在企业内部建立有效的沟通信息机制。信息传递的链条越长，信息传递的速度就会越低，其真实可靠性也会随之降低。因此，企业应尽量减少组织信息传递的层级，并拓宽信息的渠道，将日常化的沟通与网络化的沟通并重，及时了解和掌握最新的行业情况及动态。这就需要企业在创立团队的早期花费大量精力和时间，来建造一个上传下达非常快速有效的并能够真正互动合作的组织沟通结构。

最后，在多渠道沟通的时代，应采用适当的方式进行沟通。在3G、4G的网络信息化时代，人们沟通越来越便利。增加联络的方式也从传统的上门拜访变为微信互动；公司开会也变为更加便捷的视频会议。这样的进步的确给人们带来了许多便利，但同时也带来不可避免的麻烦。在确定以哪种方式进行常态交流的时候，一定要及时通知对方：针对年轻人我们可以采取现代时尚的方式，如微信、论坛等；针对年长者我们还是选取电话、短信的方式较为方便。但无论是选取哪种方式，都一定要事先跟对方确认好，并得到回复。如果没有得到回复，可以选取多种方式，以确保沟通的有效性。采用合理的方式不仅使得沟通可以更加顺畅，还会为对方留下一个深刻的良好印象。

总之，团队沟通是一种对信息分享和交流的积极体验，在团队的运作中起着非常重要的作用，成功的领导把沟通不仅仅看作是上传下达信息的途径，更将其看作为一种管理团队的手段，通过建立有效的沟通机制，进而实现对员工的控制和激励，为团队的将来发展奠定良好的心理基础，故此应该重视并加强团队成员之间的沟通频率，克服沟通障碍，实现有效的沟通。

第二节　公益创业的财务管理

公益创业的财务管理是有效管理的有机组成部分。人们常常对企业的财务管理都有所了解，但是提到公益企业的财务管理，大家认为应该与企业的财务管理大同小异。事实也的确如此，公益企业的财务管理与企业的财务管理的确有相似之处，但是也存在很多的差异，那么究竟公益企业的财务管理包含哪些内容呢？

一、公益创业的财务管理

财务管理无论是对一般企业还是对公益企业而言都是重要的组成部分，财力资源的取得和管理无疑是企业成功经营的最重要的条件之一，因为它直接关系到企业是否能够良好运营，以及企业的成败。特别是在市场经济不断发展与完善的当代社会，财务管理已经承担着越来越重要的角色。在《财务管理》一书中，对财务管理的定义如下。

财务管理是指企业在再生产过程中客观存在的资金运动以及由资金运动引起的企业与有关经济利益主体之间的关系，及客观存在的财务活动和财务关系。企业的财务管理是指企业规划、组织和分析评价财务活动，以及处理财务关系的一项管理工作。

从广义上而言，公益企业的财务管理与企业的财务管理是一致的，主要管理的内容就是围绕着企业资金的运动而引起的经济利益主体之间、客观存在的财务活动和财务关系。

但是从狭义上而言，企业与公益企业虽然都属于企业的范畴，但是由于二者的企业目标不同，就使得两者在财务管理中的利益主体、财务活动和财务关系就大相径庭了。在第三章中，我们也曾提到，企业一般是指以盈利为目的，运用各种生产要素（土地、劳动力、资本、技术和企业家才能等），向市场提供商品或服务，实行自主经营、自负盈亏、独立核算的具有法人资格的社会经济组织。而公益企业不是纯粹的企业，亦不是一般的社会服务，公益企业通过商业手法运作，赚取利润用以贡献社会。它们所得盈余用于扶助弱势社群、促进小区发展及公益企业本身的投资。它们重视社会价值，多于追求最大的企业盈利。

二、公益创业的利益主体及其利益关系

（一）公益创业的利益主体

由于公益创业不是以营利为目的的实体，所以利益主体不同于企业。企业的利益主体往往是其投资人及股东。而公益企业的利益主体主要有以下几类。

（1）政府相关部门。由于公益创业是用企业自身的盈余去帮助一些弱势群体，或是解决一些社会问题。这就从另一层面帮助政府解决了政府所需要解决的问题。政府成为社会企业的正外部效应[1]的最大获益主体。但随着近几年政府职能的转移，十八届三中全会指出，要加大政府购买服务。如果政策得以落实，那么政府获得公益企业的正外部性将逐步减少，但是利益主体的收益将逐步加强。

（2）公益创业的股东。公益创业在开始时，企业是否能够分红就引发学术界各学派的争议。由于公益创业所涉及的领域，一小部分是市场竞争不充

---

[1] 正外部性是某个经济行为个体的活动使他人或社会受益，而受益者无须花费代价。

分的领域，极易获取暴利，而大部分是利润低下没有人愿意去经营的领域。面对这样的市场，不对股东进行分红，就出现了股东的资金无法撤回的现象。即名为股权，实为捐赠。这样就削减了大家投资公益创业的积极性。故在这样的外界环境下，美国、英国、葡萄牙、新加坡等国出现了专门针对社会企业的社会企业证券交易所❶，使得股东们进入或退出这一领域都有可靠的保障。股东们在做慈善事业的同时，也可以获得一些利润。

（3）公益创投者。公益创投是针对公益领域的创业投资，一般投资的主体是企业或者基金会为创业过程中的社会企业注资，帮助其成功创业，并通过投资间接地帮助解决社会问题。公益创投者一般就是指提供资金、管理和技术支持的伙伴，投资期一般在两年以上，深度介入企业，实现风险共担。

（4）受到帮助或捐赠的群体。他们往往是社会中的弱势群体，需要别人的帮助。可能由于种种原因，政府还未能启用资金或是物质支援为其提供便利。社会企业发现这类群体后，将自己公司除维持企业运行的资金之外的盈余全部用于帮助这类人群，他们可被称为社会企业最大的利益主体，这也是公益创业区别于商业创业的最显著的标志之一。

（二）公益企业的利益关系

企业的财务关系是指企业在组织财务活动过程中与各方面发生的经济关系，是由经济体制决定的，在资金运动中与其他企业、社会各方面及其内部各单位形成的经济利益关系。❷ 而在公益企业的财务关系中，经济利益关系淡化，而在资助和善款的捐赠方面的关系则不断强化。

（1）公益企业与捐赠者的财务关系。我国目前社会企业和其他非营利组织的主要资金运作就是依靠捐赠来支持的。捐款的主要来源有四个主要的方面，包括个人、基金会、遗产捐赠和公司。而目前进行捐赠所依据的是我国 1999 年颁布的中华人民共和国主席令第十九号《中华人民共和国公益事业捐赠法》的相关规定。而受到捐赠之后是否具有免税资格，主要是按照 2007 年全国十届人

---

❶ 社会企业证券交易所是一个以交易社会企业的股权与债权为主的规范的证券交易机构。

❷ 徐光华，刘世平，温素彬，等. 现代企业财务管理［M］. 北京：清华大学出版社、北京交通大学出版社，2006：3.

大五次会议通过的《中华人民共和国企业所得税法》中的相关规定。

（2）公益企业与被投资单位的财务关系。公益企业也可以像其他企业一样将自己的资金以购买股票或是直接投资的形式向其他企业投资形成经济关系。与企业不同的是，要将自己所收入的资金用于公益事业的发展或是对贫困、弱势群体的资助。

（3）公益企业与被捐赠者的财务关系。主要是公益企业将企业的部分收入以捐赠或是其他创新的形式。给予社会中需要财源或物质资源帮助的群众、地区或领域中所形成的经济关系。运用这部分资金解决一些社会问题，或是帮助贫困人群，以此实现公益创业的社会价值。

（4）公益企业与职工的财务关系。主要是企业向员工支付劳务报酬的过程中所形成的经济关系。企业需要用员工提供的劳动数量和质量支付职工的劳动报酬。这种分配关系体现了职工和企业在劳动成果上的分配关系。

（5）公益企业与税务机关的财务关系。主要是指企业要按税法的规定依法纳税而与国家税务机关所形成的经济关系。任何企业，都要按照国家税法的规定缴纳各种税款，以保证国家财政收入的实现，满足社会各方面的需要。及时、足额地纳税是企业对国家的贡献，也是对社会应尽的义务。因此，企业与税务机关的关系反映的是依法纳税和依法征税的权利义务关系。但由于公益创业比其他企业可以少缴纳部分税收，即申请捐赠税前扣除资格。一般来说，凡是申请捐赠税前扣除资格的非营利的公益性社会团体和基金会，必须具备以下条件：①致力于服务全社会大众，并不以营利为目的；②具有公益法人资格，其财产的管理和使用符合各法律、行政法规的规定；③全部资产及其增值为公益法人所有；④收益和营运节余主要用于所创设目的的事业活动；⑤终止或解散时，剩余财产不能归属任何个人或营利组织；⑥不得经营与其设立公益目的无关的业务；⑦有健全的财务会计制度；⑧具有不为私人谋利的组织机构；⑨捐赠者不得以任何形式参与非营利公益性组织的分配，也没有对该组织财产的所有权。

三、公益创业的财务活动

公益创业的财务活动与企业的财务活动类似，主要是指以现金收支为主的企业资金收支活动的总称。在社会主义市场经济条件下，所有的物品都具有一定的价值,它体现着耗费与物资中的社会必要劳动量,社会再生产过程中物资价值的货币表现,就是资金。在市场经济条件下,拥有一定数额的资金,是进行生产经营活动的必要条件。企业生产经营过程,一方面表现为物资的不断购进和售出;另一方面则表现为资金的支出和收回,企业的经营活动不断进行,也就不断产生资金的收支。企业资金的收支,构成了企业经济活动的一个独立方面,这便是企业的财务活动。因此,企业的财务活动可以分为融资活动、投资活动、经营活动、利润及其分配活动这四方面。

(一)公益创业的融资活动

公益创业主要是通过商业的方法来解决社会问题,帮助弱势群体。无论企业是想要开展哪方面的活动,首先都需要进行资金的筹集。不同于企业筹集资金的方式,公益企业的主要融资活动有以下几类。

(1)向政府筹款。政府不仅可以在税收方面给予公益创业一定的经济上的税收减免。同时也可以依据企业的活动项目给予一定资金、物质或是人力上的支持。例如,免费午餐的活动,是由民间发起,最后引起政府的关注,不仅给予经济和物质上的支持,同时也颁布了相应的政策——国务院常务会议决定启动农村义务教育学生营养改善计划,为680个试点县的所有农村义务教育学生提供每天3元钱的营养膳食补助。通过这一政策,首先解决最贫困地区农村中小学生在校吃饭问题,受益学生达到2600多万,占中西部农村学生的近30%。

(2)通过企业自身的运营来获得资金。有相当一部分人认为,公益创业是不可以盈利的,但是实际上并不是如此。公益创业也是可以盈利的,但却不是以盈利为目的的企业。它们将自己的盈余全部用于慈善事业也是公益创业的社会责任的一种表现形式。例如,残友集团——它是由一位残疾人郑卫宁开创的高科技商业公司。它们目前的主要业务包括软件开发、动漫制作、三维影视、信息呼叫、数据开发等。它们通过企业的盈利活动来筹集资金,并将除了为企业正常运作和发放员工工资以外的其他资金全部转移到残友基金会,用于慈善事业。

(3)企业通过多种方式向社会筹款。向社会融资的活动可以以多种多样的形式展开,在我国比较常见的有,举办专门的筹款活动——壹基金。它们专门举办一些具有针对性的慈善筹款活动,邀请知名度较高的名人出席。这样不仅有利于企业的融资,同时也提高了企业的知名度。同时,也有一些生活化的方式让群众参与到融资活动中。例如,电话筹款以及现在比较普遍的网络筹款,登录到一些社会企业的官方网站,选取自己想要捐助的项目进行捐赠。与此同时,还有更多创新的进行融资的方式方法有待企业去创造、挖掘。

（二）公益创业的投资活动

企业筹集资金的目的是把资金用于生产经营活动,以便取得利润,不断增加企业价值。企业把筹集的资金投资到企业内部,如购置固定资产、无形资产等,形成内部投资。企业把筹集的资金投资到外部,如购买其他企业的债券、股票等,形成外部投资。但是公益创业除了上述两种情况之外,还进行了社会投资活动,以实现社会目标价值。社会目标价值是指企业为社会创造的价值——至少,这部分可以通过节约的社会成本,或创造的对人们生活有积极影响的财务收入形式来测量。例如,"社会成本节约"(social cost savings)可能包括当一个社会企业将某个人转变成社会劳动力时转移了的福利性支出。对于个人而言,当他从福利接受者转变为工薪阶层时,不仅会为社会创造更多的价值,同时也会带来税收的增加。富平家政学校就是最好的例子,他们不仅帮助农村的妇女摆脱贫困的现状,同时也给社会带来了一部分经济效益,与此同时,也解决了城市中孤独老人无人照顾的问题。当然,这也存在与特定群体一起工作产生特别的"社会运营成本"的现象,如为他们提供培训的高额成本,或是与残障人士在一起工作的无障碍设施设备的建设。

（三）公益创业的经营活动

企业经营活动是指企业经营者为了获得最大的物质利益而运用经济权力,用最少的经济、物质消耗创造出尽可能多的能够满足人们各种需要的产品的经济活动。经营活动产生的现金流主要记录了企业在销售商品、提供劳务、购买商品、接受劳务、支付税收等方面活动的现金流动情况,反映了企业自身的造血功能,是所有财务报表中最重要的指标之一。

由于公益创业的企业中的资金来源的不同,企业的经营活动的模式也略有不同。针对可以进行自我造血的企业,他们的经营活动中就包括销售商品的部分,并且销售商品所得资金是企业之后进行社会活动的大部分款项。但是对于资金来源主要是依靠捐赠的社会企业,它们大部分的经营活动就是提供劳动和购买商品捐赠给需要的相关群体。

(四) 公益创业的利润及其分配活动

企业在经营过程中会产生利润,也可能会因对外投资而分得利润,这表明企业有了资金的增值或取得了投资报酬,企业的利润要按照规定的程序进行分配。首先,依法纳税;其次,要用来弥补亏损,提取公积金、公益金;最后要向投资者分配利润。但是社会企业中,有些企业是进行利润分配的,而另外一些则是完全不进行利润的分配。

乐朗乐读学习潜能开发中心成立于2007年,是一家致力于改善读写困难儿童能力和环境的专业教育机构。他们所从事的事业就是帮助读写困难症的孩子,有一部分贫困孩子是可以免费接受教育的,而另一部分孩子则是进行收费的。它们是可以自我造血的公益创业,但同时,他们的企业是进行分红的。目的是为了可以吸引更多的投资者进入这一领域,意识到这一社会问题,关注到这一类特殊的问题儿童。

同样地,残友集团也是一家社会企业,它可以运用自己的软件开发等与计算机有关的项目进行自我造血,自我盈利。但是它的大部分收益都转入了残友基金会,按照不同的项目,进行统一的资金分配。

不同的公益创业模式决定了企业资金运转的不同。资金运转的模式不同就导致财务管理的具体内容的改变。在目前社会企业的财务状况仍有争议的时代,并不能以偏概全地肯定哪种运作模式是较好的,哪种是不利于社会或是企业发展的。只有在实践的过程中,逐步将公益创业的财务管理进行不断地调整与完善以适应社会发展的需求,才能满足人们生活方面的需要。

第三节 公益创业的项目管理

项目管理是第二次世界大战的后期发展起来的重大新管理技术之一,最早起源于美国。早期项目管理的应用范围还只是局限于建筑、国防和航天等少数领域，随着时间的推移，项目管理已经渗透到管理的各个领域。在财物资源可以得到有效保障的同时，社会企业就需要将融资筹集的资金投入到具体的项目中去，对公益创业的一系列与目标相关的活动进行整体监测和管控。

一、什么是公益创业的项目管理

项目管理是指在项目活动中运用专门的知识、技能、工具和方法，使项目能够在有限资源限定的条件下，实现或超过设定的需求和期望。这包括策划、进度计划和维护组成项目的活动的进展。项目管理是通过合理运用与整合42个项目管理过程来实现的。可以根据其逻辑关系，把这42个过程归类成5大过程组，即项目的启动、项目的规划、项目的执行、项目的监控和项目的终结。

作为公益创业来管理一个项目通常需要我们首先识别项目的需求。就这一项目成立的主要目的是为了达到什么样的效果，例如"免费午餐"的活动就是为了能够让山区的孩子们不再饿肚子或是吃冰冷的午餐，能够吃上一顿营养的午餐。其次，在规划和执行项目时，处理相关人的各种需要、关注和期望。公益创业在进行项目运作的同时，需要考虑到受帮助者和捐赠者的需求，例如，许多轻度和中度残疾的人员，非常渴望自己可以进行社会交往。许多企业只是为了免除一部分税费，而供养一些残障人士，但由于设立无障碍设备花费巨大，就不需要他们来企业工作，只是每月定时给予一定的工资。这样虽然也帮助国家赡养了部分残障人员，但是却没有从根本上满足他们想要融入社会的需求。最后，要平衡相互竞争的项目制约因素，包括公益项目的范围、质量、进度、预算、资源以及风险等。不同的公益项目，必然会有不同的因素来制约它的实施和发展。一项因素的微小变化不仅仅涉及自己的改变，也同时可能会引起其他相关因素的变化，即产生"蝴蝶效应[1]"。

举一个简单的例子，假如一项公益项目的预算突然缩减，在需要保证质量的前提条件下，就只能减少受益范围。这便导致原本应该受益的人群并没有享受到资助，就有可能引发项目相关者的不满情绪，进而引发群体性事件。这样不仅没有解决好原本想要解决的社会问题，反而由于没有平衡好项目的相关因素，导致项目产生额外风险，又制造了新的社会问题。

---

[1] 蝴蝶效应指一件表面上看来毫无关系、非常微小的事情，可能带来巨大的改变。

正是由于项目在计划和执行的过程中会遇到许多的变量,所以需要在项目的整个生命周期中根据外界环境和内部需求的不断变化进行反复修正、渐进明细。渐进明细是指随着信息的详细和估算越来越准确,而持续改进和细化计划。它使项目管理团队能随项目的进展而进行更加深入的管理。❶

二、公益创业项目管理的内容

(1)项目整合管理。为确保项目各项工作能够有机地协调和配合所展开的综合性和全局性的项目管理工作和过程。它包括项目管理计划的制订(对定义、编制、整合和协调所有子计划所必需的行动进行记录的过程),指导与管理项目实施(为实现项目目标而执行项目管理计划中所确定的工作的过程),监控项目工作(跟踪、审查和调整项目进展,以实现项目管理计划中确定目标的过程),项目变动的总体控制(审查所有变更请求,批准变更,管理对可交付成果、组织过程资产、项目文件和项目管理计划的变更过程),结束项目(完结所有项目管理过程组的所有活动,以正式结束项目或阶段的过程)等。

(2)项目范围管理。为了实现项目的目标,对项目的工作内容进行控制的管理过程。它包括确保项目做且只做成功完成项目所需的全部工作的各过程,即收集项目需要、定义范围(制定项目详细描述的过程)、创建工作分解结构(将项目可交付成果和项目工作分解为较小的、更易于管理的组成部分的过程)、核实范围(正式验收项目已完成的可以交付成果的过程)、控制范围(监督项目的范围状态、管理范围基准变更的过程)。

(3)项目时间管理。为了确保项目最终按时完成的一系列管理过程。它包括具体活动界定,活动排序(识别和记录项目活动间逻辑关系的过程),时间估计,进度计划(根据活动顺序、持续时间、资源需求和进度约束,编制项目进度计划的过程)及控制进度(监督项目状态以更新项目进展、管理进度基准变更的过程)等各项工作。很多人把 GTD❷ 时间管理引入其中,大幅

---

❶ 项目管理协会. 项目管理知识体系指南(PMBOK 指南)[M]. 王勇,张斌,译. 4版. 北京:电子工业出版社,2009.

❷ GTD 是英文 Getting Things Done 的缩写。来自于戴维·艾伦(David Allen)的一本畅销书《尽管去做:无压工作的艺术》(Getting Things Done),国内的中文翻译本由中信出版社出版。

度提高工作效率。

（4）项目成本管理。为了保证完成项目的实际成本、费用不超过预算成本、费用的管理过程。它包括对成本进行估算（对完成项目活动所需资金进行近似估算的过程），制订预算（汇总所有单个活动或工作包的估算成本，建立一个经批准的成本基准的过程），控制成本（监督项目中资金的运作过程，更新项目预算、管理成本基准变更的过程）。

（5）项目质量管理。为了确保项目达到客户或是满足受益者的需求所规定的质量要求而所实施的一系列管理过程。它包括质量规划（识别项目及其产品的质量要求或是质量标准，并书面描述项目将如何达到这些要求和标准的过程），质量保证（审计质量要求和质量控制测量结果，确保采用合理的质量标准和操作性定义的过程）和质量控制（检测并记录执行质量活动的结果，从而评估绩效并建议必要变更的过程）。

（6）项目人力资源管理。为了保证所有项目关系人的能力和积极性都得到最有效的发挥和利用所做的一系列管理措施。它包括制订人力资源计划（项目所需要的人员、技能，编制人员配备管理计划的过程）、组建项目团队（确认可用人力资源并组建项目所需团队的过程）、建设项目团队（提高工作能力、促进团队互动和改善团队氛围，以提高项目绩效的过程）和管理项目团队（提供团队成员的反馈，解决问题并管理变更，以优化项目绩效的过程）等一系列工作。

（7）项目沟通管理。为了确保项目的信息及时且恰当地生成、收集、发布、存储、调用并最终处置所需的各个过程。它包括沟通规划（定义沟通方法的过程，以避免信息的延误），发布信息，信息传输和进度报告（即项目的状态报告、进展测量结果和预测情况）等。

（8）项目风险管理。涉及项目可能遇到的各种不确定因素，旨在提高项目积极事件的概率和影响，降低项目消极事件的概率和影响。它包括风险识别（需要判断哪些因素会影响到项目，并记录其特征的过程），定性风险分析（评估并综合分析风险的发生概率和影响，对风险进行优先排序，从而为后续分析或行动提供基础的过程），定量风险分析（针对已经识别的风险对项目整体目标的影响进行定量分析的过程），制订风险对策（针对项目目标，制订提高机会、降低威胁的方案和措施的过程）和监控风险（在整个项目中，实施风险应对计划、跟踪已识别风险、监测残余风险、识别新风险和评估风险过程有效性的过程）等。

（9）项目采购管理。为了从项目实施组织之外获得所需产品、服务或成果所采取的一系列管理措施。它包括采购计划（记录项目采购决策、明确采购方法、识别潜在的卖方的过程），实施采购（获取卖方应答、选择卖方并授予合同的过程），管理采购（管理采购关系、监督合同绩效以及采取必要的变更和纠正措施的过程）等项目工作。

三、公益创业项目管理的过程

项目管理的过程适用于各行各业的项目中。应用项目管理过程能够提高各类项目成功的概率，这已经得到大家的一致公认。普通企业项目管理是否成功直接影响企业将来的盈利。而公益创业的项目管理是否能够成功将决定着公益创业是否在将来能够获得或是占有更多的社会资源，以便让公益创业更好地生存下去。项目管理的过程可归纳为五大项目管理过程，任何一个项目都是按照这一项目管理过程的顺序进行的。项目管理的这五大过程彼此相互独立但又相互依赖。在这些过程中，有些部分还具有重复性。一个项目，往往很多过程需要反复多次，才能够实现项目的预期目标。下面就着重从项目管理的五大过程来介绍公益创业项目管理。

（一）公益创业项目的启动

一个新项目的启动或是一个旧项目的新阶段，都可以算是项目的启动。公益创业项目本身是一个具有公益性质的项目，如"西藏阿坝幸福暖冬万里行项目"；也可以是一项盈利的项目，将项目的筹款用于公益事业，如"为爱同行"项目。在项目启动的同时，我们首先要做的就是初步定义项目的范围、落实初步的财务资源、项目总体的负责人，以及对大致的受益人群进行的界定。

一个公益创业的项目是否能够成功，首先就在于其项目的选取，即项目是否具有可行性。在这一阶段，创立者可以提供尽可能多的方案，供大家备选。通过对这些方案的具体评价，论证其可行性。从中选取社会价值比较大，同时可行性比较强，并能解决特定社会问题的项目。其次，应该明确提出项目目标，并说明为什么这一具体项目是满足相关需求的最佳选择。再次，应该制订一份正式批准项目或阶段的文件。关于项目启动决策的文件还可以包括初步的项目范围描述、可交付成果、项目工期以及为进行投资分析所做的资源预测,即包括项目工作说明书、创业环境因素和组织过程资产等内容。最后阶段,需要识别所有受项目影响的人或组织,并记录其利益、参与情况和对项目的影响过程。

(二) 公益创业项目的规划

项目规划是预测项目的未来走向,确定要达到的项目目标,预估在项目执行的过程中可能会遇到的问题,提出对应实现目标、解决问题的有效方案、方针、措施和手段的过程。它是对项目管理的各项工作进行综合性的、完整的、全面的总体计划。

一项公益创业的项目规划内容,首先应该包含对项目的构思、对项目目标更为详细的论证。在项目的总目标确定后,通过项目管理规划可以分析研究总目标能否实现,总目标确定的费用、工期、功能要求是否能得到保证,是否平衡。通过制订规划的过程能对可行性研究工作全面衡量,并进一步完善目标体系。

其次,公益项目管理规划既是对项目目标实现方法、措施和过程的安排,又是项目目标的分解过程。规划结果是许多更细、更具体的目标的组合,它们将被作为各级组织在各个节点的责任。规划常常又是中间决策的依据,因为对项目管理规划的批准是一项重要的决策工作。

再次,公益项目管理规划须考虑更多的实施战略问题,如组织与合同模式,里程碑计划。主要技术子系统的实施策略,是对项目实施的全面估计和预测。

最后,公益项目管理规划是项目管理实际工作的指南和项目实施控制的依据。以规划作为对项目管理实施过程进行监督、跟踪和诊断的依据。最后它又作为评价和检验项目管理实施成果的尺度,作为对各层次项目管理人员业绩评价和奖励的依据。

另外,公益项目管理规划说明实施过程中所需要的技能和资源,业主和项目的其他方面需要了解和利用项目管理规划的信息。

(三) 公益创业项目的执行

如果说项目计划是怎样做项目,那么项目执行就是指如何将项目计划付诸实践。即通过一定的组织形式,运用各种社会资源,经解释、推动、宣传、服务、协调、指挥、控制等方式,将项目的计划和内容转变为现实的效果。

在项目执行的过程中,包括在执行一个项目之前,项目经理必须事先做好一系列的准备工作,以便为后续的项目执行工作过程创造有利的环境。一般来讲,项目执行需准备的工作内容有:项目计划核实;项目执行人员架构;项目参与者的确认;项目团队组建;项目规章制度的实施;项目执行动员。在执行中具体内容的操作步骤:一要将进行的活动提前安排妥善;二是对工作进行授权,明确责任;三是估算所耗成本费用;四是保证质量的前提下,要保证时间的合理安排,不能拖长"战线";五是项目经理组织项目团队按照项目计划完成预定工作。

(四)公益创业项目的监控

由于项目的计划是不可能完美无瑕的,同样在项目的实施过程中也可能会出现偏差,这就需要项目监控。项目监控包含跟踪、审查和调整项目与绩效,识别必要的计划变更并启动相应变更的过程。项目的监控首先是为了控制变更,并对可能出现的问题推荐预防措施;其次,对照项目管理计划和项目绩效基准,监督正在进行中的项目活动;再次,干预那些规避整体变更控制的因素,确保只有经批准的变更才能付诸执行。❶最后,由于公益企业现在面临着信任危机的难题,所以监控其项目管理,不仅有助于提高项目自身的质量,同时也能够增加公民对其项目的信任度。

(五)公益创业项目的终结

公益创业的项目在达到其预定目标,或是将一项社会问题解决,或是引起了相关部门的关注及进入,就要逐步走向项目的尾声,即项目终结。它包含为完结所有项目管理过程的所有活动,以正式结束项目或阶段或合同责任而实施的过程。

公益创业项目的最终走向可能会有以下几种情况。

(1)废止。即项目所要达到的目标已经实现,相关问题已经解决,项目

---

❶ 项目管理协会.项目管理知识体系指南(PMBOK指南)[M].王勇,张斌,译.4版.北京:电子工业出版社,2009:59.

再没有存在的必要性。例如，全部残疾人都可以安排就业，那么就不再需要公益企业来安排这些人的就业问题。

（2）替代。即项目引起政府的重视，将其作为政策落实，不再需要公益企业来进行。例如，"免费午餐"项目就引起了中央的关注，并从其财政支出中，划分了一部分资金专门用于这一项目的支出。

（3）合并。即多个公益企业都是针对同一社会问题开展的项目，当彼此之间有了相互的交流、沟通后，可能会合并为同一团体进行一个更具有影响力的项目。这样不仅没有使之前的项目消失，同时形成一个合并项目，使其资源更加广泛，人员的能动性更加活泛，项目目标实现的程度也随之加大。

（4）分解。可能项目在建立之初，所设定的目标高于现实及组织能力。经过实践的检验之后，不得不将目标降低或是分为可以执行的小目标，使每一部分形成一项新的项目进行管理。这样的完结方式虽然从形式上终结了原有的项目，但其实质性内容却通过这样的方式保留了下来。面对复杂多样的社会问题，在目标不能一下实现的时候，采取这样的方式来结束一个项目，不失为一个有效的方法。

无论项目最终走向哪一种情况，它都是为了解决社会问题、宣传公益理念而存在，或多或少都会在一定程度上影响着人们的思想和公益理念。同样，公益创业者们也在构建更多更好的项目，以改变人们的生活，让人们能够多关注这些弱势群体，并能够以创新的方式多帮助他们。

复习思考题

1. 什么是团队管理？公益创业团队中至少应包括哪几类组成人员？
2. 什么是团队沟通？在团队沟通中会遇到哪些障碍？
3. 公益创业的财务管理与一般企业的财务管理有哪些不同？为什么会出现这些不同？
4. 公益创业的财务活动有哪些？
5. 公益创业项目管理过程有哪些？

第八章 公益品牌建设与管理

公益事业的发展在我国已经获得良好的态势，然而公益品牌建设的发展状况在整个公益事业发展的过程中还相对落后。伴随着社会组织的发展，逐步打破垄断、引入竞争机制是大势所趋。对于公益创业企业而言，当前社会企业和非营利组织的迅速发展带来的竞争加剧、顾客多样性增加、公众期望升高而导致公信力和权威性降低、成本上涨、技术变化迅速等客观环境之间的矛盾，都促使着公益创业企业的品牌服务与产品推广工作更加急迫。如何做好公益企业的品牌建设已经成为公益创业不可回避的问题。

第一节 公益创业品牌建设及其模式

一、公益创业品牌建设及其特征

公益创业就是社会企业或其他非营利组织在经营过程中，兼顾社会价值与经济价值，用商业方法解决社会问题的创新创业过程。因此，社会公益创业具备了公益性、创新性和市场导向性的特点，并且强调创业时兼顾社会公共利益。但与此同时，公益创业的形式往往都是通过社会企业等形式来实现的，毕竟也属于企业的范畴，也就决定了品牌战略对于公益创业企业而言也具有特别的意义。所以，在分析公益创业品牌特点时，必须同时将公益创业的特点和企业品牌建设的特点相融合。概括起来，我们将其归纳为以下几个方面。

（一）社会性与商业性相结合

对任何组织而言，品牌都是一种无形资产。品牌大小就是知名度高低问题。有了知名度，往往就具有凝聚力与扩散力，也就有了组织发展的动力。

尽管社会企业具有一定的公益性特征，但是其同样要参与市场竞争。随着竞争手段的多元化与规范化，价格战等较低层次的竞争已没有多大空间。现如今，品牌经营的核心是产品的最佳外在品质与其内在优良质量的组合，加上总体的包装宣传。品牌经营就是通过商品或服务品牌的创立、维护与管理，以品牌为资本，以达到壮大规模、内增效益、迅速发展的目的，使组织获得较大的收益和市场的拓展，使其达到组织发展的商业性要求。

因此，将品牌经营理念引入到公益创业之中，就必须将其商业性与公益创业的社会性相结合。社会创业的本质就是为了创造社会价值，解决社会问题，公益创业品牌建设的目的就是在创造社会价值的同时产生经济效益，社会性与商业性相结合，才能有助于公益创业达到双赢。

（二）传统性与创新性相结合

公益创业品牌建设一方面需要引进品牌建设的传统模式，以产品为服务对象，通过在品牌商誉、市场开发、销售渠道、产品开发、生产技术管理、品质控制、人力资源、信息控制等方面形成强大的附着力，将供应、生产、销售等环节的外部资源纳入组织资源的运作范围，从而使品牌经营者的市场扩张能力及竞争实力迅速提高。另一方面公益创业品牌建设应该具有明显的创新性，因为社会创业从根本上说是要创造新的价值而不是简单地复制已经存在的组织或活动，因此需要将以传统方法构建品牌与创新精神相结合，创造出新的服务、新的产品和新的方法来解决社会问题。

（三）内部性与外部性相结合

公益创业品牌建设应当坚持品牌传播的内部性与外部性相结合。组织在向消费者和顾客推出任何新品牌或有关品牌的任何活动以前，必须确定自己的员工已经事先知情，尤其是组织内部必须了解品牌的平台，而且负责运作品牌的人员（营销、产品开发、顾客服务等）也必须清楚自己怎样做，才能让这个品牌在消费者面前大获成功。

在进行有效的内部沟通之后，必须开始思考公关是不是比电视广告更有效的媒介，邮寄广告、电子邮件或手机营销活动又如何。这类口耳相传的品牌建立方式，是透过复杂的人际网络推荐品牌。对品牌管理负责人很重要的一项原则,是确保在与外部沟通时必须明确打出独特品牌,传递正确的品牌信息,同时运用最有效的媒体。

(四)实践性与可持续发展相结合

公益创业的品牌建设过程中需要通过一系列的实践活动来体现,比如说有些组织通过制订并分发内部品牌介绍手册,开展组织不同层次、不同岗位的品牌知识培训,使用标准化的沟通文件,注入品牌内涵包括品牌定位、品牌核心价值、品牌文化、品牌基因等实践形式来落实品牌建设与管理活动,最终使所有员工都成为品牌最坚定的拥护者和忠实信徒。

公益创业组织在构建一系列品牌建设实践活动的基础之上,最终目的是促进组织的可持续发展。社会创业组织通过运用商业经营模式和品牌管理模式创造经济效益,从而获得组织的后续发展能力。

二、公益创业品牌内部管理模式

对于公益创业组织来说,建立良好的品牌管理模式不仅仅是打造其知名度的重要途径,并且是新时期社会企业竞争取胜的关键因素。社会企业的品牌管理应以品牌理念与使命为核心,根据品牌与文化、品牌与产品、品牌与市场、品牌与顾客将公益创业品牌管理模式总述为品牌内部管理模式和品牌外部管理模式。

(一)品牌与文化

文化管理就是从文化的高度来管理企业,以文化为基础,强调人的能动作用,强调团队精神和情感管理。文化管理的重点在于人的思想和观念,其中品牌管理是文化管理的重要组成部分。品牌文化是在组织传统基础上形成的品牌形象、品牌特色以及品牌所体现的组织文化及经营哲学的综合体。品牌需要文化,品牌文化是组织文化的核心,品牌文化可以提升品牌形象,为品牌带来高附加值。品牌文化与品牌生命力相互促进,一个社会企业要想得到内部群体与外部公众的认可,需要根植于浓厚的文化积淀。对于公益创业组织的文化创造需要从以下几个方面入手。

1. 强化精神文化建设

精神文化是人类在从事物质文化生产中产生的一种人类所特有的意识形态，是人类各种意识观念形态的集合。精神文化一方面是人类历史文化基因的继承，另一方面也会在实践当中不断丰富和完善。精神文化是不断推进物质文化发展的内在动力。组织的精神文化和组织的精神哲学是品牌文化的重要组成部分，在品牌建设中要善于挖掘公益企业向上的文化底蕴。品牌是企业文化与科技完美的结合。它不仅包涵了产品的使用价值，更包涵了产品中的文化价值和科技价值，片面追求以产品物理使用价值实现为目标的品牌市场经济价值，往往会导致产品品牌在市场经营中走向极端。实施企业创品牌战略，要充分挖掘文化与科技的作用，不断注入品牌的文化和科技内涵价值，从而让企业与品牌的市场经济价值不断增长。一个优秀的品牌自身就是一个优秀的文化理念。它是一个时代的痕迹，是世界前行的脚步，是一个民族的影子，是文化的诗歌。

2. 重视品牌文化的创新

社会企业也应当注重把自己的产品当作一种文化形象进行宣传，不仅仅是向消费者推销一种产品，还要将其变成一种消费模式，一种生活观念。特别是要对既有品牌不断创新。可以说，创新是名牌文化的不竭之力。在实施企业名牌战略中，追求现有的或传统的品牌与追求质量、品种创新是辩证的统一，创新是一个系统工程，主要是观念创新、体制创新、技术创新、服务创新等。科技在不断创新，企业文化也应不断体现时代的特色，文化的内涵。任何缺乏精神文化的组织或系统，既不能称为品牌，也没有市场前途。在市场竞争日趋激烈的今天，赋予组织、系统或产品以精神内涵，使之实现差异化、个性化，是提升其竞争力的根本保障。这当然就需要企业在不竭的创新中发展文化精神。

3. 注重维护品牌的广告效应

对于任何一家企业而言，易识别的广告标识和持续的广告宣传必不可少。品牌对于一个企业来说，其重要性不言而喻。一个成功的知名品牌带给企业的利益和影响是可想而知的。因此，品牌的树立和推广就成了企业规模宏大、历时长久的工程。品牌推广是一个完整的规划过程，它能确保所有的行销传播活动都反映、建立并保有品牌的核心价值及精神。所以，如何推广品牌也就成了企业最为关注的大事。广告是向社会公众传达一定的信息，从而达到影响公众的思想，促使其对某一件商品或服务产生认识上的共鸣并产生购买欲望的行为。广告所能做的是提升品牌、促进销售。一个产品的销售成效当然不是广告说了算，需要各方面的配合。广告的实效在于提高品牌知名度、配合销售，主宰销售业绩的依然是企业自己。良好的广告策略可以把一个品牌在较短时间内提升到一个知名度高、美誉度高、忠诚度也高的位置，实现企业的业绩目标。但品牌的推广不仅仅是靠一两个广告策略就能完成的。品牌推广与广告宣传必须是协调的、整体的、统一的有机结合，唯有如此才能实现企业预期的效果。

（二）品牌与产品

在公益企业的内部管理模式中，产品与服务无疑是最核心的一环。品牌与产品的关系是非常密切的。一方面，品牌虽然客观存在，但必须要以产品为载体，品牌与产品密不可分，品牌很容易随着产品的消亡而消亡；另一方面，由于品牌不同于产品那样具有生命周期，只要有优良的产品支持，品牌的市场地位一旦确定下来，就具有极强的独立性和稳定性。由此可见：产品对于品牌的生命力具有决定意义，只有适应消费者不断变化需求的产品，品牌才可以立于不败之地，因此，针对公益创业企业的品牌管理下的产品定位需要注意以下几个方面。

1. 努力提高公益企业产品的质量

在社会生活中，最能让消费者对一个品牌满意的理由就是产品的质量。产品质量是指产品适应社会生产和生活消费需要而具备的特性的总和，它是产品使用价值的具体体现。它包括产品内在质量和外观质量两个方面。产品的内在质量是指产品的内在属性，包括性能、寿命、可靠性、安全性、经济性等各个方面，质量是唯一持久的价值标准，产品质量必须以消费者满意程度为标准。产品的外观质量指产品的外部属性，包括产品的光洁度、造型、色泽、包装等，如自行车的造型、色彩、光洁度等。产品的内在质量与外观质量特性比较，内在质量是主要的、基本的，只有在保证内在特性的前提下，外观质量才有意义。对于公益企业而言，要努力实现产品内在质量与外在质量的统一，以产品质量为载体，维护好自己的品牌形象。

2. 不断提高产品的增值能力

非营利性是社会组织的本质特性，即社会企业是不以利润最大化为目的的组织，这区别于商业企业。针对公益企业来说，尽管盈利不是其最终目的，但是盈利却是保障公益企业周转和持续发展的前提。因此，公益企业也应当主动挖掘消费者的潜在需求，建立产品开发销售协作模式，生产适销对路的产品，真正做到在市场中持久生存，才能为持续做公益夯实根基。客观地说，公益行为并不是非营利组织专有，政府、企业以及个人均可以从事公益事业。包括社会企业在内的这些非营利组织，其特点是以公益目的聚集社会资金，将其投放到公益项目中，为社会提供福祉。与此同时，这些非营利组织中的专职人员当然要获取薪酬，尽管薪酬标准可能不高，但都需要一定的收入支撑。归根结底，若要这些公益企业基业长青，就必须维持其稳定的组织结构与人员队伍，这就仰仗和依赖于公益企业的产品的市场竞争力和增值能力，从而为企业取得收益并应用于公益目的。

3. 完善公益企业的售后服务

售后服务是指在商品出售以后，给用户提供的各种服务活动。换个角度来看，售后服务本身也是一种营销手段。优秀的售后服务，不仅能提高公益企业的信誉，还能扩大产品的市场占有率，提高公益企业的效率及效益。当前，售后服务已经成了企业保持服务宗旨或扩大市场份额的重要手段。完善售后服务，不能过度专注于包装，要注重产品绿色化，紧跟产品的应变趋势。售后服务的优劣，能影响消费者对企业的满意程度。消费者在购买商品和接受服务时，商品的保修、售后服务等有关规定可使顾客摆脱疑虑、摇摆的形态，下定决心购买商品。优质的售后服务，可以说是品牌经济的产物。在市场激烈竞争的今天，随着消费者维权意识的提高和消费观念的变化，消费者们不再只关注产品本身，在同类产品的质量与性能都相似的情况下，更愿意选择这些拥有优质售后服务的企业。因此，公益企业同样要精心经营，用优质的售后服务来打造自己的品牌。

三、公益创业品牌外部管理模式

(一) 品牌与市场

市场的含义通常是指买卖双方进行交换和交易的场所。随着社会的发展，人们对市场的理解有了更多的意义。一方面其意义是指交易场所，如商品市场、证券市场、期货市场，等等；另一方面又可把它理解为交易行为的总称，即市场一词不仅仅指交易场所，还包括了所有的交易行为和交易机制。市场是企业成长的土壤。任何企业都要经历市场化的过程。公益企业的品牌与市场化运作集中体现在与进入社会服务领域的企业的竞争与合作。一方面，通过竞争可以促进公益企业从商业企业中学习先进的管理经验，增强危机意识，提高组织能力；另一方面，两者之间的合作也可以使公益企业获得更多的经费和捐赠，缓解资源紧张的状况，也能使商业企业从中获得良好的声誉，达到双赢。对于公益企业，确立品牌与市场定位需要从以下几个方面入手。

1. 确定目标公众

所谓目标公众，具体是指企业经营活动所针对的某一类或某几类特定公众。任何一个组织都有一定的目的和目标，为有效地达到这些目的和目标，企业的工作人员在具体经营活动中必须通过调查研究与定位，有选择地针对特定公众开展工作。人的需要具有鲜明的层次性和多元性。任何特定公众，不管他们属于什么类型，都可能成为工作的中心对象。这些被筛选出来的公众被称为"目标公众"或"优先公众"。对于公益企业而言，首先要科学定位需要，找准目标公众的情感诉求点，突出公益品牌的精神特色与优势。

2. 努力化公益特色为商业竞争优势

现实生活中会有人把公益行为与商业经营对立起来，其实公益与商业并不矛盾。在社会责任概念形成的初期，人们还在讨论企业是否应该承担社会责任，反对方认为企业的社会责任就是创造利润。现在，大家讨论的焦点应该不再是企业是否应该承担社会责任，而是企业应该如何承担社会责任，只有将企业的社会责任融入到核心战略之中，与企业生产经营的各个环节相结合，企业社会责任才能为企业创造新的竞争优势，才是真正意义上的企业社会责任。尤其对于公益企业而言，在市场细分的情况下寻找到合适的切入点，化公益特色为商业竞争优势，找到属于自己的市场位置，尤其重要。

3. 重视品牌定位差异化

所谓品牌差异化定位，是指企业对自身产品在特殊功能、文化取向及个性差异上的商业性决策，它是建立一个与众不同的品牌形象的过程和结果。换言之，即指为某个特定品牌确定一个区别于竞争品牌的卖点和市场位置，使商品在消费者的心中占领一个特殊的位置。品牌差异化定位的目的就是将产品的核心优势或个性差异转化为品牌，以满足目标消费者的个性需求。成功的品牌都有一个差异化特征，有别于竞争对手的，符合消费者需要的形象，然后以一种始终如一的形式将品牌的差异与消费者的心理需要联接起来，通过这种方式将品牌定位信息准确传达给消费者，在潜在消费者心中占领一个有利的位置。品牌可以有多个定位，但是必须与竞争品牌有显著性差异，注重"差别化定位"，品牌差异化如果定位成功，那么消费者任何时候都能感受到品牌清晰的、统一的个性。

（二）品牌与顾客

品牌与顾客的关系是所有企业需要关注的重要问题，公益企业也不例外。建设品牌—顾客关系的实质是一种品牌营销的方式，属于关系营销的范畴。对任何企业来说，应该以品牌为手段和媒介，尽一切努力争取顾客。有了牢固的顾客基础，公益企业就拥有了一切。对于公益企业而言，建设品牌顾客关系应当明确以下几点。

1. 树立顾客至上的经营观念

对于任何一个企业来说，服务过程的完美无缺是一种理想的境界。然而在现实当中，它几乎是无法企及的。任何商品和服务都免不了会犯这样或那样的错误，提供服务的硬件系统有时也会出现故障和差错。不管这些失误是谁造成的，对于一个企业来说，唯一应该做的就是承担服务失误的责任，并采取相应的补救措施，及时纠正错误，赢得顾客的二次满意。这对于培养顾客的忠诚度有着至关重要的作用，否则就会面临顾客流失的危险。培育和树立顾客至上的理念，目的是和顾客建立起长期的伙伴关系，而不是短期的成本节约。特别是针对顾客的投诉或者抱怨，我们的补救措施应该着眼于顾客的忠诚度，而不仅仅认为是在处理顾客的一次抱怨。我们应该把我们的每一次服务失误当作一次强化品牌—顾客关系的机会。实践不断证明，那些不满意顾客在经历了高水平的出色的服务补救后，最终会比第一次就获得满意的顾客具有更高的满意度，并可能再次光顾。尤其对于公益企业而言，更要积极树立顾客至上的经营观念，彻底抛弃把顾客看作是实现经济效益的手段的看法，把实现社会效益作为自己最终的落脚点。

2. 重视采集和管理顾客信息

顾客信息是指关于顾客喜好、客户需求、客户联系方式等一些关于顾客的基本资料。一般来说，企业获取顾客信息的来源主要是企业内部已经登记的顾客信息、顾客销售记录、与顾客服务接触过程中收集的信息，以及从外部获得的顾客信息等。

顾客信息采集指顾客数据的采集、整理和加工。顾客信息的采集是企业营销活动的一项系统性工作，企业面临着如何高效获取并不断更新顾客信息的问题，而且顾客信息的不同维度来源途径和获取程度存在各种差异。不同的行业和企业定义顾客的信息视图有所差别，企业需要通过顾客的信息和行为来描述特征，尤其当定义潜在目标顾客群时，更是需要如此。

科学的顾客信息管理是凝聚顾客、促进企业业务发展的重要保障。顾客信息是一切交易的源泉。企业应设立专门机构征询顾客的意见，搜集整理顾客信息，建立完善顾客资料库，畅通沟通渠道，降低决策风险。由于顾客信息自身的特点，进行科学的顾客信息管理是信息加工、信息挖掘、信息提取和再利用的需要。通过顾客信息管理，可以实现顾客信息利用的最大化和最优化。顾客信息管理在各个方面的运用，已经显示出了强大的生命力。特别是在当今企业以网络营销为支撑来开展业务的情况下，由于网络信息的复杂性和多样性，开展顾客信息管理迫在眉睫。尤其在当今信息社会的背景之下，顾客信息管理已经成为企业生存取胜的关键环节。

3. 维护老顾客

一个企业要想持续发展，就必须要有一批稳定的老顾客。一个优秀的业务员做到最后就是做老顾客，将来销售业的竞争必然是老顾客的竞争。既然老顾客如此重要，那要如何才能经营好老顾客呢？

首先,不要以为签完合同交易就结束了。由于某些企业不注重售后服务,造成了很多业务员一旦和顾客签完单或顾客交完定金,就不管事了!一个顾客曾经说了一句很值得我们深思的话"我一刷完卡,他们就不见了",这反映的就是服务意识问题。其实,签完合同才是服务的开始。现阶段的快速成交,导致我们和顾客并不熟悉,和顾客并没有什么感情。要想让你的顾客成为你的老顾客,就应该积极参与售后服务,增加与顾客接触的机会。

其次,积极主动协助顾客解决问题。在售后过程中会遇到各种问题,我们要很主动地帮助顾客,而不是选择逃避;有很多企业工作人员一接到顾客的电话就怕,或者有的干脆不接。要想想这是对顾客最大的伤害。顾客有问题来找你,是完全信任你,找不到你,你想想他们多着急,他们对我们将是多么的失望。所以我们应该喜欢顾客找我们,因为这些都是机会,特别是处理纠纷,每次处理纠纷都可以创造老顾客。

再次,与老顾客保持不断的联络。一定努力让顾客记住你,并成为朋友(记住顾客的兴趣,在节假日、顾客的生日上门拜访,邀请参加公司的各种活动,送顾客以公司的各种刊物),这些都是非常好的方式。其目的只有一个,就是让顾客记住我们,在他们需要帮助的时候,第一个想到的就是我们企业、我们企业的产品和服务。

最后,建立老顾客档案。建立老顾客档案,对我们进行老顾客的跟进非常有用。我们每天都在接触不同的顾客,难免会忘掉一些顾客;只有做好了顾客档案,才有案可寻,才不会失去很多机会。顾客档案内容一般包括顾客的姓名、性别、爱好、性格、年龄、生日、家庭情况、职业、收入情况、联系电话,等等。

总的来说,并非所有的顾客都一律平等。帕累托法则(Pareto Principle)尤其强调了老顾客的重要性,公益企业应积极主动地从情感上满足老顾客们的深层次需求。

第二节 公益创业品牌建设的维度

品牌是一套整合体系,它能将企业本身所保有的实力、能量与名望熔铸于一体,是企业与周遭社会环境接触与沟通的媒介和渠道。一般而言,品牌建设以本体论为理论基础，包括产品、品牌、文化等要素。以此为依托，本节将公益创业品牌建设分为以下三个维度：基于文化建设层面的品牌定位；品牌建设过程中应如何对组织进行更好的管理与治理；最终落实到具体的产品和服务层面应当怎样站稳脚跟，从而完成文化与产品两者的集成和统一，构建出公益创业组织品牌建设的全过程。

一、公益创业的品牌定位

（一）品牌定位的宗旨

品牌定位是在综合分析目标市场与竞争情况的前提下，建立一个符合原始产品的独特品牌形象，并对品牌的整体形象进行设计、传播，从而在目标消费者心中占据一个独具价值地位的过程或行动。其着眼点是目标消费者的心理感受，途径是对品牌整体形象进行设计，实质是依据目标消费者的特征，设计产品属性并传播品牌价值，从而在目标顾客心中形成该品牌的独特位置。品牌宗旨定义了的品牌目标，是对整体品牌意图和使命的高调宣言。这不仅仅是一个愿望。它要建立在明智判断的基础之上，而不是臆想。它能够明确地界定公益企业前进的方向，也就是组织和品牌的整体目标。品牌宗旨在定义组织前进方向的同时，还必须反映组织所渴望的精神。对于公益企业而言，其品牌宗旨主要应有如下导向。

（1）目标全面性。公益企业应当在品牌宗旨中实现社会化目标与商业化目标相结合。企业作为社会经济组织，在追求经济效益的同时，也要努力追求良好的社会效益，做到两者兼顾，这是一切企业活动必须坚持的原则，也是要在品牌设计中得到充分体现的原则。很多人认为，追求社会效益无非就是要拿钱出来赞助公益事业，是"花钱买名声"，其实不然。赞助公益事业确实有利于树立企业的良好形象，但兼顾社会化目标与商业化目标并不仅止于此。它还要求企业在追逐利润的同时注意环境的保护、生存的平衡；在发展生产的同时注意提高员工的生活水平和综合素质，维护社会稳定，在品牌设计中体现社会公德、职业道德的要求，坚持一定的道德准则。

（2）手段合理性。随着市场经济的发展，竞争的残酷性越发凸显，其中一个最直接的表现就是品牌竞争。从品牌定位角度看，公益企业要明确约束实现组织目标所应采取的手段，防止"不择手段"。如今，任何一家企业都存在因众多企业竞争所形成的危机意识，都会进行一些战略部署和决策，从时间维度看，会把战略划分为三年计划、五年规划等，并且也会从市场占有率到利润进行深入的分析，也懂得分析和研究对手的举动及举措。但是，对品牌方面的定义却不多，这也直接导致了曲解品牌效应。企业要明白，品牌不是一个独立的部分，招牌与企业的利润、企业的市场环境、企业的内外资源是息息相关的。所以，企业在进行战略部署的时候，一定要把品牌融入战略中，合理地把企业的品牌和发展相结合。

（3）关系和谐性。就公益企业同社会的关系来说，应该努力营造出企业同其股东、雇员、顾客以及同一般公众的恰当关系。首先是让品牌融入到企业员工中去。企业不难发现，经常会出现这样的现象，一方面企业在卖力地对消费者宣传自己的品牌理念，但是就连自身企业的员工也无法解释品牌究竟是什么，这是一件很危险的事情。对于企业而言，最关键的是营造和维持品牌与消费者的和谐关系，能够长期得到消费者的认同和信赖。对于消费者而言，他们对品牌的概念不只是一种标志或是一种感觉，更吸引他们的是品牌的理念和标志的含义。让很多消费者理解和接受品牌的象征，也是一种身份的表示。

简而言之，品牌宗旨定位不是一句空话，它需要渗透、部署到企业战略、企业宣传等环节中去。唯有这样，才能更好地进行企业品牌建设，为企业提供更多品牌建设的方法和策略。

（二）品牌定位

一般认为，品牌定位的理论来源于定位之父、全球顶级营销大师杰克·特劳特首创的战略定位。所谓品牌定位，是指企业在市场定位和产品定位的基础上，对特定的品牌在文化取向及个性差异上的商业性决策。品牌定位是建立一个与目标市场有关的品牌形象的过程和结果，也就是为某个特定品牌确定一个适当的市场位置，使商品在广大消费者的心中占据一个特殊的位置，当某种需要突然产生时，人们会立刻想到这个品牌。

品牌定位是市场定位的核心和集中表现。企业一旦选定了目标市场，就要设计并塑造自己相应的产品、品牌及企业形象，以争取目标消费者的认同。

第八章 公益品牌建设与管理

由于市场定位的最终目标是为了实现产品销售,而品牌是企业传播产品相关信息的基础,品牌还是消费者选购产品的主要依据,因而品牌成为产品与消费者连接的桥梁,品牌定位也就成了市场定位的核心和集中表现。对于公益企业来说,良好的品牌定位是品牌经营成功的前提,是品牌传播的客观基础,品牌传播依赖于品牌定位,没有品牌整体形象的预先设计,品牌传播就难免盲从而缺乏一致性。总之,经过多种品牌运营手段的整合运用,品牌定位所确定的品牌整体形象即会驻留在消费者心中,这是品牌经营的直接结果,也是品牌经营的直接目的。如果没有正确的品牌定位,即使其产品质量再高,性能再好,即使用尽促销手段,也不能成功。一般来说,品牌定位策略包括以下几类。

(1) 首席定位。首席定位是指企业追求成为行业或某一方面第一的市场定位。"第一"的位置是令人羡慕的,因为它说明这个品牌在领导着整个市场。品牌一旦占据领导地位,冠上"第一"的头衔,便会产生聚焦作用、光环作用、磁场作用,具备其他追随型品牌所没有的竞争优势。例如,百度是国内搜索引擎品牌第一,其他公司即使资本再雄厚也无法与之竞争,只能占领很小的市场份额。首席定位的依据是人们在认知习惯上总会"先入为主",往往只注意"第一",对"第一"的印象最为深刻,这又称为"首因效应"。当然并不是所有企业都有实力运用首席定位策略,只有那些规模巨大、实力雄厚的企业才有能力运作。对大多数企业而言,可以开发品牌某些方面的竞争优势,并取得竞争的定位。

(2) 加强定位。加强定位就是指在消费者心目中强化自身形象的定位。当企业无法从正面打败对手,或在竞争中处于劣势时,可以有意识地突出品牌某一方面的优势,给消费者留下深刻印象,从而获得竞争的胜利。例如,七喜汽水告诉消费者"不是可乐",亚都恒温换气机在做广告时明确告诉消费者"我不是空调"等。

(3) 比附定位。比附定位是通过与竞争品牌的比较来确定自身市场地位的一种定位策略。其实质是一种借势定位或反应式定位。借竞争者之势,衬托自身的品牌形象。当几乎所有的汽车厂商都在追求把小汽车设计得更长、更低、更美观的时候,金龟车显得既小又难看。若用传统方法推销,势必要想方设法掩饰缺点、夸大优点,如把照片拍得更漂亮,去宣传金龟车特有的质量优势或其他。

（4）意识定位。意识定位是赋予品牌内涵包括品牌形象、品牌个性、品牌诉求以及产品特性等品牌内容的构建过程，它的核心工作就是品牌定位。如果把品牌建设理解为在消费者大脑中建筑确定性品牌围墙的话，那么，品牌定位就相当于围墙的设计。传统意义上的品牌定位都是基于市场细分来进行的，是企业为某个特定品牌确定一个适当的市场位置，并使商品在消费者购买考虑的利益权衡中占领一个恰当的位置。与传统的基于市场细分的定位模式不同，意识定位注重的是品牌在消费者认知中的态度。

（三）使命与愿景

公益创业者必须能够阐述清楚企业从事什么业务、达到什么目标，如何衡量价值以及如何判断企业是否成功等内容，这些信息构成了公益企业的使命。

（1）公益创业必须具有显著的社会责任和使命。

公益创业企业不仅要承担法律上和经济上的义务，还要承担"追求对社会有利的长期目标"的义务，这就是我们常说的企业社会责任。社会责任包括企业环境保护、安全生产、社会道德与使命以及公共利益等方面。社会责任是由经济责任、持续发展责任、法律责任和道德责任等构成的。社会使命是个体对社会整体承担的责任，是由角色义务和法律责任构成的二元结构体系。一个企业，只有切实承担起社会责任，胸怀社会使命，才能在社会发展过程中夯实根基，成为社会运动过程中的积极角色。

（2）公益创业的目的应当在于"解决社会问题"，最终目的在于创造社会价值。

社会问题是指造成社会关系失调，影响社会成员的共同生活，破坏社会正常活动，妨碍社会协调发展的社会现象，社会问题在各时代反映的内容各不相同。当前，我国较为突出的社会问题包括人口问题、生态环境问题、劳动就业问题、青少年犯罪问题和老龄化问题等。特别是劳动就业问题，其本质源于劳动力与生产资料比例关系失调。这种失调在不同社会、不同地区表现形式不同。但它作为社会问题主要是指人口过剩及经济发展缓慢或停滞，造成劳动人口失业或待业现象。我国的劳动就业问题首先表现为就业不充分，还存在现有从业人员冗员严重、劳动生产率低下、就业及待业人员素质低下等问题。就业问题的社会后果，一方面妨碍了人民生活水平的提高，从而诱发社会动荡及社会犯罪；另一方面，不利于社会经济的协调发展，进而威胁整个社会的稳定。公益创业的一个重要特征就是解决这些社会问题，助力社会发展。

(3) 公益企业愿景应定位在弥补政府失灵，改善社会性公共服务的供给。

政府失灵是指个人对公共物品的需求在政府的公共服务中得不到很好地满足，公共部门在提供公共物品时趋向于浪费和滥用资源，致使公共支出规模过大或者效率降低，政府的活动或干预措施缺乏效率，或者说政府做出了降低经济效率的决策或不能实施改善经济效率的决策。特别是政府的组织结构不利于信息的传导，造成政府失灵。政府的机构设置是金字塔式结构，以适应"政出一门"和领导负责制的组织原则。然而正是这种结构，严重阻碍了经济运行中各种信息的及时传输和政令的及时下达。市场运行中，各种资讯瞬息万变，政府在对市场进行宏观调控的过程中，必须掌握及时准确的信息才能做出正确的决策。然而，市场中的各种信息通过各级机关层层审批最后递交到决策者手里，需要一个漫长的过程。而这时信息的准确度，在复杂多变的市场环境中已经大打折扣；同时，政府决策者通过各级机构把自己的决策落实到经济运行的问题环节，中间也需要一个复杂的程序。从上至下的决策信息传输途径使得一项公共决策并不能及时地发挥作用。而企业则具有对社会需求敏感、决策效率高的优势，特别是公益企业尤其要在弥补"政府失灵"方面发挥突出作用。

二、管理与治理

(一) 治理结构与志愿者角色

在公益创业的品牌建设与管理中，完善的治理结构和深入人心的志愿者角色无疑为社会企业品牌树立起到了极其重要的作用。如果一个公益企业正在寻找能支持大型活动或低技能业务操作的雇员，那么志愿者招募这种方法是比较理想的。但是在社会创业者与志愿者共事的过程中，为了更好地塑造自身品牌，应考虑以下因素。

(1) 市场工作的价值。当志愿者付诸任务的市场价值远远高于其放弃工资的时候,他们认识到志愿服务的收益高于机会成本,因此会更全身心地投入到志愿工作中。

(2)最好的志愿努力。公益创业者也需要通过改进自身活动来吸引众多的志愿者参与。对于志愿者来说,市场行为是不平等的,他们有很多可选择的志愿机会,这时就需要公益创业者去用"现有品牌"投资"未来品牌"。

(二) 员工结构和功能

一个公益企业要想建立良好的品牌形象,除了面向社会公众的知名度和美誉度,还有一个很重要的组成部分,就是内部员工对组织的认同感,以内促外,从而达到内外部环境的统一和谐,促进品牌建立。因此,为了促进组织内部品牌建设及文化认同,公益企业在员工结构和人力资源开发方面要注重以下几个方面。

(1)通过人力资源开发提升员工认同感。一是通过招聘,遴选"同道中人",为企业文化获得认同打下第一层基础。只有企业和员工的价值观"性相近",才有相互融合的基础,进而才更容易相互认同。好的招聘过程,一方面能够准确选择潜在的文化认同者,另一方面也能够很好地向这些潜在的文化认同者进行初步的价值观灌输和辐射。二是通过培训,培养认同感。企业针对核心员工的培训,主要不是技术和技能方面的,而是价值观方面的。目的就是在系统地向员工灌输企业价值观的基础上,有针对性地培养他们对企业文化的认同感。另外,老员工的言传身教及员工在工作过程中的耳濡目染,都有助于培养员工对企业价值观的认同。

(2)通过企业文化建设提升员工认同感。一是加强愿景引导与气氛渲染。如果组织愿景能在与员工的交互过程中,纳入员工愿景,并为员工提供一套清晰的目标指向系统,将会大大提升员工对企业的认同感。这种指向越明确、清晰,与员工相关需要与追求结合得越紧密,对员工的吸引力越强,越能强化员工的认同感。因为,共同的目标与追求是员工与企业合作的唯一原因,也是维系员工与企业的唯一纽带。二是强化制度推进与组织保障。要设计有利于培养员工认同感的管理制度与组织形式。由于企业在不同成长阶段的特点不同,相应的制度与组织设计也应有针对性。伴随着制度建设,企业文化逐渐体系化,其辐射力也逐渐增强,企业价值观被认同的范围和程度也逐渐扩大和提高。

（3）通过提升领导魅力来凝聚员工。美国军事家克里奇曾经说过：没有不好的组织，只有不好的领导；好的领导者是好组织的塑造者。企业家是企业的灵魂，是企业与员工之间的纽带，其价值观又是企业价值观的核心。因此，与其说是员工对企业价值观的认同，不如说是员工对企业领导价值观的认同。但要让员工认同企业家的价值观，仅靠权威这类硬性要素是绝对达不到的。企业管理者要以身作则、谦虚谨慎，要有很强的民主平等、协商共事的意识，遇事和大家多商量、多沟通，经常性地交流思想、交换意见，树立领导在企业中的公信力和凝聚力。

（三）预算与财务

公益企业的预算与财务是指其在开展业务过程中的资金运动，它体现了社会组织同政府财政及社会有关方面的经济关系。

为了实现自己确定的财务管理目标，公益企业的财务管理需要满足以下几个方面的要求：保证组织有可持续发展的资金；保证组织有适合其发展的资本结构；保证可供使用的资金与实际使用的资金相匹配；选择适合组织特点的财务管理模式作为实现目标的具体保证。

（四）企业营销管理

当营利性创业者沉迷于营销时，社会创业者却经常在融资或者增加其产品或需求服务时忽略营销。原因似乎是认为它与社会使命的概念有差异，其实事实并非如此。公益创业者要想打造自身企业品牌，提升知名度和美誉度，营销恰恰是其最重要的一个手段。事实上，营销超越了广告并包含了其他很多途径。试想，如果公众不了解你的企业的活动领域，那么企业使命又怎会实现呢？一般认为，产品（product）、价格（price）、渠道（place）和推广（promotion）是传统企业营销的四大基石，它们同样也构成了公益企业营销管理的核心内容。

（1）产品。对于公益企业来说，产品可能是有形的物理产品，也可能是无形的服务，或者是更高层次的理念。例如，对某一类社会现象或者社会群体的关爱倡导，其核心本质是目标群体甚至社会公众的利益，营销管理者对于产品的关注包括组织能够提供什么样的产品，我们的顾客有什么样的需要或者存在什么样的问题，以及顾客对我们的产品有怎样的知晓度与满意度，等等。

（2）价格。对于公益企业来说，价格意味着对组织提供的产品和服务收取一定的费用。一方面，虽然社会企业不以营利为目的，但是如果无法通过收费弥补提供产品的成本，社会企业的活动可能难以长期维持。另一方面，如果产品的定价超出了受益者所获得的利益，那么社会组织的产品也无法得到公众的认可，同样会影响组织的发展。因此，社会企业必须通过科学合理的定价增强顾客对产品的认同，提高产品的市场份额，从而获得合理的经济收入，用于支持公益企业的发展。

（3）渠道。渠道就是商品和服务从生产者向消费者转移过程的具体通道或路径。对于有形产品而言，渠道是指商场、超市、社区等具体地点；对于无形产品而言，则是指受众通过传媒、培训、参加活动等方式获得公益教育、信息、思想等。渠道的核心要素是如何落实和解决产品的可获得性和服务质量。在资源有限的条件下，社会企业必须通过判断目标受众的活动和习惯以及对现存渠道系统的经验，获得和建立有效的营销渠道，让企业的产品、理念和信息有效地被目标群体了解和接受。

（4）推广。推广对于社会企业而言，是指通过何种方式来宣传自己及产品，如何使得受益群体与社会公众更加全面地了解组织信息，吸引公众对产品的注意力和对组织的关注。常见的推广方式包括广告、公共关系、人员推销和媒体宣传活动等，或者是上述手段的综合运用。推广的核心要素就是产生和维持公众对企业的产品需求。

由此可见，社会企业需要摆脱对政府的依靠，也不应该把自己的目标群体定位在小规模受众上。既然勇敢地选择了投入市场竞争，那么就应该根据市场的规律来选择和安排营销活动，把社会企业的营销引向正常化。即使企业具体消费者受众较小，也要注重和珍惜企业的营销管理，以期能吸引和感染更多的人，引导对于本企业良好社会氛围的形成，为自己的生存和发展创造更有利的社会条件。

三、产品与服务

(一) 出版物

对于公益创业企业来说,品牌建设不仅仅体现在组织所提供的有形的物理产品或者服务上,更重要的是一种观念、意识和价值体系的传播。随着电子技术的突飞猛进和以盈利为目的的竞争对手的出现,社会企业必须成为信息增值的再加工者和传播者。因此,公益创业者需要用出版物的形式来传播最新的企业数据、相关产品、服务、活动的信息。尤其重要的是通过传播一种向上的公益理念,来提升自身的社会高度和社会影响力。

对于一些专业性的社会企业而言,则可以利用期刊来吸引公众关注本领域发展的前沿动态。尽管电子通信日益普及,但出版专家预测,印刷期刊的需求并不会因此而减少。他们认为,正如电视并没有取代电台或电影一样,反而增加了人们对信息和娱乐方式的选择。社会企业需要拥有自己的出版产品,以达到宣传自身品牌形象的效果。另外,在当前公益创业不断兴起并迅速发展的同时,社会企业家精神已经在全世界成为一种强大的力量,通过社会企业提供的出版物、新政策以及新机构的自我宣传和推广,从而在这个基础上寻求更广泛的社会创新和社会治理结构。

(二) 合作伙伴

合作是指个人、群体之间为达到共同目的,彼此相互配合的一种联合行动。俗话讲,人心齐,泰山移。在社会创业的过程中,不能仅仅依赖公益创业者孤军奋战,寻求良好的合作伙伴是将公益创业组织做大做强的必经之路,也是社会创业组织品牌构建的助推剂。一般来讲,公益创业的合作伙伴主要有政府、供应商、商业企业以及其他公益组织等。

(1) 政府。在任何国家,政府无疑是公益服务的首要供应者,这就决定了公益企业和政府之间的互动必然处于一种相对紧密的状态。问题的核心是,双方在互动过程中怎样界定相互的关系和角色,这是制约公益企业发展的关键。就公益企业而言,应当成为政府与公众的黏合剂,努力利用自己的经营地位为政府分忧解难,利用自身的优势来弥补"政府失灵"的领域。当然,公益企业也需要来自政府的指导,不断创新自己的经营活动,促进社会发展。

(2) 供应商。公益创业企业的产品和服务定位一旦确立,那么供应商的选择就成了一个关键问题。对于有形产品来说,质量和成本肯定是公益创业者首要考虑的因素。我们要选择自身发展及品牌建设已经十分成熟的供应商,但是这类供应商往往不会瞄准社会企业,因为要求利润最大化的他们不允许低盈利和高风险的存在,那么社会创业者就要运用自身独特的公益理念来吸引供应商来进行"公益品牌投资"。只有能带给供应商市场无形的、长远的受益,才会维持彼此间稳定的合作。

(3) 商业企业。公益创业组织与商业企业合作可以通过两种模式来实现:一方面,商业企业可以集中运用自身的核心能力,针对特定社会需求制订清晰的战略性慈善活动规划,选择合适的公益创业组织来承接,这样不仅可以实现商业企业的社会责任,打造商业品牌;更能够提升公益创业企业的业务水平,降低内部资金流动,又为公益创业组织赢得良好的声誉。另一方面,公益企业在发展新的模式解决社会问题的同时,也为商业企业如何有效实践社会责任提供了新的模式探讨。总之,公共部门或社会部门与商业企业的联盟,有助于公益品牌传播与组织的可持续发展。

(4) 其他公益组织。其他公益组织包括 NPO、NGO、基金会等社会组织;与社会企业具有一致的公益目标,也是推动公益事业发展的主要力量。社会创业者要想更好地在组织、品牌运作和管理方面取得成功,经验来自不断的借鉴与积累。社会企业可以创造性地利用其他公益组织的实践经验、资源支持网络、社会影响力等优势来提高社会公共产品和服务的供给能力,从而为自身的品牌构建奠定坚实的基础。

(三) 政府关系

权威性是任何一个企业树立品牌形象的一个重要维度,对于社会企业也不例外。如果一个社会企业具有足够的权威性和号召力,那么它的知名度自然而然地就会得到提升。提升企业权威性的渠道很多,如良好的产品质量、稳定的市场份额,等等。其中,与政府的关系也是一个重要方面。如果这个社会企业得到政府的认可,得到官员的广泛关注,政府的某项职能也能通过它的服务来实现,那么这家社会企业一定具有独一无二的权威性。

政府的持续支持是社会创业组织品牌形象建立和持续发展的保障。政府机构往往可以通过以下几种方法来支持社会创业组织的品牌建设：努力创造一个社会组织可以施展拳脚的环境，鼓励创新，努力在职权范围内通过宣传和推广帮助社会创业组织取得更大的发展。

因此，社会创业组织必须与政府之间建立良好的合作互动关系，充分运用身上肩负的社会责任帮助政府分担社会公共服务的压力，利用自己独特的优势弥补政府和其他企业在社会公共服务上的不足，以实现政府和公益企业间的互利共赢。

（四）公众

公众的认可和赞誉是衡量一个组织品牌建设成效的关键因素，一个社会企业要想充分发挥其潜力，安全度过舆论风暴，就必须要取悦公众、研究公众并且与其进行沟通。重要受众通常包括社会创业领导者、组织成员、消费者或者客户、政府决策者和监管者、媒体和普通公众。

一个组织成功的品牌建设和公共关系活动要求识别组织的不同公众，并且根据每一类公众的独特需求提供信息。在当前信息化时代，媒体中充斥着大量的信息，但是一般公众几乎不可能主动去关注了解公益创业的信息，因此，仅仅依靠媒体的营销和推广是远远不够的。幸运的是，良好的企业活动要比大量的商业广告更能吸引人们的注意。因此，在社会企业品牌建设的过程中，需要将组织的目标受众进行认真的定位细分，针对不同类别的受众采取不同的品牌模式。

具体而言，对于目标顾客和客户来说，社会创业者应当主打公益理念和创新型的活动模式。对于普通受众来说，社会创业者应当更加注重观点和理念的传播，积极主动调动社会公众的关注和广泛参与，因此可以采取演讲、举办慈善活动等极易引起公众兴趣的形式。对于政府来说，社会创业组织应当主动通过创办新的组织，提供新产品或服务，研发新的、可利用的技术等措施以更好地辅助政府提供公共产品，拓宽政府社会公共服务的类别和形式，从而提高公众对政府的满意度。

第三节 新媒体应用

在西方管理领域流传着这样一句话，企业不做广告就如同在黑暗中向情人暗送秋波。由此可见，对一个企业而言广告宣传的巨大价值。做广告就离不开传媒。在传统媒体中，主打品牌的广告最多选用的是电视、广播、报纸等媒体。这些传统媒体的特点是让消费者在被动的接触中产生记忆，并通过一定数量的接触频次来追求广告效果。然而事实情况是，无论你的广告宣传多么醒目，或者有多么好的创意，却忽略了以下问题：被动记忆能维持多久印象？哪些才是潜在消费者？这些广告的传播范围到底有多大呢？这些在传统媒体时代下的营销问题，随着以互联网为代表的新媒体的出现，能够寻求到一种创新性的解决途径。

一、新媒体在公益品牌传播方面的应用价值

凭借更加强大的话语和舆论力量，以互联网为代表的新媒体已经占据信息传播的首要位置。公益品牌建设必须顺应时代发展的潮流，依托和利用新媒体营造自身的形象，在传播过程中凸显公益属性，营建公益形象。哈贝马斯在《公共领域的结构转型》中指出，媒体作为具有特殊性质的社会公器，"影响了公共领域的结构，同时又统领了公共领域"。可以这样理解，对于公共空间而言，新媒体的核心价值在于，实现新媒体舆论空间以及由此产生的公众舆论空间在意见态度上的有机互动。一般来讲，新媒体在公益品牌传播方面的应用价值主要表现在以下几个方面。

（一）传播范围广，使品牌的注目率和知名度迅速提高

互联网所具备的广泛的传播范围是人类传播史上绝无仅有的。尤其是互联网对信息的实时传递使信息在短期内能够实现全球发布，使消费者可以通过最便捷的渠道实现对品牌的认知。新媒体通过广告发布平台与消费者展开全方位的互动，还可以使公益创业企业开展及时、持久、协调一致的优质服务，为目标消费者营造良好的氛围，使其了解品牌信息，提前做出明智决策。

第八章 公益品牌建设与管理

除此之外，丰富多样的网络表现形式，有利于塑造公益创业品牌个性，传播品牌文化，提高品牌的美誉度，使品牌的注目率和知名度迅速提高。

（二）在消费者与品牌之间建立了更加良性的互动机制

"媒介即信息"，借助新媒体进行的公益品牌公共关系活动可以将公益创业企业产品和品牌延伸到离目标消费者更近的地方，让他们获得品牌信息，参与公共关系活动。新媒体的互动性特点使网络公关活动比传统公关活动更有效地与"分众化"的目标消费者进行精确有效的沟通，通过品牌虚拟社区、品牌专属网站等途径，向他们传达能够满足他们现实需要的信息，并及时得到反馈，开展符合他们心理需求的体验式公关活动，在情感层面打动消费者，拉近消费者与品牌之间的距离。通过新媒体公共关系活动进行的品牌传播活动，让消费者对品牌的认识不再仅仅存在于认知层面。更重要的是它在维持和巩固消费者忠诚度、增加重复购买次数、增强竞争优势方面具有不可替代的作用。

（三）大大降低了公益创业品牌宣传的成本

在新媒体环境下，利用新媒体进行的线上传播主要表现在网络传销和网络销售促进两个方面，一方面可以通过线上宣传，让更多的公众熟知公益创业企业的产品和服务；另一方面也可以利用互联网电子商务平台直接促成购买行为。基于新媒体的品牌传播快捷便利，它们具有非公众性、定制、及时、交互反应的特点，可以提供个性化的服务，针对个人设定个人化的信息，易于测量，并省去中间渠道环节，适用于快节奏的社会生活，降低公益品牌产品推广成本，受到消费者的广泛欢迎。

二、新媒体在公益品牌传播方面的应用方式

（一）公益广告

互联网凭借其广大的受众面和"自媒体"等的传播优势成为当下媒体应用的宠儿。公益创业组织亦可以通过形成以公益宣传为主的自媒体建设，辅以传统媒体活动、专题节目等多元表现形式的广告来加强其品牌塑造。公益

广告的发布既受限于发布主体"把关人"的观点意见，同时也要吸引受众，能够切实产生广告效应。

（二）交互性网络新媒体

以计算机信息处理为基础的交互性网络新媒体的崛起，赋予了品牌传播更广泛的内涵和全新的营销理念，使得新媒体发挥着越来越重要的作用。在用户覆盖上，虽然新媒体表面上看没有电视和平面媒体覆盖的受众多，但是，新媒体的用户却是年轻、时尚、高学历的一代，是最有潜在消费能力的一代。品牌的建立不仅仅靠单一媒体类型的宣传，尤其是对于公益企业来说，传统的营销媒体远远达不到拓宽其知名度和美誉度的要求，整合营销是公众很熟悉的营销战略。在这一系列环节中，新媒体应当扮演一个区别于传统媒体的宣传形式，扮演一个更为人性化、更易被人们接受的角色。特别是网络新媒体的"交互性"特性，能够紧随消费者的心理的节奏，更能在彼此间形成共识。另外，交互性网络新媒体无与伦比的地域覆盖特点，使得国内外的信息实现即刻交互。网络新媒体更善于"察言观色"，由于其具有的无与伦比的参与性特征，给每一个受众带来体验和沟通的机会。即使是一些负面的评论，也是公益企业得到的最宝贵的反馈。在这些交互过程中，公益企业会提高自身营销的精准度，对不断改进自身定位和宣传策略起到了至关重要的作用。

三、新媒体在公益品牌传播方面的发展趋势

（一）准确定位，打造公益品牌传播的核心竞争力

网络新媒体首先要在内容和服务上取胜，传统媒体对于新媒体最大的挑战在于其优质的品质和内容的权威性。新媒体要想从传统媒体的受众中取得一席之地，首先要在自身的内容和服务建设上做足功夫。另外，新媒体在进行内容推广的时候应该给自身找好定位。定位是媒体战略的核心，媒体只有建立起一种可长期保持的差异时，才能胜出对手。目前虽然涌现了大量的网络视频网站，但是由于它们之间差异化不明显，内容同质化比较严重。因此，受众很难区分这样的网站，这对于网络新媒体的品牌建设来说，是一个致命的弱点。准确的定位，是媒体品牌建设的基础保证。

第八章 公益品牌建设与管理

(二) 确保信息多样性和真实性，吸引目标消费群体

新媒体信息传播方面，应从社会创业组织品牌目标消费者的角度出发，以信息的真实性作为品牌信息传播首要原则，并且以新媒体的特性为依据，来设计和传播品牌信息。在整合营销传播时代，消费者已成为各种品牌传播手段的核心。哪个品牌能赢得更多的消费者，便可在激烈的市场竞争中取得更大的成功。新媒体环境下，品牌传播应尊重消费者，真正以消费者的需求为中心设计品牌传播信息，注重信息内容的趣味性和品牌传播手段的多样性和个性化，制订真正符合目标消费者的品牌传播策略，吸引消费者来点击和浏览，并积极参与品牌传播活动，最终达成购买行为。

(三) 新媒体与传统媒体相结合，注重公益性传播

在品牌传播中，新媒体仅仅是社会企业整个品牌传播过程中的一个重要手段，而不是全部手段。新媒体只有与传统媒体相结合，各种传播手段优势互补，才能扩大媒体受众总量，使品牌信息得到多次重复和深度传播，让目标消费者对品牌产生印象、兴趣、认知和偏爱。

另外，公益创业企业也可以根据各媒体的特征在品牌传播周期上相互配合、相互补充、相互促进，最终使品牌传播效果最大化。在新媒体中，不同媒体形式的传播方式各不相同，不同的传播方式只有优化整合，对信息进行重新组合，通过适当的媒介形式向合适的人群传递真正需要的品牌信息才能达到最好的传播效果。各种新媒体组合是非常灵活的，比如可以将网络虚拟社区和博客、微信相结合，品牌专属网站和手机定制服务相结合，在不同的组合中将大众传播与人际传播相结合，实现品牌信息的多向传递。信息到达率高，针对性强，也就提高了信息的传播力度。

(四) 加强政府监管，提升信息接受者的自我保护意识

国家有关部门应及时制订和修改相关的法律、法规，针对新媒体的特点对新媒体信息传播的各方面进行监管。一是对新媒体经营者加强管理。规范新媒体品牌传播的经营行为，审查他们的经营资质，只有符合条件的经营者才能经营这项业务。二是对传播内容进行监管。新媒体的特点决定了其传播

内容的广泛性和不确定性,有关部门应对品牌信息的各个方面进行审查和监督,从而实现对品牌本身和消费者的保护。对信息的接受者,也就是品牌的目标消费群体而言,应加强对网络知识的学习,提高信息辨别能力和自我保护能力,对虚假、欺骗内容的网络广告能有较强的辨别能力,遇到发布虚假、欺骗广告的网站或机构时能及时举报给有关监管部门,用法律来保护个人的权益。

复习思考题

1. 简述公益创业品牌建设的特征。
2. 结合实际说明如何建立和完善公益创业企业的品牌内部管理模式。
3. 简述品牌定位的宗旨和策略。
4. 简述公益企业营销管理的基本内容。
5. 结合实际阐述和说明新媒体在公益品牌传播方面的发展趋势。

第九章 公益创业风险及其规避

第一节 公益创业风险源识别

风险是指某种不确定性,它既可能表现为收益的不确定性,也可以表现为成本或代价的不确定性。如果风险表现为收益或者代价的不确定性,说明风险产生的结果可能带来损失、获利或是无损失也无获利。人们常说,风险和收益是成正比的。对于创业者而言,风险的识别和规避是创业成功与否的关键制约因素。

一、创业风险的概念与特征

(一)创业风险的定义

所谓创业风险,是指由于创业环境的不确定性,创业机会与创业企业的复杂性,创业者、创业团队与创业投资者的能力与实力的有限性等因素,而导致创业活动偏离预期目标的可能性及其后果。任何一个企业在实现其目标的经营活动中,会遇到各种不确定性的事件,这些事件发生的概率及其影响程度是无法事先预知和预判的,这些事件将对企业的经营活动产生或大或小的影响,从而影响企业目标实现的程度。这种在一定环境下和一定限期内客观存在的、影响企业目标实现的各种不确定性事件就是企业生存和发展所面临的风险。就创业风险而言,则是指人们在创业中存在的风险。只有正视创业风险并能够正确识别、化解风险,才能在创业过程中沉着应对,取得创业成功。

(二) 创业风险的特征

俗话说,万事开头难。创业是企业整个成长过程中的起点,这一时期企业处在孕育的过程中,人员的招聘、项目的方向、机构配置、办公地点等诸多问题都需要去设计和找到解决方案。这时候的企业,就像刚刚准备好的各种建筑材料,它建成什么样子,主要取决于创业者的实力、经验、技能、发展目标以及市场定位等因素。在创业阶段,若各方面的工作做得比较好,基础扎实,企业建成投产后就能顺利发展;反之,如果工作做得粗、决策失误,就可能造成创业企业先天不足,发展困难甚至破产倒闭。一般而言,创业风险主要具有如下几个特征。

(1) 创业风险的客观存在性。即创业风险是客观存在的,是不以人的意志为转移的。在创业的过程中,由于内外部事务发展的不确定性是客观存在的,因而创业风险也必然是客观存在的。客观性要求我们采取正确的态度承认和正视创业风险,并积极对待创业风险。当然,客观性并不否认创业风险的存在也有主观的一面。

(2) 创业风险的不确定性。创业的过程往往是将创业者的某一个"奇思妙想"或创新技术变为现实的产品或服务的过程。在这一过程中,创业者面临各种各样的不确定因素,如可能遭受到已有市场竞争对手的排斥,进入新市场面临着需求的不确定,新技术难以转化为生产力,等等。此外,在创业阶段投入较大,而且往往只有投入没有产出,因而会面临资金不足的可能,从而导致创业的失败。也就是说,影响创业的各种因素是不断变化难以预知的,这种难以预知就造成了创业风险的不确定性。

(3) 创业风险的损益双重性。任何事物都具有其辩证的属性。古语讲:"损刚益柔有时,损益盈虚,与时偕行。"创业风险对于创业收益不是仅有负面的影响的,如果能正确认识并且充分利用创业风险,反而会使收益有很大程度的增加。

(4) 创业风险的相关性。指创业者面临的风险与其创业行为及决策是紧密相连的。同一风险事件对不同的创业者会产生不同的风险,同一创业者由于其决策或采取的策略不同,会面临不同的风险结果。

(5) 创业风险的可变性。从哲学上讲,可变性导致了无规律现象、偶然性和变数，不变性导致了规律现象、必然性和定数。可变性即失衡、无序、运动，不变性即平衡、有序、静止。只有可变性，便没有规律及万物，万物都是依规律而形成。只有不变性，将是一片死寂，也不可能有一物。只有可变性与不变性结合在一起，你中有我，我中有你，才可能出现万事万物。可以说，所有东西都是无常的。创业风险的可变性就是指当创业的内部与外部条件发生变化时，必然会引起的创业风险的变化。创业者必须能够顺应这些变化，根据风险可变性的特点和规律及时调整经营策略，及时化解各类创业风险。

（6）创业风险的可测性与测不准性。创业风险的可测性是指创业风险是可以测量的，即可通过定性或定量的方法对其进行估计。创业风险的测不准性是指创业风险的实际结果常常会出现偏离误差范围的状况，它一般是由于创业投资的测不准、创业产品周期的测不准与创业产品市场的测不准等造成的。可测性表明创业风险可以预判，这就要求创业者必须做到有备无患，提前对创业过程做出规划与安排；而创业风险测不准性的特点也决定了创业者需要未雨绸缪，及时诊断创业风险，减少风险对创业过程的冲击与影响。

二、创业风险的类别

任何一个创业者在开办企业之初都会面临相对较多的风险，能够正确识别这些风险，是保证初创企业正常发展的一个重要条件。可以说，创业风险的类别是多种多样的。从内容上讲，创业风险的类别主要包括以下几个方面。

（一）机会风险

人们常说，快跑的未必能赢，力战的未必得胜，一味只知道埋头苦干的未必就可以成大事。这究竟是什么原因呢？答案往往就是机会缺失。在社会中，人们把有计划、有目的、有意识地进行某项观察活动、实验时的偶然发现称为机会。由此可见，机会是一种客观存在的事物，它是认识机遇、驾驭机遇的总和。机会具有偶然性、客观性和意外性。客观性是指机会的存在不以人的好恶而改变；意外性是指机会通常出现在人们有意识有目的预知的活动之外。机遇的时间性特别强，长则数载，短则稍纵即逝。对于创业者而言，其选择了创业也就必然要放弃原先从事的职业，一个人只能做一件事，选择创业就没有时间和精力从事其他的选择，这就是所谓的机会成本风险。

所谓机会成本，是指为了得到某种东西所要放弃另一些东西的价值。在生活中，有些机会成本可用货币来衡量。例如，农民在获得更多土地时，如果选择了养猪就不能选择养鸡，养猪的机会成本就是放弃养鸡的收益。但有些机会成本往往无法用货币来衡量，如在图书馆看书学习还是享受电视剧带来的快乐之间进行选择。因此，创业者的机会成本风险就是指在做出创业选择后最大的潜在损失。

（二）技术风险

技术风险是指在企业产品创新的过程中，因技术元素导致创新失败的可能性。具体是指企业在原材料、设备、技术人员、生产工艺及生产组织等方面难以预料的障碍存在。技术风险往往会导致企业生产经营无法按预定成本完成生产计划。技术风险具体包括以下几项。

（1）原材料。原材料持续、稳定的供给能否得到保证，要防止原材料供给、质量、价格等因素的变化对企业生产可能带来的不利影响。

（2）生产设备。企业现有的生产设备能否满足新产品生产的要求，以及企业能否获得新产品生产所必需的专用设备是决定企业生产能否正常进行的关键。生产设备的正确选择对产品的生产效率及成本预算有着重大影响。

（3）生产工艺。产品的生产工艺应根据产品具体的性能要求，同时也应在考虑经济效益指标的情况下制定。如果生产工艺制定不当，可能使产品的次品率升高，产品质量下降。

（4）技术人员的获得。高新技术产品的生产一般对技术人员要求比较高，能否获得满足企业要求的技术人员是企业生产能否顺利进行的关键。

一定意义上说，技术风险属于动态风险，具有一定的投机性。创业主体希望通过成功的技术创新来获取期望的利益。但是技术创新系统在外部因素和内部因素的作用下，其活动结果可能有三种情形：一是创新成功，实现了预期的目标；二是创新失败，未能实现预期目标，甚至无法回收前期投入的资金；三是技术创新没有达到理想的效果，仅使投入与收益基本持平。尤其是对于技术创新类创业企业而言，准确把握和控制技术风险，是企业生存与发展的关键。

（三）市场风险

市场风险是指市场主体从事经济活动所面临的盈利或亏损的可能性和不

确定性。在市场经济条件下，经济活动的参加者都分散在各自的领域从事经营，单个生产者和经营者不可能掌握社会各方面的信息，也无法精确判断市场的供求状况，难以控制经济变化的趋势。因此，企业决策者进行经营决策时，也就是仅仅观察市场上什么价格高、有厚利可图，并据此决定生产、经营什么，这显然有一定的盲目性。这种盲目性往往会使市场处于无政府状态，不可避免会造成经济波动和资源浪费，给经营者带来风险。

（四）资金风险

资金风险是指因资金不能适时供应而导致创业失败的可能性。现代市场经济的特点是风险经济，一个很令企业经营者头痛的问题是，在业务往来中，因赊账交易产生客户拖欠，导致资金无法及时回收甚至形成了呆账、死账的情形，这就威胁到企业的生存。杜绝这种问题的出现，最简单的方法是尽可能实现现款销售，款到发货。但在买方市场条件下，非强势品牌很难行得通。你不赊销，别人赊销，你的客户就会跑到竞争对手那里去，不赊销无异于等死，完整的现金交易只是一个努力方向，或者说是一个理想的状态。市场环境所迫，赊销有时不可回避。所以说，企业要回避的不一定是赊销的方式，而是如何赊销，如何减少赊账带来的资金风险。

（五）管理风险

管理风险是指管理运作过程中因信息不对称、管理不善、判断失误等影响企业管理的水平。管理风险具体体现在构成管理体系的每个细节上，可以分为管理者的素质、组织结构、企业文化、管理过程。

（1）管理者的素质。管理者在企业发展过程中的地位十分关键，他要指挥、引导、支持和影响参与人员为实现特定目标而努力。管理者包括单个的个人和群体的管理层。管理者个人素质因素包括品德、知识水平和能力三个方面。品德是推动管理者行为的主导力量，决定其工作愿望和努力程度及外界对他的价值评价，影响着人际关系，对管理效果和效率有直接影响。知识水平体现在管理者对创新过程的理解和进行组织管理上，影响着他与创新人员的交流和沟通。能力反映管理者干好本职工作的本领，包括应具备的心理特征和适当的工作方式。不同规模的企业状况对管理者应具备的基本能力结构要求不尽相同，管理者的素质及管理层的团队精神直接决定着整个企业的创新发展。

（2）组织结构。组织结构是指组织内部各级职务职位的权责范围、联系方式和分工协作关系的整体框架，是组织得以持续运转、完成经营管理任务的体制基础。组织结构制度制约着组织内部人员、资金、物资、信息的流动，影响着组织目标的实现。因此，组织结构决定着企业发展的各个环节，对企业经营成败有着决定性的意义。

（3）企业文化。企业文化是企业在长时间发展过程中形成的共同价值观、信念、态度和行为准则的总和，是一个组织特有的传统和风尚，企业文化制约着企业全部管理的政策和措施。企业文化不同于组织结构的刚性影响，它是以其文化的"软性"对企业管理活动产生柔性影响。管理的中心是对人的管理，而人是由文化塑造的并受到一定文化价值观指向的主体。因此，企业文化能够通过寻找观念共同点和建立共同的价值观，强化组织成员之间合作、信任和团结，使之产生亲近感、信任感和归属感，实现文化认同和融合，使组织具有向心力和凝聚力，从而形成共同行动和齐心协力。

（4）管理过程因素。管理过程因素也会直接影响企业创新与发展的成败，管理过程一般有相互关联的计划、组织、领导、控制四个因素。计划是对未来的安排，应根据实际情况，通过科学、准确的预测，提出在未来一定时期内的目标及实现目标的方法。它是组织技术创新活动的指南，保证创新活动有条不紊地进行。企业管理者应具备专业能力和一般业务知识，遵循科学的方法和流程，制订正确、有效的计划，合理安排和组织人员，激发员工的创造性，为计划实施创造宜人环境。领导因素的影响则体现在协调作用和激励作用两方面。

企业发展是一个由多种因素构成的系统，每个因素的状况都对企业产生影响，企业管理者在明确的目标下，必须协调好各种因素，促使组织所有的活动协同与和谐，建立起激励机制来激发企业员工的创新动机，调动员工的积极主动性，发挥创造力，鼓舞士气，使企业所有的工作人员都自觉地融入到企业发展的目标中去。

（六）环境风险

环境风险是指企业在生产经营过程中，由于其所处的社会环境、政策、法律环境变化或由于意外灾害发生而造成经营失败的可能性。社会是一个庞大而复杂的系统,社会环境风险种类也繁多,它是一种可能导致社会冲突、危及社会稳定和社会秩序的可能性。更直接地说,社会环境风险意味着可能爆发社会危机的各种可能性。一旦这种可能性变成了现实,社会环境风险就转变成了社会危机,对社会稳定和社会秩序都会造成重大的影响,从而也对企业的生存与发展形成严峻的挑战,冲击企业的正常生产经营活动。

三、创业风险识别的意义

风险识别是创业风险管理的第一步,也是创业风险管理的基础。只有在正确识别出自身所面临的风险的基础上,人们才能够主动选择适当有效的方法进行处理和应对。在企业的风险识别的过程中,我们可以把风险理解为一种与希望产出产生偏差的可能性。对于创业企业而言,是指对公司财产与潜在获利机会带来损失的可能性。这里的财产,不仅仅指有形财产,还包括品牌、雇员、企业商业信誉和商品声誉等无形资产。创业风险识别的意义,表现在如下几个方面。

(一)减轻企业的财务负担

财务负担是指组织发展过程中所面临的费用和支出的压力。创业资金是困扰任何一个创业者的主要问题之一。由于企业刚刚诞生,收入比较有限,没有资本积累,创业企业往往资金实力薄弱,现金流量不足。创业者们往往是通过多种渠道融资来争取对企业的投入,所以减少风险带来的财产损失对创业者就显得格外重要。特别是创业项目回报周期较长的企业,则可能还面临着偿还中短期债务的压力。任何风险的发生都有可能带来企业财物损失。正因为如此,准确识别创业风险,有效把握各种风险信号及其产生的原因,可以使企业及时发现和预防风险,减少财务损失。

(二)有利于企业管理向规范化方向发展

在创业阶段,企业管理的责任落在创业者身上,由于创业者精力与能力方面的限制,对各类风险的识别和管理往往是不到位的,建立一个合理的风险管理体系,使各类风险都有人分工负责,可使企业在对创业风险进行管理的基础上逐渐形成相应的职能管理体系,加快企业内部管理的正规化与规范化。

(三) 有利于企业管理者综合素质的提高

创业是一个从无到有、由简单到复杂的过程，企业发展的各种因素均处于一种不确定的状态，这些不确定性当然包括各种潜在的风险和损失。能否全面系统地识别和统筹管理这些风险，是企业管理者能力高低的重要标志之一。企业管理者素质与能力的提升渠道是多元的，其中在实际工作中不断经历、提升是一个非常显著的途径。它会促使企业管理者们在识别、应对这些风险的过程中快速成长。

四、创业风险识别的一般方法

面对任何风险，掩耳盗铃式的回避都不是正确的态度。降低风险的最有效方法就是要意识并认可风险的存在，积极地去面对、去探寻其根源，才能够有效地控制风险，将风险的影响降低到最低程度。

(一) 公益创业的发展阶段与创业风险的关系

一般来说，创业企业的成长通常划分为四个发展阶段，分别是种子期、导入期、成长期和成熟期。在这四个发展时期里，公益创业企业实现了由项目的酝酿与发明到该项目的大规模商业化的发展历程。整个过程是创业企业的技术、市场、管理等由最初的模糊、不确定到逐步的明朗、成熟，不确定性逐步降低的过程。在这一过程中，创业企业无论是投入、成长规模，还是收益都实现了一个由小到大、由弱到强的跨越。其成长过程如图9-1所示。

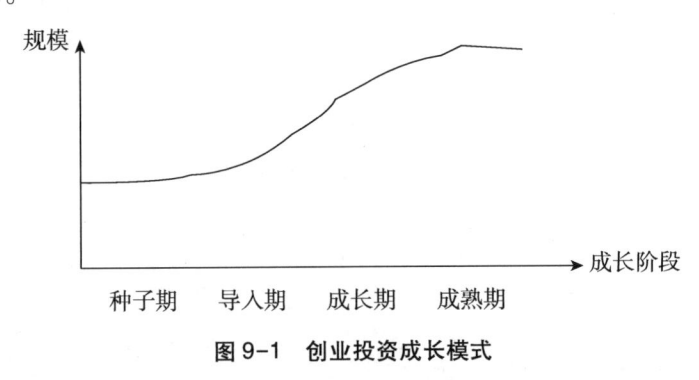

图9-1 创业投资成长模式

创业企业的这种成长过程是其逐步发展壮大的过程。这个过程变化的显著特点是，各种不确定性逐步降低，企业发展风险在逐步变小。

(二) 风险识别的主要方法

在公益创业的各个发展阶段，如何在风险出现或出现之前就予以识别，以有效把握各种风险信号及其产生的原因，正确、全面地认识企业可能面临的所有潜在损失，及时发现和预防风险，选择最佳处理方法，是公益创业风险源识别的主要目的。因此，风险管理的第一步就是要正确、全面地认识可能面临的各种潜在损失，而风险识别的具体方法主要有以下几类。

(1) 业务流程法。业务流程法是指以业务流程图的方式，将企业从原材料采购直至送到顾客手中的全部业务经营过程划分为若干环节，每一环节再配以更为详尽的作业流程图，据此确定每一环节进行重点预防和处置。业务流程是对企业发展流程模式的科学设计，它一旦确定就必须严格执行，同时也要动态管理，持续优化。业务流程管理者应当全面参与、执行业务流程规范，结合实际工作发现不足，不断优化。业务流程法是一种以持续地提高组织业务绩效为目的的系统化方法，是为了更快更好实现企业的目标，消除人浮于事、职责不清、执行不力等痼疾可能带来的风险，从而达到企业运行有序、效率提高的目的。这种方法的鲜明特点就是企业运行必须让流程说话，从而将流程中的各个节点都把握好，有效关联绩效监控体系，从而能及时识别、化解企业经营风险。

(2) 咨询法。咨询法是以一定的代价委托咨询公司或保险代理人进行风险调查和识别，并提出风险管理方案，供经营者决策参考。咨询法是一种简单易行、应用方便的方法。咨询法也存在明显的缺点和不足，在采用此方法时要慎重。其缺点主要是受人的主观因素影响比较大，如专家的专业水平和权威性、专家的心理状态、专家的兴趣等，都可能影响风险识别结论的准确程度。

(3) 现场观察法。从社会学研究的角度来讲，现场观察法是指根据一定的研究目的、研究提纲或观察表，用自己的感官和辅助工具去直接观察被研究对象，从而获得相关信息和资料的一种方法。对于创业企业而言，则是指通过直接观察企业的各种生产经营设施和具体业务活动,具体了解和掌握企业面临的各种风险,从而为化解企业风险未雨绸缪,谋划应对之策。

(4) 财务报表法。财务报表法是指直接使用经过审批的财务计划表、科目余额表、收支明细表、资产负债表、收益分配表等财务报表,通过分析这些资产负债表、损益表和现金流量表等报表中的每一个会计科目,确定某一特定企业在何种情况下会有什么样的潜在损失及其成因。由于每个企业的经营活动最终要涉及商品和资金,所以这种方法比较直观、客观和准确。财务报表法是企业使用最普遍也是最为有效的风险识别与分析方法。因为企业的各种业务流程、经营的好坏最终体现在企业资金流上,风险发生的损失及企业实行风险管理的各种费用都会作为负面结果在财务报表上表现出来。因此,企业的资产负债表、损益表、财务状况变动表和各种详细附录就可以成为识别和分析各种风险的工具。

(三) 降低风险的预防措施

面对创业过程中可能遇到的种种风险,能够预判并切实采取有效的预防措施,是每一个创业者都要给予充分重视的一个问题。也就是说,为避免企业造成重大经济损失和不良社会影响,每个创业者都应花大力气进行风险预防。尤其是那些发生概率较大、带来严重后果的事件,创业者应进行重点防范。对于如何防范、降低创业风险而言,着重要注意适用以下几类防范风险的措施。

(1) 防范和降低现金风险。一般而言,创业企业主要是指从事高新技术创新活动的中小企业,其作用在于提出高新技术的创意或成果,并向社会提供实现产业化的资金需求,在风险投资机构的参与下,实施成果转化和产业化发展,并最终通过市场机制的运作,使企业获得技术创新与成果产业化的经济回报。对于很多高新技术创业企业而言,其最大的特点是高投入、高风险、高收益。作为创业企业核心的高新技术往往都是新兴的、高层次的,并且尚未完全成熟,故其发展变化快的同时,不确定性程度也较高。此外,创业企业往往面对的是全新的市场,这一切都决定了创业者在创业过程中存在很多潜在的风险,而且这些风险将有可能贯穿于创业的整个过程之中,对于某一风险稍有疏忽,都可能铸成大错。通常而言,防范和降低现金风险的对策包括:向有经验的专家请教;经常评估现金状况;理解利润与现金以及现金与资产的区别,经常分析它们之间的差额;节约使用现金。现金管理上应注意接受订货任务要与现金能力相适应,不将用于原材料、在制品、成品和清偿债务的短期资金移作固定资产投资,保持企业合理的现金流。

(2) 防范和降低开业风险。有些企业发展风险和管理失误容易在开业阶段发生,故称为开业风险。开业风险有两个特征,一是在所有风险之中最早到来;二是它是许多企业最终倒闭的根源。一般而言,最易出现的开业风险有:经营者对市场上冒出的暂时需求匆忙做出反应,或者看到别人赚了大钱,也盲目跟着上;对所上项目或产品的市场潜力缺乏深入调研;小企业无力聘请专业齐全的管理人员,要求经营者当多面手,而事实上多数经营者缺乏全面管理的能力,难免顾此失彼;没有建立必要的财务会计管理系统,使企业的重大决策缺乏可靠依据;草率估算或低估企业的资金需求;错误选择设备和技术等。防范和降低开业风险的对策一般包括:在自己最熟悉的行业领域创业;制订符合实际的而不是过分乐观的计划;在预测资金流动时,对收入要谨慎一点,对支出要留有余地,一般要留出所需资金10%的准备金,以应付意外;没有足够资金不要勉强上项目,发现问题时要立即调整。

(3) 防范和降低市场风险。在市场经济条件下,经济活动的参加者都是分散在各自的领域从事经营,单个生产者和经营者不可能掌握社会各方面的信息,也无法控制经济变化的趋势。因此,他进行经营决策时,也就是仅仅观察市场上什么价格高、有厚利可图,并据此决定生产、经营什么,这显然有一定的盲目性。这种盲目性往往会使企业经营者尤其是对创业者而言处于迷茫的状态。市场调节是一种事后调节,即经济活动参加者是在某种商品供求不平衡导致价格上涨或下跌后才做出扩大或减少这种商品供给的决定的。这样,供求不平衡—价格变化—做出决定—实现供求平衡,必然需要一个长短不同的过程,有一定的时间差。也就是说,市场虽有及时、灵敏的特点,但它不能反映出供需的长期趋势。当人们争相为追求市场上的高价而生产某一产品时,该商品的社会需求可能已经达到饱和点,而商品生产者却还在那里继续大量生产,从而可能给企业带来巨大风险。防范和降低市场风险的对策包括:以市场及消费者的需求为生产的出发点;时刻关注市场变化,善于抓住机会;广泛搜集市场情报,并加以分析比较,制订有效的市场营销策略;摸清竞争对手底细,发现其创业思路与弱点;对各种成本精打细算,杜绝不必要费用；健全符合自身产品特点的销售渠道网络；充分了解各主管机关职能及人员构成情况；以良好诚信的售后服务赢得顾客青睐等。

（4）防范和降低人员风险。任何一家企业都会面临人员流动、人员管理问题。人员流动实际上由两部分组成的，即人员流入与人员流出。虽然对整个社会经济发展而言，人员流动未必是坏事，但从企业的角度来看，有些人员流动很可能给企业带来损失。这种损失的直接表现是该岗位的人工成本增大，因为企业需要进行重新招聘和培训；而间接损失往往更大，可能引起工作进度的拖延，甚至造成组织的瘫痪。例如，核心人员的离职就可能导致企业赖以生存的商业机密泄露。由此可见，人员流动是一种企业风险，这种由于人员流动而给企业带来损失的可能性称为"人员流动风险"。另外，企业内部人员管理不当同样会带来风险。对于初创企业来说，这些企业人员构成中往往有企业者的家人和亲戚，企业员工整体素质不高，当初起用的原意在于信任，认为自己人不会欺骗自己人，但有时正是自己人反过来让企业蒙受了很多风险。不是说他们贪污或者人品不好，主要是因为自己人不好管、不敢管，往往在管理上出现漏洞，风险就随之而来了。为使企业人员风险得到控制，要具体处理好以下几个方面的工作。

一是做好人才储备工作。这一工作有利于保证企业不会因某些关键员工的流失而中断新产品研发和市场开拓。做好人才备份，一方面要强化人才的储备和技术培训，使某项关键技术不会只被一两人独占；另一方面，同一尖端技术岗位至少要有两至三人同时攻关，即便有技术人员流失，也不会对企业产生太大影响。对于非技术岗位的某些重要职位，可采取设立后备人员的精养计划，让这些替补人员提前熟悉将来的工作，一旦这些岗位人员流失，候选人能在最短的时间内胜任工作，从而降低了企业员工空缺而造成的损失。

二是重视运用工作团队，建立工作分担机制。项目开发通过运用工作团队来完成，整个项目的运作过程是团队中每一成员共同努力的结果。通过这一机制的建立，可以有效降低因知识型员工流失而导致关键技术泄露的风险，因为每个成员都不可能单独完成整个项目和掌握全部技术。所以，即使某个员工跳槽到其他企业，也不会对企业构成真正威胁。对于某些掌握大量顾客和业务的职位和部门，应建立一种相互监督制约的工作分担机制，获取顾客和业务的某些重要环节和关键权力由公司统一管理。如进行顾客关系管理，顾客的各种信息统一录入公司数据库，并对顾客进行后续的服务和维护。这样就避免了因某个员工的流失而造成大量重要顾客随之流失的现象。

三是用合同进行约束。合同约束即在员工进入企业之前，采用契约的形式规定员工对企业的义务，约束其行为，目的是防范由于员工流失而给企业带来损害。企业还可以在合同中规定如果员工离开企业，需要继续为本企业保守商业秘密、技术秘密等，同时规定相应的补偿措施。在这一方面，企业应十分重视运用法律手段保护自身的合法权益。

四是担保。这是一种将员工的流失风险转移到企业外部的有效方式，其实质是保证人承诺对被保证人的行为不忠、违约或失误负间接责任。具体来讲，当职业介绍机构、猎头公司或推荐人向用人企业推荐员工时，便应当承诺对其所推荐员工在应聘、工作、离职过程中的弄虚作假、失误或违约等行为负间接责任。

（5）防范和降低财务风险。财务风险是指公司财务结构不合理、融资不当使公司可能丧失偿债能力而导致投资者预期收益下降的风险。财务风险是企业在财务管理过程中必须面对的一个现实问题，财务风险是客观存在的，企业管理者对财务风险只有采取有效措施来降低风险，而不可能完全消除风险。防范和降低财务风险的措施一般包括以下几个方面。

一是建立财务预警分析指标体系，防范财务风险产生财务危机的根本原因是财务风险处理不当。由此可见，防范财务风险，建立和完善财务预警系统尤其必要。

二是建立短期财务预警系统，编制现金流量预算。由于企业理财的对象是现金及其流动，就短期而言，企业能否维持下去，并不完全取决于是否盈利，而取决于是否有足够现金用于各种支出。

三是确立财务分析指标体系，建立长期财务预警系统。对企业而言，在建立短期财务预警系统的同时，还要建立长期财务预警系统，其中获利能力、偿债能力、经济效率、发展潜力指标最具有代表性。反映资产获利能力的有总资产报酬率、成本费用利润率等指标；反映偿债能力的有流动比率和资产负债率等指标；经济效率高低直接体现企业经营管理水平，反映资产运营指标有应收账款周转率及产销平衡率；反映企业发展潜力的有销售增长率和资本保值增值率。

四是树立风险意识，健全内控程序，降低或有负债的潜在风险。如订立担保合同前应严格审查被担保企业的资信状况；订立担保合同时适当运用反担保和保证责任的免责条款；订立合同后应跟踪审查被担保企业的偿债能力，减少直接风险损失。

五是科学地进行投资决策。为了应付财务风险，领导班子要有适当分工，密切监控和防范财务风险；请专家和银行咨询，选择最佳的资金来源以及最合适的时机和方式筹措资金。

(6) 防范和降低技术风险。技术风险是指在企业产品创新过程中，因技术因素导致创业失败的可能性。技术风险的种类很多，其主要类型是技术不足风险、技术开发风险、技术保护风险、技术使用风险、技术取得和转让风险等。对于创业企业而言，技术风险包含以下几方面。

一是技术成功的不确定性，即技术从研究开发到实现产品化、产业化的过程中，任何一个环节的技术障碍，都有可能使产品技术创新遭遇失败。

二是技术前景的不确定性，即由于受到现有知识和技术的影响，许多新技术是否能很快地完善、成熟，工程师和企业管理者是无法预先掌握的。

三是技术效果的不确定性，即高新技术产品由于受到环境保护等人为的制约，在成功研发后才知道无法继续实施或是达不到预期效果而造成失败。

四是技术寿命的不确定性。高新技术产品的重要特点之一是寿命周期短、更新换代快，因此，如果创业者不能在技术寿命周期内迅速实现产业化、回收资金并有所赢利，那就意味着创业失败。

防范和降低技术风险的对策主要有：综合考虑企业自身技术能力、资金量和所需时间，选择技术获得途径；若选择引进技术，则要在引进技术前对所引进技术的先进性、经济性和适用性进行评价；加强对职工的技术培训，提高员工对高科技设备的操作熟练度，减少不必要的风险损失。

第二节　公益创业风险规避

所谓风险规避，是指应对风险的方式和方法，具体是指通过计划的变更来消除风险或改变风险发生的条件，保护目标免受风险的影响。风险规避并不意味着能够完全消除风险。事实上，我们所要规避的是风险可能给我们造成的损失，一方面要降低损失发生的概率，这主要是采取事先控制措施；另一方面是要降低损失程度，这主要包括事先控制、事后补救等措施。

一、风险控制机制

（一）提高创业生涯规划能力

创业发展程度和能力之间有着不容置疑的直接关系。能力不是抽象的素质，而是通过实践得以表现出来的。能力是一个人能否进入职业的先决条件，是能否胜任工作的主观条件。无论从事什么工作总要有一定的能力做保证。没有任何能力，对个人来讲也就无所谓生涯规划可言。人们的能力可分为一般能力和特殊能力两大类。一般能力通常又称为智力，包括注意力、观察力、记忆力、思维能力和想象力等，一般能力是人们顺利完成各项任务都必须具备的一些基本能力。特殊能力是指从事各项专业活动的能力，也可称特长，如计算能力、音乐能力、动作协调能力、语言表达能力、空间判断能力等。由此可见，能力是一个人完成任何一项任务的前提条件，是影响工作效果的基本因素。对于公益创业而言，了解自己的能力倾向及不同行业的能力要求对合理地进行创业生涯规划具有重要意义。在现实实践中，造成创业失败的原因是多方面的，其中一个基本原因就是创业者的创业生涯规划能力不足，创业者对于自己的创业没有一个长期的、合理的规划，很多创业者的创业行为是在一时激情的支配下发生的。这种情况下，创业者往往没有积累足够的创业能力和相应的资源准备，创业的盲目性和随意性比较大，这不可避免地增加了创业失败的风险。

创业生涯规划是指创业者对其未来创业生涯的预期和计划。创业生涯规划能力直接制约着创业成功与否，是决定创业质量的关键评价标准。而创业生涯规划能力的培养和提升是需要一定的过程的。具体地说，就是应当加强学习，在知识储备、前人经验等方面有充分的积累，并且要结合自己的兴趣爱好、个性特点、发展意愿进行把握，并以此为出发点，寻找和探索适合自己的创业方向，制订一个长远的、可行的、符合自身特点的创业生涯规划。有了创业生涯规划，创业者一旦明确了自己未来的创业目标，就能够自觉、自主地去学习相关知识和技能，调整自己的创业价值观，特别是能够对创业生涯规划不断地进行完善，从而可以使创业者产生强烈的创业驱动力，规划自己的创业梦想；梦想越有力量，创业能力就越有发展的空间。

(二) 发展多种形式的创业培训及咨询服务机构

公益创业风险的很大一部分原因来自于对市场的把握能力不足及对公益创业组织管理的无效或者低效。特别是那些主要依赖志愿者承担服务重任的公益创业组织，在无法提供市场平均薪资的水平下，常常给创业者带来更为严峻的组织和管理任务。在这种情况下，需要专业的培训组织、咨询组织等孵化和指导组织，对创业者及创业企业发挥指导和护航作用，帮助创业企业化解创业过程中的各类风险。

首先，不同层次的政府可以建立专门的公益创业服务中心，为公益创业者提供一站式服务、门诊式服务、上门服务和相关的顾问指导和培训项目等。相关政府部门对于公益创业人员在建立培训咨询体系、扩大咨询范围、提高服务质量上下功夫，为创业专业知识的转移提供便利。

其次，要充分建立和发挥中小企业服务机构、就业指导机构和各类创业咨询服务机构的作用。各地区要根据本地产业布局和资源优势，加快建立为创业者服务的专门机构，尽快建立由企业家、创业成功人士、专家学者以及政府工作人员共同组成的专业的咨询培训辅导队伍。

最后，要支持创业辅导基地的建设，加快形成功能完备的创业辅导服务网络，为创业者提供创业咨询、能力培训、政务代理、市场调查、信息服务等全面、流程化的服务。根据公益创业期出现的及可能出现的问题，适时提供管理咨询、法律咨询、技术支持，提高创业者的创业能力，控制创业期间的风险，提高他们创办企业的成活率。

(三) 公益创业目标偏离风险的控制

公益创业组织处在复杂的商业环境之中，一方面要通过商业化的运作来减少对政府拨款、社会捐助的依赖，满足自身发展的需要；另一方面更要防止过度商业化而产生偏离组织目标，背离组织公益性宗旨的风险。为此，公益创业企业始终应当注重以下几点。

（1）公益创业组织要强化自己的最终目标是完成社会使命。

判断公益创业组织成功与否的标准，关键是看该组织是否完成和实现了组织的使命和目标，而不是创造了多少收入或者是否保持了组织的稳定增收，公益企业的商业化运作只应当是为了完成组织社会目标的手段。

（2）政府要规范公益企业组织的经营行为。

特别需要说明的是，不应把政府对社会团体、基金会等社会组织的要求强加于社会企业。英美等西方国家在公益企业管理等方面有着较丰富的经验值得我们借鉴。对于如何管理公益类企业，他们主要从以下几个方面做出规定来保持这些组织的公益性。

第一，资产锁定制度。所谓资产锁定，是指公司的盈余和资产永久地为自身所持有，不得向其成员分配。即使该公益企业终止，也必须限制使用在社会公益或者转移给另一个受资产锁定的组织。这样，一个慈善组织可以组建和设立商业机构或部门，然后将其全部盈利转移给该慈善组织来使用。在这种模式之下，一个组织不能同时具有慈善机构与营利组织两个身份。即使这些企业以慈善工作为本质和终极目的，也不享受慈善机构本身的免税待遇。

第二，公益企业必须要证明其成立的目的和宗旨是为服务社会。申请公益企业设立登记时，申请人必须提出报告书对组织未来计划从事的工作进行说明，并进一步阐述其服务社会的动机，来证明企业成立的目的是服务社会而非私人营利。与一般企业不同，对于以服务社会为宗旨的企业来说，社会利益相对优先于企业成员及雇用人员的利益。

第三，公益企业每年必须要提交利益年报，该年报除了公开账目之外，还必须说明自己在过去一年内为了追求公益所做出的努力及利益关系人的互动状况。

西方国家对公益企业的管理可以给我们一些启示，在支持公益创业发展的同时，也要对公益创业组织经营活动进行适度的规范，对公益创业组织商业活动的收入、利润分配、财务管理、物资管理、资产运作和企业公益活动的实施情况进行规范管理，防止一些机构打着公益创业的名义从事高度商业化的运作，以防止公益创业组织的目标偏离风险。

二、评价及反馈机制

公益创业是采用创新的方法来解决社会问题的，也就意味着对公益创业组织的评价不是非此即彼的。因为公益创业包含"双重底线"或者"双重价值创造",即公益创业组织应该要同时兼顾"社会目标"与"经济目标"。全面把握公益创业组织的目标,探讨和建立公益创业组织有效的评价体系并进行及时的反馈,对公益创业组织不断发现问题,增强对自身发展的客观把握和对环境变化的主动应对,保证组织目标的实现和可持续发展能力的作用等都具有不可或缺的意义。总体来讲,对公益创业组织的评价应该是由对公益创业组织经济目标和社会使命的实现程度的评价、对公益创业影响机制的评价和公益创业组织可持续发展能力的评价等部分内容构成。

(一)对公益创业组织双重目标实现的绩效评价及反馈

公益创业组织的绩效评价内容包括收获经济利益和实现社会使命的双重目标。美国罗伯特创业发展基金会开发的基于投资的社会回报评价体系[1],试图量化公益创业的经济影响和社会影响,将社会风险投资活动的收益分为两个部分,即经济价值和社会目标价值,构成了公益创业组织的综合价值评价体系。投资的社会回报率指的是创造的社会价值与社会投入额的比率。基于投资社会回报的公益创业,其组织的投资回报与绩效评价体系主要从以下3个方面测量:公益创业组织创造的财务价值;由税收收入增加和雇工使用公共援助项目的减少而产生的社会节省;这些节省与投入总值相比决定的投资回报率。投资的社会回报绩效评价体系主要包括以下6个方面的测量指标。

(1)财务价值。由公益创业组织直接创造的经济价值,指的是公益创业组织经营创造的多余现金价值(不包括社会运作费用和补贴),计算过程包括预测它的资金流,然后用一个适当的折现率折现它的自由资金流。

(2)社会目标价值。社会目标价值也就是指衡量公益创业组织创造的社会经济价值,包括公益创业企业创造的社会节省和税收收入等。计算社会目标价值与计算企业价值类似,它要评估和预测企业目标资金流,计算整个投资过程的价值,使用适合社会投资的折现率来表现这些价值指标。

(3)混合价值。将计算好的经济价值和社会目标价值加在一起,减去长

---

[1] 亚瑟·C. 布鲁克斯. 社会创业——创造社会价值的现代方法 [M]. 李华晶,译. 北京:机械工业出版社,2009.

期债务及费用所得到的价值部分。

（4）财务回报率。财务价值与到目前为止的现已投资值之比，测量过程中一般只测量公益创业组织创造的被货币化的一部分。

（5）社会目标回报率。社会目标回报率是指社会目标价值与到目前为止的现已投资值之间的比例与比率，具体是指对公益创业组织每单位资金的投入所获得的公共成本节省和增加的税收收入，也仅仅测量货币化价值的那部分。

（6）混合回报率。混合价值与已投资值之间的比率，意味着对于每单位资金投入所获得的被货币化的价值。

社会投资回报绩效评价框架是目前为止较为先进的、可行的、严格定量的测量公益创业组织社会影响的工具，但是如何有效地使用这一评价指标体系需要我们在公益创业的实践中不断地摸索和完善。

在对公益创业组织社会目标与经济目标的产出结果进行定量化的评价之后，要将评价结果及时地反馈给公益创业组织。在公益创业发展过程的不同阶段，及时地使组织存在的问题及待改善的地方显性化，使组织及时调整战略，改善企业的管理，保证其创业过程的顺利实施，确保企业在保证社会使命持续实现的基础上实现自身的可持续发展，完成自己的社会使命。

（二）对公益创业过程影响机制的评价及反馈

公益企业的创业和发展过程是受到社会环境、资源的获取状况、组织的创新管理等诸多因素影响的，这些因素彼此交织构成一个作用机制持续不断地影响和制约创业企业的发展。而各种因素通过什么样的方式影响公益创业组织，是探索和建立公益创业评价体系的焦点之一。

大卫·舍尔曼通过对成功公益创业组织的典型分析及对以往研究方法的对比分析，建构了一个包含影响因素、中介因素、调节因素和结果因素在内的结构模型，对公益创业组织的社会影响和财务可持续性进行评价。❶

（1）原因变量。原因变量是指影响因素，包括组织贡献、社会网络、组

---

❶ 张锦，梁海霞，严中华．国外社会创业组织绩效评价模式与整合研究［J］．技术经济与管理研究，2009（4）：

织战略和运作环境等。

（2）中介变量。中介变量包括资源掌握情况，具体包含资本、人员、产品和服务及资源配置等。

（3）结果变量。结果变量就是公益创业组织的社会影响及组织财务的可持续性。

（4）调节变量。调节变量是指公益创业组织的运作模型类型会对以上过程产生调节作用。

绩效评价模型首次提出了公益创业组织的运作类型会对公益创业组织的影响过程产生调节作用。按照商业与社会整合度的不同，公益创业组织的运作类型基本可分为以下7种类型。

（1）支持型。向顾客提供商业支持和财务服务，顾客再把产品和服务在更广泛的市场中出售，这种类型商业与社会整合度较高。

（2）市场中介型。提供服务给顾客以帮助他们找到市场，产品发展需要公益创业组织提供市场协助，这种类型商业与社会整合度高。

（3）就业型。提供就业机会给那些就业困难的人，如残疾人、无家可归的人和危险少年等，商业与社会整合度高。

（4）有偿服务型。专门提供交易性质的社会服务，并将这些服务直接卖给个人、公司和社区等，整合度同样较高。

（5）服务补助型。将产品和服务卖给公益创业组织内部的顾客，将收入再次投入社会项目，商业与社会整合度中等。

（6）市场链接。在小生产商、当地公司、合作者及公益创业组织内部市场进行交易，商业与社会整合程度中等。

（7）组织支持型。产品和服务依赖各群体支持，商业与社会整合度较低。

基于影响机制的绩效评价模型，非常重视社会网络及运作环境的作用。但是，这种评价模式仍然有待于进一步系统的实证研究和考察。

对公益创业影响机制的评价结果和结论的及时反馈，可以使企业较为准确地把握和利用组织在运营过程中对各种影响因素的变化找到自己的软肋点，并在接下来的企业管理中有的放矢，争取最大限度地发挥有利因素的作用，降低不利因素的影响，充分发挥和利用社会资源以加强组织对环境的应对能力。

第九章　公益创业风险及其规避

（三）对公益创业组织可持续发展能力的评价及反馈

如果说对公益创业组织经济目标价值和社会使命的评价是基于已取得的成果的评价，对公益创业组织影响机制的评价是基于过程的评价，那么，对公益创业组织可持续发展能力的评价则是着眼于公益创业的发展维度，是上述两个评价框架的延续。一般来说，对公益创业组织可持续发展能力的评价基于以下角度。

（1）成员的满意度。一个有效的组织之所以能够创造社会价值，不仅是因为它以社会使命作为组织的基本目标，更重要的是因为组织可以使现实中的成员满意，包括它的客户、投资者、员工、志愿者和其他的人。

（2）充足的资金。一个有效的组织需要充分的资源来完成它的使命。虽然资源是投入而不是产出或者影响，但是成功的识别并获取资源是使整体有效性的因素之一。

（3）政府支持程度。公益创业以其独有的特征决定它与政府的关系会比其他类型的商业活动与政府的关系更加密切。同样，政府对公益创业组织的支持程度也极大地影响着公益创业活动的顺利与否。所以，争取政府的大力支持，夺得良好的运营环境，是衡量组织可持续能力的重要指标。

（4）民众参与程度。在西方国家，公益创业能够获得长久活力，很大程度上得益于西方的慈善氛围和民众对于慈善事业和志愿者服务的热衷。民众不仅通过捐款捐物来为公益企业提供资金和物质帮助，参与志愿者活动的民众也成为公益创业组织重要的人力资源组成。

（5）适应变化环境的能力。从企业制订经营计划到实现目标的过程中，环境总是处于不断的变化和发展中。组织是否可以在动态的环境中，能动地适应环境的变化，是否能够保持组织的创新能力，解决不期而至的问题和一些重大的变故和威胁，应该说是衡量组织可持续能力的最重要的标准。

上述对公益创业组织的绩效评价体系是一个完整的系统，忽略其中任何一个维度，都不能保证对公益创业组织绩效评价的完整理解。可以说，各个评价框架是处在一个正反的循环当中，要经历评价、反馈、修正之后再评价、再反馈的不断循环过程，这个循环是伴随组织创业的整个过程的，使组织做到对创业风险的有效控制。

复习思考题

1. 简述创业风险的特征。
2. 公益创业的风险类别有哪些?
3. 结合实际叙述和说明创业风险识别的方法。
4. 西方国家规范公益企业组织的经营行为的做法有哪些?
5. 对公益创业组织可持续发展能力的评价维度有哪些?

参考文献

[1] 格利高里·迪斯,杰德·埃默森,彼得·伊柯诺米. 社会企业家的战略工具 [M]. 周红云,等. 译. 北京：社会科学文献出版社,2011.

[2] 保罗·C. 莱特. 探求社会企业家精神 [M]. 苟天来,等,译. 北京：社会科学文献出版社,2011.

[3] 珍·魏·斯基勒恩,詹姆士·E. 奥斯汀,赫尔曼·莱昂纳德,等. 社会部门中的企业家精神 [M]. 瞿启江,等,译. 北京：社会科学文献出版社,2011.

[4] 穆罕默德·尤努斯,卡尔·韦伯. 企业的未来：构建社会企业的创想 [M]. 杨励轩,译. 北京：中信出版社,2011：16-18.

[5] 亚瑟·C. 布鲁克斯. 社会创业：创造社会价值的现代方法 [M]. 李华晶,译. 北京：机械工业出版社,2009.

[6] J. 格雷戈里·迪斯,杰德·埃默森,彼得·伊柯诺米. 企业型非营利组织 [M]. 颜德治,等,译. 北京：北京大学出版社,2008：13.

[7] 彼得·德鲁克. 非营利组织的管理 [M]. 北京：机械工业出版社,2007.

[8] 伯恩斯坦. 如何改变世界：社会企业家与新思想的威力 [M]. 吴士宏,译. 北京：新星出版社,2006.

[9] 查尔斯·里德比特. 社会企业家的崛起 [M]. 环球协力社,编译. 英国大使馆文化教育处,2006.

[10] 芭芭拉·赫尔曼. 道德判断的实践 [M]. 北京：东方出版社,2006.

[11] 北大商业评论——企业社会责任报告 [R]. 2006-2007.

[12] Burton A. Weisbrod. 非营利产业 [M]. 台北：智胜文化出版社,2003.

[13] 彭婧，李东林．宁夏盐池小额贷款：社会企业视角［J］．中国非营利评论，2010（2）：213-221．

[14] 王名，朱晓红．社会企业论纲［J］．中国非营利评论，2010（2）：1-31．

[15] 金锦屏．社会企业的兴起及法律规制［J］．经济社会体制比较，2009（4）：128-134．

[16] 雅克·迪夫尼．从第三部门到社会企业：概念与方法［J］．丁开杰，徐天祥，编译．经济社会体制比较，2009（4）：112-120．

[17] 余晓敏，张强，赖佐夫．国际比较视野下的中国社会企业［J］．经济社会体制比较，2011（1）：157-165．

[18] 张燕，严中华．社会创业机会识别与开发框架模型研究［J］．技术经济与管理研究，2009（1）：36-37．

[19] 陈艳祯．对非营利组织企业化运作的若干思考［J］．中国总会计师，2009（10）：94-95．

[20] 朱晓红．YBC重建家园创业行动及其经验分析——基于社会企业的视角［J］．中国非营利评论，2008（2）：172-189．

[21] 杰米·巴特利特，莫利·韦伯．创业的价值：英国的社会企业［J］．经济社会体制比较，2007（S2）：1-35．

[22] 时立荣．转型与整合：社会企业的性质、构成与发展［J］．人文杂志，2009（4）：181-187．

[23] 丁开杰．从第三部门到社会企业：中国的实践［J］．透视社会企业：中国与英国的经验，经济社会体制比较，2007增刊．

[24] 丁元竹．软实力社会企业社会创新——美国当前发展中几个值得关注的趋势及对我国的启示［N］．中国经济导报，2005-01-18（2）．

[25] 官有垣．民间社会福利契约的董事会在购买服务契约的影响力之探讨．非营利组织与社会福利：台湾本土的个案分析［M］．台湾：亚太图书出版社，2000．

[26] 胡馨．什么是"Social Entrepreneurship"（公益创业）［J］．经济社会体制比较，2006（2）．

[27] 经济合作与发展组织．中国社会工作（第一辑）［C］．刘继同，

译. 北京：社会科学文献出版社，2002.

［28］金锦萍. 政府采购非营利组织服务的机制［N］. 中国社会报，2007-02-12.

［29］杰夫·摩根. 社会硅谷：社会创新的发生与发展［J］. 张晓扬，译. 经济社会体制比较，2006（5）.

［30］莱斯特·M. 萨拉蒙. 全球公民社会［M］. 贾西津，魏玉，译. 北京：社会科学文献出版社，2002.

［31］李嘉德. 透视社会企业：中国与英国的经验·序言［J］. 经济社会体制比较，2007年增刊.

［32］李兵龙. 试析非营利组织的商业化经营［J］. 广东行政学院学报，2004（10）.

［33］刘承礼. 社会创新的涵义与实践——"社会创新与建设创新型国家"国际研讨会综述［J］. 经济社会体制比较，2006（6）.

［34］米歇尔·鲍曼. 道德的市场［M］. 肖君，译. 北京：中国社会科学出版社，2003.

［35］马仲良，李凡，刘宝珍，等. 北京社会企业课题组会议纪要［EB/OL］. 2008，http：//www. glinet. org/standard. asp？id＝5232.

［36］马仲良. 英国社会企业及其对中国的启示PPT. "发展社会经济，促进社会和谐"社会企业理论研讨会主题发言［EB/OL］. 2007，http：//dsi. britishcouncil. org. cn/zh/events/.

［37］马仲良，于晓静. 社会经济是解决社会问题的有效手段［N］. 人民日报网络版，2006-01-3.

［38］马仲良，于晓静. 发展"社会经济"构建和谐社会［J］. 新视野，2006（5）.

［39］清华大学NGO所课题组. YBC地方办调研报告（内部工作报告），2009.

［40］时立荣. 转型与整合：社会企业的性质、构成与发展［J］. 人文杂志，2006（4）.

［41］司徒·康格. 社会创新［J］. 赖海榕，译. 马克思主义与现实，2000（4）.

[42] 汤敏. 呼唤"社会企业家"[J]. 中国企业家, 2006 (3).

[43] 王名, 贾西津, 马仲良, 等. 非营利性组织的制度创新——社会企业理论与实践研究研讨会会议记录[C]. 民政部与清华大学公共管理学院NGO研究所合办. 2007.

[44] 王名, 陈雷. 新企业所得税法与我国社会组织发展[J]. 中国行政管理, 2007 (7).

[45] 王名, 朱晓红: 社会组织发展与社会创新[J]. 经济社会体制比较, 2009 (4).

[46] 清华大学NGO研究所. 中国非营利评论[J]. 1-5卷. 北京: 社会科学文献出版社, 2007-2009.

[47] 王名. 非营利组织及其对中国事业单位改革的意义[J]. 学会, 2005 (2).

[48] 万希. 论社会资本与社会企业家[J]. 经济纵横, 2007 (3).

[49] 许俊杰, 非营利组织产业化——社会企业机制综合架构规划之研究[D]. 衡阳: 南华大学非营利事业管理研究所, 2004.

[50] 杨团. 一场新的慈善革命: "慈善资本主义"与公益伙伴关系[J]. 学习与实践, 2007 (3).

[51] 杨凤禄, 孙钦钦. 非营利组织的商业化探讨[J]. 山东大学学报, 2007 (5).

[52] 周默鸣. 社会企业家如何改变社会[J]. 21世纪商业评论, 2005 (2).

[53] 张康之. 社会治理的历史叙事[M]. 北京: 北京大学出版社, 2006.

[54] 张康之. 公共行政中的责任与伦理[M]. 北京: 中国人民大学出版社, 2004.

[55] 朱明, 李攀, 赵盟. 社会企业: 英国社会发展的第三动力[J]. 21世纪商业评论. 2006 (17).

[56] 周锦宏. 企业公民创新: 台湾苗栗"有机稻场"之个案分析[J]. 开放时代, 2007 (5).

[57] 曾湘泉. 劳动经济学[M]. 北京: 中国劳动社会保障出版

社，2005.

［58］黄少安. 制度经济学［M］. 北京：高等教育出版社，2008：81.

［59］安德鲁·B. 亚伯，本·S. 伯南克，迪安·克鲁肖. 中级宏观经济学［M］. 北京：机械工业出版社，2009.

［60］蔡昉. 2007年人口与劳动绿皮书《中国人口与劳动问题报告NO.8：刘易斯转折点及其政策挑战》［M］；北京：社会科学文献出版社，2007.

［61］蔡昉. 2008年人口与劳动绿皮书《中国人口与劳动问题报告NO.9：刘易斯转折点如何与库兹涅茨转折点会合》［M］；北京：社会科学文献出版社，2008.

［62］道格拉斯·C. 诺思. 制度、制度变迁与经济绩效［M］. 上海：上海人民出版社，2008年.

［63］约瑟夫·斯蒂格利茨. 纪沫，发展与发展政策［M］. 纪沫，仝冰，海荣，译. 北京：中国金融出版社，2009.

［64］严中华. 社会创业［M］. 北京：清华大学出版社，2008.

［65］李春波. 企业战略管理［M］. 北京：清华大学出版社，2007.

后 记

自2006年孟加拉国乡村银行创始人尤努斯获得诺贝尔和平奖之后，全球范围掀起一股公益创业的热潮。坊间的人们纷纷开始聚焦和思考何为公益创业，怎样进行公益创业。人们也逐渐意识到公益创业对于社会和谐发展与推进社会治理能力提升的重要价值。《公益创业理论与实践》一书是笔者在开设公益创业课程教学的基础上不断思考和积累的结果。它主要阐述了公益创业的对象、公益创业的环境分析及创业过程中的人员管理、品牌建设、风险规避等问题。本书采用系统分析的方法，综合运用经济学、人类学、慈善学和政治学等知识，研究和分析公益创业的规律性，从而为提高人们对公益创业的认知和辅佐公益创业者的创业管理提供行为预测和引导，以便更有效地帮助其实现公益创业的预定目标。创业教育的终极目标，是培养具有开创性的人。公益创业则进一步提出了新的命题，就是要培养一批批把创业基点建立在国家利益和社会公共利益基础上的新型创业者，以解决社会问题、促进社会发展为使命进行公益性创业。

从本质上来说，公益创业教育是对传统创业教育的继承和发展，是对受教育者进行公益创业所需要的意识、精神、知识、能力及其相应公益创业实践活动的教育。一个完整的公益创业教育学组织体系应当包括教学、研究和实践的过程。因此可以讲，高校创业教育就是公益导向性创业教育。近些年来，国内一些大学开始引入公益创业教育课程。通过开设这样的课程，可以使青年学生了解和掌握公益创业管理过程的普遍规律、基本原理。笔者在从事该课程的教育教学过程中，也深深感受到青年学生对公益事业发展的磅礴热情，更深深地体会到加强对青年学生进行公益创业教育的意义。本书内容注重突出理论与实践的结合，尽量做到语言简化、通俗易懂。

本书编写过程中，借鉴了国内外公益创业学研究的理论，汲取了创业学理论研究的新成果，不一一列出，再次一并致谢！

后　记

　　本书为北京市支持中央在京高校共建项目"大学生公益创业教育与服务体系建设"的研究成果，感谢北京市教委对本书出版的资助。感谢知识产权出版社的编辑张水华同志，她为此书的编排、出版付出了辛勤的汗水，在此表示衷心的敬意。

　　由于作者学识有限，本书肯定会存在诸多不到之处，欢迎并感谢来自各方面的批评和建议。

作者　谨识

2016 年 1 月